体育教学理论与改革创新研究

张慧艳 任 鹏 孙榆棋 著

吉林出版集团股份有限公司
全国百佳图书出版单位

图书在版编目（CIP）数据

体育教学理论与改革创新研究/张慧艳,任鹏,孙榆棋著. -- 长春：吉林出版集团股份有限公司,2023.6
ISBN 978-7-5731-3874-3

Ⅰ.①体… Ⅱ.①张… ②任… ③孙… Ⅲ.①体育教学—教学改革—研究 Ⅳ.① G807.01

中国国家版本馆 CIP 数据核字（2023）第 133227 号

体育教学理论与改革创新研究
TIYU JIAOXUE LILUN YU GAIGE CHUANGXIN YANJIU

著　　者：	张慧艳　任　鹏　孙榆棋
责任编辑：	矫黎晗
装帧设计：	马静静
出　　版：	吉林出版集团股份有限公司
发　　行：	吉林出版集团青少年书刊发行有限公司
地　　址：	吉林省长春市福祉大路 5788 号
邮政编码：	130118
电　　话：	0431-81629808
印　　刷：	北京亚吉飞数码科技有限公司
版　　次：	2024 年 3 月第 1 版
印　　次：	2024 年 3 月第 1 次印刷
开　　本：	710mm×1000mm　1/16
印　　张：	21.25
字　　数：	337 千字
书　　号：	ISBN 978-7-5731-3874-3
定　　价：	86.00 元

如发现印装质量问题，影响阅读，请与印刷厂联系调换。电话：010-82540188

前　言

体育教学是现代素质教育必不可少的组成部分，是培养德、智、体、美、劳全面发展的社会主义建设人才的重要方面，也是学校教育过程中重要的教育方法和手段。在学校开展好体育教学工作，能够更好地培养学生健康的体魄和心理素质，提升学生的社会适应能力，促进学生其他素质的综合发展，为学生更好地进行各项学习以及未来走向社会、服务社会打下牢固的基础。当前，学校体育教学工作取得了可喜的成绩，体育学科在学校的地位逐渐提升，体育教学越来越受重视，体育教学成果越发显著。但也不可忽视一些普遍存在的问题，如体育教学内容有待丰富，教学方法与模式较为传统、单一，教学评价与管理有待完善等。这就需要加快体育教学改革步伐，加大创新力度，切实解决体育教学的现实问题，走出体育教学困境，促进体育教学理论体系的健全与完善，提高体育教学的质量与水平。基于此，作者在查阅大量相关著作文献的基础上，对体育教学科学理论与改革创新进行了深入研究，最后精心撰写了本书。

本书共十章。第一章阐释体育教学的基础知识与基本理论，为体育教学实施提供理论支持与指导。第二章探讨创新教育与体育教学的改革，基于二者的关系提出体育教学改革与创新发展的建议和策略，为体育教学改革创新提供方向与指引。第三章至第七章分别对体育教学内容、教学方法、教学模式、教学评价以及教学管理的基本理论与改革创新路径展开全面系统的研究，旨在优化体育教学各要素，完善体育教学理论体系，促进体育教学的创新发展。第八章在多维视角下探索体育教学的改革创新之路，包括现代信息技术、课程思政和终身体育三个不同的视角。第九章在体育教学改革创新视域下研究体育教师的创新发展，具体从体育教师培养现状出发提出了培养策略、教学技能训练方法和创新能力素质的培养路径。第十章对体育教学改革创新展开实证研究,主要包括球类课程、健美操课程、游泳课程以及民族传统体育课程教学的改革创新。

整体而言,本书结构清晰,层次分明,逻辑严谨,内容丰富全面,理论分析与实证研究相结合,具有突出的学术性、理论性、实用性及创新性。本书深入研究体育教学改革创新,尤其重点探讨了体育教学体系中各要素的改革创新,并结合不同视角展开体育教学改革创新的研究,提出体育教师培养与创新发展的策略,能够为体育教育工作者树立先进的体育教学理念、健全体育教学体系、结合新理念进行创新性体育教学以及不断提升自我提供思路与建议。此外,本书从实证层面对不同体育课程的教学改革展开研究,对不同体育项目授课教师着手进行课程改革与优化具有重要的现实指导意义。

本书在撰写过程中参考并借鉴了许多专家、学者的研究成果,在此表示诚挚的感谢。由于作者水平有限,书中难免有不妥与疏漏之处,敬请广大读者批评指正。

作　者

2023 年 3 月

目 录

第一章 体育教学的基本阐释与理论指导 …………………………… 1
  第一节 体育教学的概念解析 ………………………………………… 1
  第二节 体育教学的特点与功能 ……………………………………… 4
  第三节 体育教学的规律与原则 ……………………………………… 13
  第四节 体育教学实施的多元理论支持 ……………………………… 19

第二章 创新教育与体育教学的改革 …………………………………… 33
  第一节 创新教育理念 ………………………………………………… 33
  第二节 创新教育与体育教学的关系 ………………………………… 37
  第三节 体育教学的现状与改革的必要性 …………………………… 40
  第四节 创新教育理念下体育教学改革的思考 ……………………… 47
  第五节 体育教学创新发展的策略研究 ……………………………… 52
  第六节 《〈体育与健康〉教学改革指导纲要（试行）》的践行 … 59

第三章 体育教学内容理论与改革创新 ………………………………… 63
  第一节 体育教学内容的基础理论 …………………………………… 63
  第二节 体育教学内容的科学编排与合理选择 ……………………… 68
  第三节 基于学生体质健康的体育教学内容资源的开发 …………… 76
  第四节 体育校本课程建设 …………………………………………… 82
  第五节 体育教学内容改革创新的建议 ……………………………… 91

第四章 体育教学方法理论与改革创新 ………………………………… 96
  第一节 体育教学方法的基础理论 …………………………………… 96

第二节	常见体育教学方法………………………………………	100
第三节	创新性体育教学方法……………………………………	106
第四节	体育教学方法选择与优化的新思考……………………	110
第五节	深化体育教学方法改革的路径探索……………………	118

第五章 体育教学模式理论与改革创新……………………… 121

第一节	体育教学模式的基础理论………………………………	121
第二节	典型体育教学模式………………………………………	131
第三节	创新体育教学模式的运用………………………………	139
第四节	多元教育融合下体育教学模式操作程序的创新设计…	142
第五节	现代教育技术与体育教学模式的融合…………………	145
第六节	加强体育教学模式有效改革的探讨……………………	151
第七节	国外体育教学模式及启示作用…………………………	155

第六章 体育教学评价理论与改革创新……………………… 159

第一节	体育教学评价的基本理论………………………………	159
第二节	体育教师教学评价及其改革创新………………………	169
第三节	学生学习评价及其改革创新……………………………	180

第七章 体育教学管理理论与改革创新……………………… 191

第一节	体育教学管理的基础理论………………………………	191
第二节	体育教学活动管理………………………………………	198
第三节	体育教学资源管理………………………………………	210
第四节	体育教学风险管理………………………………………	221
第五节	体育教学管理的改革与创新手段………………………	225

第八章 多维视角下体育教学的改革创新研究……………… 229

第一节	现代信息技术下体育教学的改革创新…………………	229
第二节	课程思政视角下体育教学的改革创新…………………	241
第三节	终身体育视角下体育教学的改革创新…………………	248

第九章 体育教学改革创新视域下体育教师的创新发展…… 259

第一节	体育教师的培养现状分析………………………………	259
第二节	体育教师的培养策略探索………………………………	262

  第三节 体育教师教学技能的专门训练……………………267
  第四节 体育教师创新能力素质及其培养路径研究…………280

第十章 体育教学改革创新的实证研究……………………290
  第一节 球类课程教学的改革创新………………………290
  第二节 健美操课程教学的改革创新……………………302
  第三节 游泳课程教学的改革创新………………………308
  第四节 民族传统体育课程教学的改革创新……………312

附 录……………………………………………………317

参考文献……………………………………………………326

第一章

体育教学的基本阐释与理论指导

体育教学是一项复杂的教学活动过程,不仅是因为它具有综合的多学科理论背景,而且它还是一门重视实践的特殊的教学活动,对各种理论的运用必须有机地结合实践,才会得到真正理想的效果,因此对体育教学理论的认识和理解对教学效果具有决定性的影响作用。本章将从体育教学的概念解析、体育教学的特点与功能、体育教学的规律与原则以及体育教学实施的多元理论支持分别进行阐述。

第一节 体育教学的概念解析

体育教学是进行体育理论知识传播和体育技能传授的教育活动,是我国教育工作的重要组成部分。体育教学是一门综合学科,包含各项学科的专业知识,目的是促进学生在体育方面获得全面的成长和系统的发展。本节主要对体育教学的主要概念进行阐述。

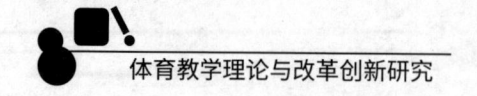

一、体育教学的概念

体育教学属于教学的一种,因此要研究体育教学,首先要从教学的概念入手。一般来说,教学是指教师传授知识给学生以及学生学习和接收知识的动态活动。教学是一项长期的、系统的、有计划的活动过程,是学校工作的主要体现。教学又是与时代和社会发展紧密相关的,教学的目的是为社会培养有用的人才,因此教学活动的变化和发展是以社会需求为指导的。

体育教学是教学的一个分支,是学校按照国家发展的需求,在科学的指导下,培养学生掌握一定的体育知识和技能,养成良好的健康意识,培养一些体育兴趣,从而提升学生的身体健康水平。同时,体育教学自身也在不断地发展,具有独特的含义,以下将从三个方面对体育教学展开解析。

(一)体育教学是一门综合学科

体育教学是学校教学中一个比较特殊的学科,这是因为体育教学必须以理论与实践相结合的方式进行,甚至在实践部分要投入更多的资源和精力。体育教学的顺利完成,需要结合多个学科的知识,如体育学、教育学、运动生理学、运动心理学等,在体育教学的过程中,要有机结合多种知识和技能来展开教学。在体育教学中,既要发展学生的体质水平,提升他们的运动能力,又要在运动训练中加强学生的意志品质的锻炼,这里就需要运用体育学、教育学和心理学的相关理论知识。

因此,体育教学的目标是多元的,即培养学生德、智、体、美、劳的全面发展,同时体育教学的内容又是专业的,如对某一素质的专门训练,对某一运动项目的专业教学,都需要大量的专业知识才能完成。体育教学的内容基本上是以专项运动为划分依据的,在体育课上,教师围绕某一核心教学目的,选择合适的教学方法和教学内容,有计划地开展教学活动。而且,体育教学是一个循序渐进的过程,随着教学的推进,学生对体育运动的掌握、认识和理解的程度也在不断加深,自身对体育运动的兴趣和投入也在动态的发展过程中。总之,体育教学的概念包含教学目标、教学内容、教学方法和教学过程等全部元素，是对学生体育实践能力、情感、意识等能力的全方位的培养，最终培养出适合社会发展需要的新时代的人才。

（二）体育教学是一项体育活动

从体育教学的形式来看，其教学活动的实施主要是以体育实践为主，进行有目的、有计划、有组织的体育学习的组合。通过科学有序地安排体育教学，使学生能够在实践中亲身感受到体育运动的魅力，也能切身体验到体育运动的挑战，因此体育教学是一种鲜活的教学形式，让学生的认知、身体、技能同时得到提升。总之，体育教学不是把理论知识背熟就可以，它是在使学生掌握一定运动技能的基础上，达到一定运动的标准。

（三）体育教学是一次知识探索

现代体育教学提倡以学生为教学主体，主张以人为本的教育理念，因此现在的体育教学活动主要体现为在教师的引导下，鼓励学生主动开展体育学习的探索活动，以自身的兴趣爱好和身体条件为核心，在教师的指导下，发展符合自身锻炼兴趣和意愿的体育活动。由于体育是一门综合学科，因此学生的学习和实践活动必然是一个精彩的探索过程，学生可以从生物科学、教育学、心理学、体育学等多个学科汲取知识。同时，还可以在锻炼的过程中，不断发现自己的运动潜能，通过制订体育学习和练习的目标计划，促使学生养成独立的学习能力、较强的自律能力以及利用现有资源的大胆探索开拓能力。总之，体育教学是一次知识的探索，是促进学生全面成长的重要途径。

二、体育教学的本质

体育教学的本质是由它的目的和内容决定的，体育教学的本质是体育教学区别于其他教育活动的核心所在。

(一)以实践活动为主导

体育教学大多数都是在教师的引导下,带领学生们在室内或者户外进行身体的锻炼和技能的练习,可以说,没有一项体育运动是可以只学习书本知识而获得的。学生体育技能的掌握情况,是由科学的教学方法和有效的练习所决定的。经常进行某项体育活动的学生,自然就更加擅长该项运动,并且其身体素质也更好。可见,体育教学的质量与学生的实践情况直接相关。

(二)以终身运动为目标

与其他教学活动不同的是,体育教学的终极目标是培养学生的终身运动的意识,养成良好的运动习惯,从而为拥有健康的体魄打下良好的基础。因此,体育教学具有长远的目标指引,而不纠结于一时的考试成绩或者锻炼效果。通过体育教学,可以培养学生树立正确的价值观,减少急功近利的倾向。

教师在开展体育教学的过程中,应该以培养学生的运动兴趣为重点内容。兴趣是最好的老师,如果学生对某项运动产生了强烈的兴趣,就会产生内在动机,积极主动地进行探索,并自觉地开展锻炼活动,这是培养学生掌握一项运动习惯的最佳途径。

第二节 体育教学的特点与功能

一、体育教学的特点

体育教学具有鲜明的特点和魅力,这也是吸引许多学生喜欢上体育课的重要原因。同时,体育教学还具有明确的功能,使其在长期教学中发挥出强大的作用,在整个教育系统中占有重要的位置。

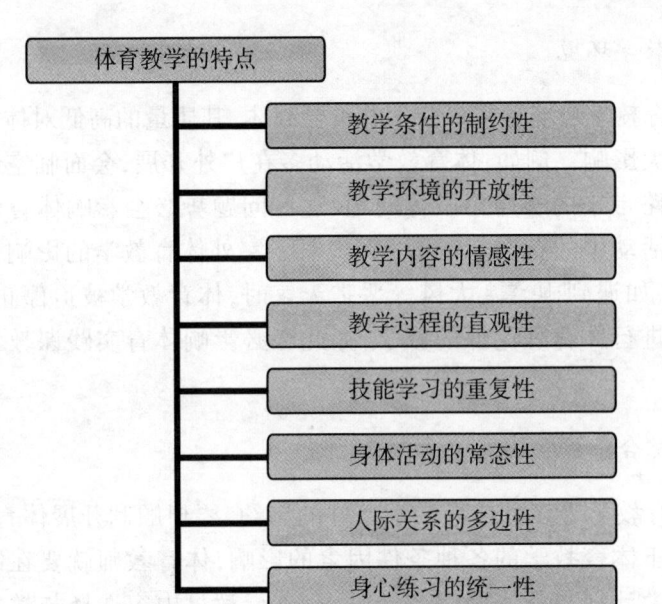

第一章
体育教学的基本阐释与理论指导

```
体育教学的特点 ─┬─ 教学条件的制约性
                ├─ 教学环境的开放性
                ├─ 教学内容的情感性
                ├─ 教学过程的直观性
                ├─ 技能学习的重复性
                ├─ 身体活动的常态性
                ├─ 人际关系的多边性
                └─ 身心练习的统一性
```

图 1-1　体育教学的特点

（一）教学条件的制约性

体育教学具有许多独特的属性和价值。比如，与其他教学活动相比，体育教学需要在特定的条件下进行，因此受到一定的制约，这些条件包含客观条件和主观条件两部分，这是体育教学的重要特点之一。这些制约因素既包括学生对体育的认识程度和热爱程度等，还包括学校的教学场地条件、所处地区的气候条件等。

1. 教学主体

学生作为体育教学过程中体育知识与技能传授的受众，与学生有关的诸多情况会对体育教学本身造成一些影响，因此体育教学要想进行得顺利，获得良好的教学效果，就要注重在学生的运动基础方面以及体质强弱等实际情况上加以区别对待。这些差异具体可表现为，男生与女生不同的身体形态、机能水平、运动能力等，根据这些差异，学校体育教育部门和体育教师在进行教学设计、教材选择和教学组织等内容的安排时就要考虑周全，否则就会影响教学目标和良好教学效果的实现。

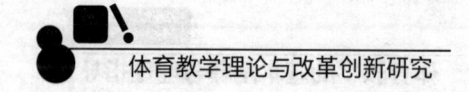

2. 教学环境

体育教学环境是体育教学的重要载体,其质量的高低对体育教学会产生较大影响。例如,体育教学活动多在户外开展,会面临空气污染或邻近马路带来的噪声污染等问题,这些问题势必会影响体育教学主体在教学活动中的状态与情绪;天气对于室外体育教学的影响也是不能忽视的,如遇到雨、雪、大风等恶劣天气时,体育教学被迫停止,转而来到室内进行体育理论课的教学,如此势必影响体育实践课教学的顺利展开。

3. 综合条件

体育教学受多种体育教学条件的制约,要想顺利开展体育教学,摆脱不利于体育教学的各种条件因素的影响,体育教师就要在制订学年体育教学计划与具体课时计划时,在进行教材内容选择与教学组织实施中都必须要考虑这些客观实际与影响因素,结合教学实际,科学选择体育教学内容、方法和组织形式,尽量将制约因素的影响程度降至最低。

(二)教学环境的开放性

开放性是体育教学环境的一个非常明显的特点。很多体育活动都需要在户外进行,无论是足球、篮球,还是跑步、游泳,学生有很多机会在阳光下进行运动,足够的日照强度以及在户外自然环境中进行运动本身,对人体就有一定的积极作用。这对促进学生的身心健康具有积极意义。并且,在户外环境下,更有利于刺激学生打开思维、舒展情志,这与坐在教室里听课相比具有截然不同的效果。这也是大多数学生都喜欢上体育课的原因之一。因为体育教学的教学空间富有变化性,环境更加开放,教学内容更加生动,非常符合学生的身心发展特点。

具体来说,在室外开展体育教学活动应注意以下几点。

(1)由于体育课多在操场进行,受到的干扰因素较多,如天气、地形、周边设施与噪声等,体育教学的组织管理工作就会愈加复杂,需要精心设计与统筹安排体育教学的组织形式、教学步骤与方法。

(2)室外的体育教学是动态的,大部分的教学时间学生都处在不断变化与形式多样的运动中,而且班级内学生较多,教师可采取分组教学。

（3）由于一些学校的体育基础设施条件较差,体育教师应重视对学生的安全教育。

(三)教学内容的情感性

体育教学内容非常丰富,它会涉及多种与体育相关的内容,不仅限于球类运动、游泳、田径,还包括体育舞蹈、瑜伽等内容。通过对这些内容的学习,学生可以普遍从中体会到源自体育的丰富情感。

在体育教学中,学生丰富的情感体验主要表现如下。

（1）在体育教学过程中,师生可以体会到只有体育才能赋予人的人体美和运动美。一方面,学生通过接受体育教学,掌握体育健身的方法和技能,以此达到运动塑身的效果,使身体外在形态保持优美的线条和良好的身材比例；另一方面,学生通过练习不同运动,可以认识到人体不同的动作展现出的动作美和肌肉的动态美,这种美只有在运动中才能看到,是极为外显的美。

（2）在体育教学过程中,学生通过参与体育活动可以陶冶情操、平衡心态。例如,学生在关键时刻始终保持冷静的心态,或是在胜利时表现出谦虚等。

（3）体育教学能使学生真正领悟体育精神。每一项运动都向人们表现出了不同的美的特点和审美特征,如球类运动可以表现个人对球类技术的掌握能力,集体球类项目中除了个人能力外,还包含了与队友之间的协作和互助精神。这些内容都是人类积累下来的丰富的体育内涵,而通过体育教学能促进学生感受到体育的精神美,掌握体育的精髓。

（4）通过体育教学中对美的感受,可以提高学生的审美能力。既然有美的存在,那么就要有欣赏美的人和能够欣赏美,懂得如何欣赏美的能力。

（5）体育教学是一种创造性的社会活动,其创造的成果就是让学生获得内在的顿悟和精神上的启迪。同时,体育教学也是学生与学生、教师与学生的互动与沟通过程,这对提高学生的社会适应能力具有重要作用。

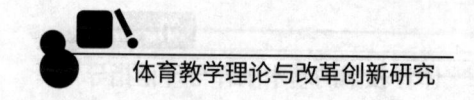

(四)教学过程的直观性

体育教学过程拥有直观性特点,这种直观性主要体现在教师的讲解、示范和组织管理三个方面。具体分析如下。

1. 教师的讲解具有直观性

体育教学过程中,教师讲解体育教学内容,不仅要达到与其他学科教师讲解的同样要求,而且还要使讲解的语言更加生动,并且富有一定的肢体表现能力,以使学生有形象、贴切、有趣的感觉。尤其是在对某些较难的技术动作讲解中,教师不仅要对技术动作的重点进行详细的描述,还要用生动、形象的语言把复杂的技术动作进行简单化的讲解,做到深入浅出,以便于学生理解。

2. 教师的示范具有直观性

体育教学过程中,大多数体育项目的教学都涉及技术动作或战术配合,为了加深学生的理解和认识,教师有必要进行动作示范和实践演示。在教师运用示范法时,需要运用非常直观形象的动作示范,其中包括正确动作的演示和错误动作的演示,这些演示都是非常直观地展现在学生眼前,不能有任何的艺术加工和变形,这样才会使学生从感官上直接感知动作的正确与错误,以利于他们建立正确的、清晰的运动表象。当学生建立正确的动作表象后,再配合教师的讲解,使之与思维相结合,从而充分掌握体育知识、技术及技能。

3. 教师的组织与管理具有直观性

体育教学过程中,教师与学生接触更多,关系更融洽,对学生的组织与管理也带有直观性,如要更加具有责任心、更具有活力,身体力行,对学生的身心形成一种无形的教育,尤其对学生的观察与帮助,既有利于把控教学过程,也能为学生创造轻松的教学环境,学生在教学中表现出来的言行都是他们最为真实的一面,也有利于体育教师获得正确的教学反馈,并及时对教学组织与管理进行完善。

第一章 体育教学的基本阐释与理论指导

（五）技能学习的重复性

体育教学最基本的目的则是使学生掌握运动技能，而达成这一体育教学目的，就必须重复学习运动技能。

运动技能的形成具有阶段性和规律性，运动技能的形成大致要经历这样一个过程，即练习分解动作—练习连贯动作—独立完成连贯动作—熟练完成连贯动作。学生要想熟练掌握运动技能，需要经过长期的反复练习。学生无论是掌握篮足排运动中的复杂技能，还是学习体操中的滚翻、田径中的跑等技能，都需要经历由不会到会、由简单初步学习到复杂深入学习、由不熟练到熟练的发展过程。在此过程中，体育教师要严格遵循循序渐进原则，逐步指导学生掌握各种运动技能，根据不同运动技能的特点，合理安排练习内容和时间，通过反复练习，使学生掌握与提高运动技能。

（六）身体活动的常态性

体育教学中，学生需要不断重复学习体育运动技能，这也决定了学生在体育教学活动中，要经常进行身体活动，即体育教学具有身体活动的常态性特点。体育课堂教学过程中，教师与学生的身体操练非常频繁，这种几乎常态化的特点成了体育教学非常显著的特点。

一般性（主要是指文化类学科）的教学，多在教室（实验室、多功能厅）进行，且要保持相对的安静，这样才能激发学生的思维并产生很好的学习效果。而与这些学科相比，体育教学却刚好与之相反，其教学的地点多为户外或专用运动场馆，普遍较为宽阔，而且在大多数的运动技术练习环节中并不需要刻意保持安静，学生之间、学生与教师之间都可以随时有相关的交流和沟通，如此才更有利于学生对运动技术的学习。

体育教学要求学生掌握基本的运动技能，体育教学过程中有很多对身体活动的要求，这是体育教学与其他学科教学的最大区别。因此，在体育教学中，几乎所有内容都涉及身体活动，或者是为即将到来的身体活动做准备活动，这就是对作为"身体知识"的体育教学的最好诠释。在体育教学过程中，不仅是学生要进行具有一定运动负荷的运动，教师在做示范、做指导和参与到组队教学赛中也需要付出不少体力。可见，体育教学身体活动的常态性特点不单单是针对学生，同时也包括教师。

（七）人际关系的多边性

在体育教学中，人际交往占据重要位置，体育教学中的人际交往具有多边性的特征。

现代体育教学的组织形式主要在单人、双人、小群体以及全班之间不断转换，要求学生在不同的时空内完成不同的身体运动、不断地变换角色地位，彼此之间建立多种不同的联系。因此，在体育教学中，师生之间、生生之间、小群体之间具有频繁且形式多样的人际交往关系。

针对体育教学过程中人际关系的多边性特点，体育教师可以运用多种方式与学生交流与沟通，并引导学生相互之间进行配合、鼓励与评判，教会学生在体育课堂中初步体会社会交往，培养学生的合作意识，提高其人际交往能力。

（八）身心练习的统一性

一般认为，身体与心理是两种不同的事物，彼此间并没有很多的交集。实则不然，现代科学研究发现，身体健康有助于改善心理健康，而心理健康与否也可以影响身体健康。因此，体育教学具有要求学生身心共修的特点。

体育教学重视对学生身体的改造，与此同时，它还强化学生的心理与多种适应能力的发展。而在其他学科的教学中便无法达到这样的效果，这主要在于体育教学营造了不同种类的教学情境，一系列积极的情境使得参与其中的人在潜移默化中受到感染。在体育教学中，学生的身心发展看似是多元的，但实际上在过程中是一种身心统一的锻炼，即达到身体与心理的共同拓展和发展，表现出十足的统一性。身体发展是基础，心理发展是依赖，能够促进身体发展。从这一方面来看，体育教学不仅可以促进学生掌握技能、发展身体、增强体质，而且有利于培养学生的思维方式和良好的心理品质，促进学生身心健康协调发展。

体育教学中学生身心练习的统一性，要求教师应做好以下几方面的教学工作（图1-2）。

```
            身心练习的统一性
      ┌───────────┼───────────┐
体育教学要注重身心统一  体育教学方法    运动负荷的安排
              要注重身心统一    要注重身心统一
```

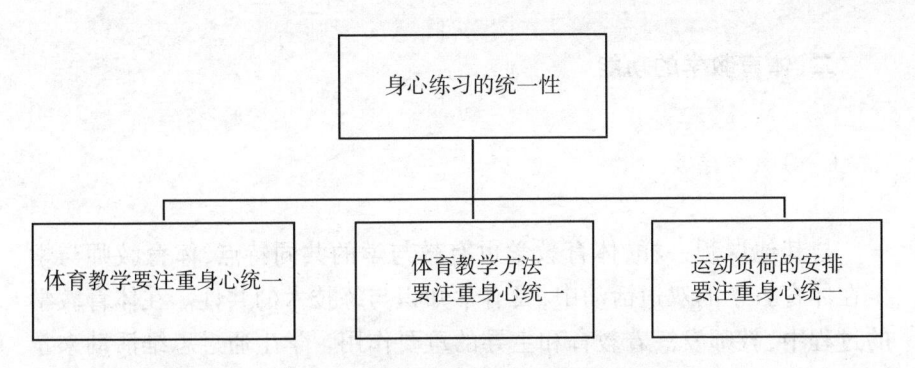

图 1-2　身心练习的统一性的内容

1. 体育教学要注重身心统一

体育教学内容是体育教学活动的依据，对教学效果具有直接的影响作用。为了使体育教学体现出身心统一的特点，教师应针对学生的身心健康状况合理选择教学内容，所选教材的编排要符合该年龄段学生的心理特点，使学生通过教学过程中的知识学习、身体练习与情感体验，获得身心的健康发展。

2. 体育教学方法要注重身心统一

与其他学科的教学相比，体育教学的教学方法更加丰富，这更加便于体育教师结合体育教学实际合理选用教学方法，为了体现体育教学中学生身心练习的统一性，体育教师选择的教学方法都要遵循与学生年龄段相适应的身心变化规律，选择正确的、适合学生身心发展的体育教学方法，体育教师必须根据学生的这些身心特点安排教学，促进学生身体和心理的共同发展。

3. 运动负荷的安排要注重身心统一

体育教学重在体育实践，它以身体练习为主，需要学生运用身体器官直接参与活动，不仅要承受一定的身体负荷，还要承受一定的心理负荷。学生在完成大负荷的身体练习时，要承受肌肉活动引起的疲劳与不适，体验不同的心理过程，磨炼思想意志，还要感受克服困难、团结一致、努力拼搏、体验失败和成功的心境。

二、体育教学的功能

（一）教育学生

与其他课程一样,体育教学也有教与学的共同特点,体育教师与学生在体育教学的双边活动中,具有学知识与练技术的共性。在体育教学的过程中,教师发挥着教育和主导的重要作用。学生通过思维活动来掌握教师传授的知识与技能,从而提高自身的认识与判断思维能力,这是其他课程的主要教学特点。此外,体育教学对培养学生爱国主义情感、集体主义价值观、互帮友爱和顽强拼搏、积极进取的精神也发挥着极大的促进作用。

（二）促进身心健康

健身功能是体育教学的本质功能。所有体育教学都应将健康教育放在重要位置。因为增强国民体质是发展体育运动的本质目的,适当地参加体育运动,科学地进行体育锻炼,可以有效促进学生身心健康。

经过长期的改革与实践,现代体育课程在规划设计教学大纲、选择教材内容、安排课时、实施教学组织等方面已逐渐合理化与科学化。从这一点来看,根据体育教学的规律特点,将各种行之有效的健身内容、方法与手段应用到体育教学中去,有机协调并统一体育教学的教育性、健身性、竞技性和娱乐性等特征,从而提高教师的体育教学质量,增强学生的体育健身效果。

（三）培育良好品德

体育教学具有帮助学生形成良好思想品德的功能。体育教学中,大多体育运动或体育游戏都需要集体共同参与方能完成。根据体育运动或游戏的规则,运动竞赛或游戏要想顺利进行,必须依靠参与者自觉遵守既定规则。因此,体育运动进行的前提是守纪守则,运动取胜关键要靠集体的团结配合。

（四）提高审美能力

体育除了可以培养学生的运动能力以外，其实还具有对美的塑造能力，包括对运动的美、形体的美、力量的美，以及运动中人体体现出的拼搏的美等，这些都是非常宝贵的教学素材，是对学生进行美的教育的重要方面。通过体育运动，可以很好地加强学生对自身的美的感悟，以及对他人的美的欣赏的能力。无论是静态的形体的美，还是动态的运动的美，都是人们向往美、追求美的体现。体育运动中充满着美的元素，如对抗中的美、胜利后狂喜的美，都是美的重要组成。

学生对体育运动的审美意识也可以通过体育教学培养，体育教学可以帮助学生树立正确的人体及运动的审美标准，使学生体验积极、健康的审美情感，进而提高学生的美学素养。

第三节 体育教学的规律与原则

一、体育教学的规律

（一）体育运动认知规律

在体育教学中，需要遵循体育运动的认知体系才能事半功倍，而体育运动的认知规律大致有以下几个阶段。

（1）从感性认知开始培养，这是认知发展的一般规律。

（2）有了感性认知的基础之后，再逐渐形成理性认知。

（3）在具有了一定的感性认知和理性认知之后，要把它们灵活地运用到体育运动实践中，最终才能形成一个完整的过程。

具体而言，体育的运动认知体系是一种"身体—动觉"智力，通过体育教学，能够使学生进行物体识别、自我认识、控制体育运动的相关因素的能力不断提高。在体育活动中，表现为学生能对体育事件做出恰当的身体反应，具有控制身体运动、操纵物体的能力，体脑能够协调工作。

对此,体育教师在体育教学中应重视培养学生感知时空的能力,提高学生对方向进行正确判别的能力,培养学生从方向、速度以及重量等方面感知器械的能力,以此来促进学生运动认知能力的不断提高。

(二)体育运动技能形成规律

使学生对运动技能进行充分的掌握是体育教学的主要任务之一,而学生掌握运动技能需要经历一个必要的发展过程,这个发展过程的大致趋势就是不会→会、不熟练→熟练、不巩固→巩固。换言之,就是要经历一个泛化—分化—自动化的变化过程。掌握与形成动作技能的过程与阶段划分没有十分精确的标准,然而就动作技能的结构而言,体育教学中依然要严格遵循体育运动技能的形成规律。

(三)体验运动乐趣规律

与其他教育不同的是,体育教学有一个重要的内容就是首先要培养学生的运动兴趣。因为只有学生自己有兴趣,才能主动自觉地开展训练和练习,会自己创造条件进行探索和学习,这是促进学生发展体育能力的最主要的途径。学校的体育教学内容,其中有一项就是帮助学生体验运动乐趣,从而发展学生的体育专项能力。总之,体育教学要严格遵循体验乐趣这一规律。

学生在学习与掌握运动技能的过程中,要经历如下体验乐趣的过程。

(1)学生以自身已有的技能水平为基础进行新技能的学习,在学习新技能中体验新的乐趣。

(2)学生为掌握新的运动技能需要付出一定的努力,需要不断挑战自我,在挑战自我中能够体验到乐趣与成就感。

(3)学生掌握新的运动技能后,需要充分发挥自身的聪明才智与主观能动性来对新技能进行创新,在创新中体验探索与新鲜的乐趣。

二、体育教学的原则

体育教学是在教学目标的指导下进行的有计划、有步骤、有原则的教学活动,以下是最重要的几项教学基本原则(图1-3)。

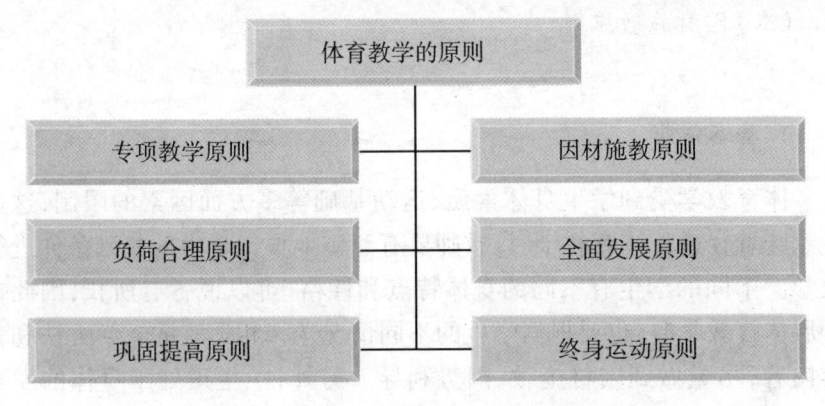

```
                    体育教学的原则
         ┌──────────────┴──────────────┐
    专项教学原则                    因材施教原则
    负荷合理原则                    全面发展原则
    巩固提高原则                    终身运动原则
```

图1-3 体育教学的原则

(一)专项教学原则

1. 基本依据

体育教学内容丰富,种类多样,不同内容的体育教学对学生的要求是不同的,因此教师应结合体育教学项目的特点和规律开展体育教学,在促进学生基本身体素质提高的基础上,发展运动专项能力,提高运动水平。

2. 基本要求

体育教学的专项教学原则要求体育教师应重视学生专门性知觉的优先发展。体育运动通常是在具体的运动环境中进行的,以篮球为例,篮球运动围绕篮球、篮球场地以及场地上的器材进行。运动过程中,学生对环境和器材的感知是专门性知觉发展的过程,其中手指、手腕对球的控制能力对篮球教学至关重要,因此教师应重视学生对篮球控制能力的优先发展。

（二）因材施教原则

1. 基本依据

体育教学受到学生身体素质、运动基础等多方面因素的限制，这也就意味着在进行体育教学时，教师要有意识地根据学生的基础条件进行教学。不同的学生有不同的身体特点和性格，可以说各有所长，因此在开展体育教学时，也要根据学生的不同情况选择相适宜的教学方法和教学内容，尽量做到因材施教、因势利导。另外，学生正处于身体的发育期，他们的身体条件不仅受到基因、生长环境、认知能力以及学习态度等多方面因素的影响，而且随着时间的推移，学生的身体条件、学习能力以及兴趣强度都会发生改变，这是一个动态的过程。因此，教师在制订教学计划时，也不能一成不变，而是应该根据学生的发展状态灵活调整教学内容和教学方法，从而达到因材施教的目的。

2. 基本要求

体育教师应引导学生正确对待个体上的差异。对于差异的存在，如果利用得当，也许会挖掘出学生的独特潜能。学生要互相帮助，培养团队意识和集体精神。不同学生对体育的了解各有不同，要在体育教学中贯彻个体差异性的原则，即要求教师在充分了解学生个体差异性的基础上，向学生讲解个体差异的具体表现，并引导学生正确看待差异。差异的存在是客观的，然而这不能成为歧视天赋较差的学生的理由，同时教师也不能过分偏爱天赋较好的学生。

（三）负荷合理原则

1. 基本依据

学生在参与体育教学时，不管是身体练习还是运动技能的学习，都需要承受一定量的运动负荷。但人体在体育运动过程中的规律揭示出了任何练习和教学都不是活动量越大越好。运动负荷过大，会对学生的身体健康造成不同程度的损害；运动负荷过小，不利于取得良好的教学效果。因此,运动负荷的安排是否得当,是检验一名体育教师水平高低的标准。

2. 基本要求

运动负荷的安排要服从体育教学目标。体育教学的目标是培养学生的健康体魄和健康的心理素质,因此基于这个目标可以认识到,体育教学不是为了让学生不断超越身体极限去挑战自我,也不是为了增加运动负荷而进行大运动量的训练。竞技体育中单纯为了金牌而无限制地加大运动负荷的方法不适用于普通学生的体育教学。

运动负荷的安排要服从学生的身体需求。体育教学应为促进学生身体发展而服务,因此在体育教学中,运动负荷的大小应充分考虑学生的身体发展状况与需要,教师要合理地对运动负荷做出安排,就必须了解学生的身体发展情况,运动负荷安排要体现对学生身体的无害性,同时要有利于促进学生的身体发展。

(四)全面发展原则

体育教学应以促进学生的身体锻炼为基础,促进学生身心的全面协调发展。在体育教学中,除了促进学生身体健康外,还应将体育教学与心理学、美学和社会学等学科知识结合起来,全面提高学生智力、心理素质、审美能力等多方面的发展,以培养出适应社会主义现代化建设需要的人才。

1. 基本依据

(1)社会主义体育教学目的的需要。
(2)实现体育教学基本功能的需要。
(3)学生发展的需要。
(4)社会进步的需要。

2. 基本要求

(1)在体育教学中,体育教师要认真学习和领会体育教学大纲(或课程标准)的精神,全面贯彻教学大纲(或课程标准)的目标和要求。
(2)体育教师应树立现代体育教学价值观念,用现代体育教学价值观对体育教学质量做出评价与衡量。现代体育教学除了具有一定的生物学价值,还具有心理学、教育学、社会学及美学的价值。

(3)体育教师在制订各种体育教学工作计划和编写教案时,应在课堂中给予学生足够的身体练习时间,并在教学中重视学生的心理发展。

(4)在体育教学的准备、实施、复习、评价等阶段中,无论是制订教学任务、选择教学内容还是运用各种教学手段和方法,都应注意增强学生体质并促进其全面发展。

(五)巩固提高原则

1. 基本依据

根据遗忘规律和运动条件反射建立与消退的理论,教师在体育教学中,应该有意识地增加巩固与提高的环节。如此才能让学生加强和巩固学到的知识,打牢基础,并且为进一步的发展创造条件。否则,如果教学只顾一路向前地学习新知识、新技能,而不去回头温习旧的知识和技能,那么学生在一段时间内很可能就会遗忘知识,技能也会逐渐消退。并且,体育运动在很多方面都类似一种特殊的技能,在掌握了某种技能之后,如果任其荒废,不经常加以运用,根据"用进废退"的原理,那么学生所学的这些技能就会慢慢地生疏,甚至前功尽弃。因此,学生要注意巩固提高自身所学到的知识和运动技能。

2. 基本要求

(1)在体育教学中,教师应合理安排训练计划,让学生进行反复强化的练习,增加练习的密度,使其获得进一步的巩固和提高。制订合理的训练计划是为了让机体在巩固提高的过程中避免出现过度疲劳而损伤机体。

(2)不断提出新的学习目标,培养学生的体育运动兴趣和体育学习动机。

(3)教师要给学生布置适量的课外体育作业或家庭体育作业,将课内课外结合起来,达到巩固提高的目的。

(4)增加运动密度和动作重复的次数,反复强化,不断巩固运动条件反射,提高技术水平、身体素质和体育能力。

（5）体育教师应重视良好体育教学方法和训练方法的选择。在教学中，可采用改变教学方式或者改变练习条件来达到巩固提高的目的。

（六）终身运动原则

1. 基本依据

通过体育教学长久地影响学生对运动健身重要性的理解，并使学生身体力行地参与其中是体育教学的最终目的。这也是《〈体育与健康〉教学改革指导纲要（试行）》对当前体育教学的基本要求。因此，培养学生的终身体育意识，帮助学生养成终身运动的良好习惯是体育教学应遵循的基本原则之一。

2. 基本要求

（1）促进学生终身体育思想的形成。体育教学中，教师要对学生的体育爱好与技术特长加以留心观察，并积极引导帮助，而且要注重对学生体育学习兴趣的激发，引导他们形成终身体育思想，养成持久体育锻炼的习惯。

（2）在体育教学中充分考虑教学的长期与短期效益，体育教师不仅要重视体育教材或某项运动技能的教学成果，还要考虑体育教学的长期效益，这与体育教育总体目标的要求是一致的。

第四节 体育教学实施的多元理论支持

现代体育教学已经发展得非常成熟，并且和其他学科以及其他的相关理论都产生了很深的联结。这些理论对体育教学在不同层面和不同角度都产生重要的促进作用，本节将对目前一些较为重要的被引进体育教学实践中的理论进行简单的总结和分析。

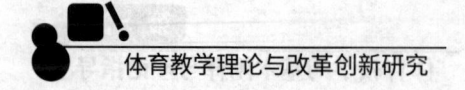

一、教育学的理论支持

体育教学与一般的文化课程教学不同,这种教学活动形式更加关注缄默知识影响。在体育教学中,显性知识、缄默知识同时对"教"与"学"产生影响。在一般的教学活动中,教师只能用语言讲解体育技能中关于"是什么"和"为什么"的知识,或者只能示范"基本动作要领",而每位学生的练习、感受是任何人都无法取代的,学生自身的本体感、操控能力等也无法从教师的角度得到提高。

在传统体育教学中,缄默知识的存在及其产生的影响被大部分教师和学生忽视了。我们只是用老套的"师徒式"教学方法引导学生学习缄默知识,但这种教学方法已经不适合现在的体育课了,如果还用这种教学方法应对现代体育教学,就是一种教学套路了,而且经不起深入推敲,师生会因为对体育教学的缄默性特点认识不清楚而陷于其中,影响教学效果。所以,导致现在体育教学中"教"与"学"陷入困境的直接因素是体育课程的缄默属性。因此,在高校体育课程教学的优化改革中,需要明确体育课的属性,然后再实施具体的教学改革工作。

二、信息化教学的理论支持

(一)信息化教学的概念

在信息化时代,各个行业都很重视信息技术及运用,教育领域同样如此。信息化教学是指在现代教学理念的指导下,教师充分利用现代信息技术(网络技术、计算机及多媒体技术、卫星通信技术等),整合与运用丰富的教学媒体和信息资源,构建良好的教学环境,引导学生积极发挥主观能动性,使学生自觉成为知识和信息的建构者,从而不断提高教学的质量。

(二)信息化教学的要素

传统教学系统的主要构成因素包括教师、学生及教学内容。信息化教学系统的构成因素在传统教学系统的基础上增加了媒体因素,即包含教师、学生、教学内容及媒体四个要素。

（三）信息化教学基本理念

信息化教学倡导"以人为本"的基本教学理念，坚持以学生为本。具体要做到以下几点。

（1）确立学生的主体地位。
（2）强调学生的主观能动性。
（3）从强调积累知识和训练技能转变为强调学生主动建构知识与信息。
（4）强调探究学习、自主学习与合作学习。
（5）强调师生之间的有效互动。
（6）强调活动的重要性。

（四）信息化技术在体育教学中的应用

在体育教学中运用信息化技术，构建新型课程模式，对提高体育教学水平与质量具有重要意义。

信息技术课程模式的操作流程具有独特性。以下是信息技术课程的两种典型模式的操作方法。

1. 带疑探究—讲授示范—动手操作型模式

操作流程如下。

（1）教师依据课程目标对学生提出探究性问题，诱导学生思考与探究，引导学生充分利用现有信息技术资源探索解决问题的有效方法。
（2）教师将探究性问题分解为一系列信息技术知识点，然后进行操作示范。
（3）学生独立操作，掌握知识和技能。
（4）教师进行评价。

2. 任务驱动—协作学习型模式

操作流程如下。

（1）教师利用信息技术资源设计教学目标和教学任务。任务系统呈梯状分布，具有层次性，难易分明。

（2）教师呈现教学任务，学生自主选择合作伙伴进行合作学习、共同探究。小组内部多沟通、交流，小组之间分享信息与成果。

（3）教师重点评价学生应用信息技术的能力。

三、运动心理学的理论支持

认知心理学派热衷于对学生在学习中各种心理活动的研究，主要代表人物有皮亚杰（Piaget, J.）、奥苏贝尔（Ausbel, D. P.）以及布鲁纳（Bruner, J. S.）。他们的研究方向主要有以下几点。

（1）学生在学习过程中的思维活动形式及思维过程。

（2）学生的心理活动顺序和教材的逻辑思路之间的关系。

（3）学生的认知结构与教材知识结构之间的相互关系。

（4）学生的认知策略与学习方式。

（5）学生在不同认知阶段，其身心发展与教材的关系等。

认知心理学对课程的影响主要从以下几方面表现出来。

（1）对课程进行审视时要带着"结构"论的思想，编制课程时应对其基本逻辑下的知识结构加以遵循，以便按照一定的逻辑顺序呈现知识。

（2）基于对学生认知规律、认识结构以及认知水平的考虑而进行课程设计。

心理学这门学科着重对人的心理活动规律和形式进行研究，因此在课程教学实施中应坚持心理学的科学指导，以学生的心理特征与变化规律为依据对其施加积极的影响。从心理学角度来看，学生的学习过程也是一种心理活动表现。

观察力、注意力、思维力、记忆力和想象力的发展水平集中反映了大学生的认知心理发展特征。人类认知心理的发展与社会环境、神经系统、教育等有密切的关系。认知心理的发展分别会在身体生长阶段、青年期达到高峰，在体育教学实施与改革中应注意大学生的这些认知特征,分析其认知需要,以免因教学目标的设定不合理而影响教学效果。

四、社会学的理论支持

人与社会相互依存、密不可分。人生活在社会中,而社会又由人组成。人不可能离开社会而生存,社会没有人参与也不能称之为社会。人们生活在社会中,必须依赖于社会而发展,社会的发展也是由人所推动的,离开人的作用,社会不可能取得发展。

各种社会制度规范与约束着社会人的行为,从而维护社会秩序,保证人的生活质量,但人们也因为社会的种种制度和规范而被限制了自由,我们将这种现象定义为"二律背反"。人类就是这样不断演进和发展的,人与社会是两个非常重要的维度。

对社会而言,知识游离于人以外,而对于人而言,知识是其内在的一部分。在人与社会不断互动、转化的过程中,知识逐渐以张力形式而实现发展。我们必须认识到,完整的、发展的知识观是深入优化改革体育教学的重要基础。

五、卓越绩效的理论支持

卓越绩效模式是一种经营模式和质量管理模式。它是经济学新出现的一个术语,通常出现在特殊语境下,有特定含义。国外有关专家指出卓越绩效模式是一种综合的组织绩效管理方式,采用这一管理方式,能够促进组织综合能力和整体绩效的提升,推动组织进步与发展,使组织创造更多的价值,更好地服务于顾客,获得持续发展的能力。

(一)基本思想

卓越绩效管理模式的基本思想表现在以下七个方面。

1. 领导

一个组织的领导应自觉树立集体主义价值观,确立组织的发展目标和方向,对顾客与其他利益主体的期望与需求予以关注,营造良好的经营管理环境,使组织中每个成员都主动参与组织运作,主动学习和完善自己,发挥创新能力,共同推进组织进步与发展。领导还要加强对组织的有效治理,对组织的绩效定期进行考核与评审,同时还要积极履行社会赋予的责任和义务。

2. 战略

任何一个组织都要有明确的战略目标和能够快速实现战略目标的合理战略规划。能够依据战略目标有序推进战略部署,跟踪分析战略实施的进展,当组织内外环境发生变化时,对战略目标、规划及时进行调整。战略内容及相互关系如图1-4所示。

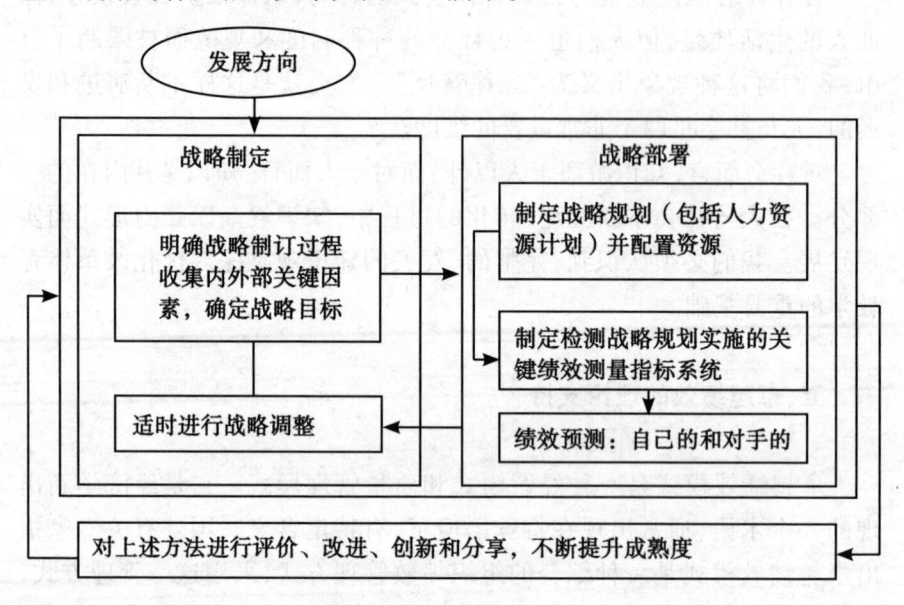

图1-4 组织战略[1]

3. 顾客与市场

组织应该对市场需要、顾客期望、消费偏好等进行深入了解,与顾客建立良好关系,协调好自身与顾客的利益关系,提升顾客对组织的满意度和忠诚度,培养长期顾客,挖掘潜在顾客。

---

[1] 高春红.卓越绩效模式理论与实践之探讨[D].南京:南京理工大学,2006.

4.资源

组织的高层领导应投入必要的硬件资源、技术资源、信息资源以及人力资源来有序推进战略规划的落实,早日实现战略目标。领导要善于整合各种资源,加强资源创新,提高资源的科技含量,从而提高组织运作效率,提升经营效益。

5.过程管理

过程管理涉及组织内部的所有部门,也包括组织整体创造价值的过程。过程管理以落实战略规划和实现战略目标为主要目的。在过程管理中,应根据组织内外环境的变化而迅速做出调整,能够快速对市场变化做出敏捷、恰当的反应,如产品的创新要求过程管理适应新的变化而快速进行调整。过程管理的内容及关系如图1-5所示。

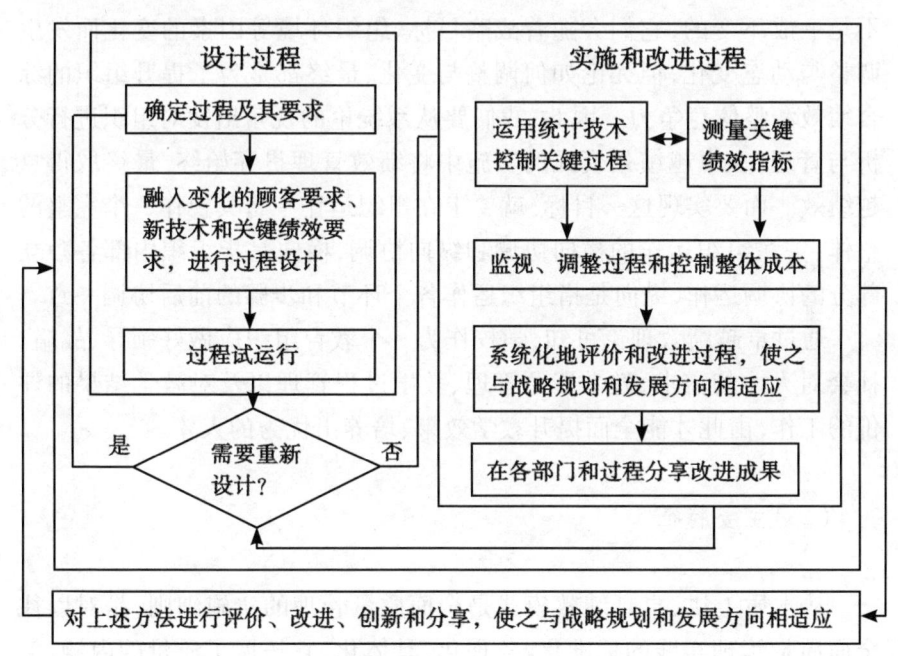

图1-5 过程管理[①]

---

① 高春红.卓越绩效模式理论与实践之探讨[D].南京:南京理工大学,2006.

6. 测量、分析与改进

对数据、信息、知识进行选择、收集及分析和管理的方法有很多，组织要确定采取哪种方法，要灵活选择、全面分析、充分运用、不断改进，促进组织绩效的提升。

7. 经营结果

组织要定期评价经营绩效，不断加以改进，提升产品绩效和服务绩效，同时也要促进组织运行绩效、资源管理绩效、市场绩效、社会责任绩效的全面提升。

卓越绩效模式的基本思想包含上述七个类目的内容，这些内容共同构成一套完整的组织评价准则。这七个方面相互之间密切联系，相辅相成，缺一不可，是不可分割的有机整体。卓越绩效模式中的各项内容并不是一成不变的，它们会随着战略目标、组织环境等因素的变化而发生调整与动态变化，但无论如何调整与变化，最终都是为了提升组织的综合绩效和整体竞争力。因此，我们要从系统论的视角出发对组织进行分析与管理，在卓越绩效模式的实施中将绩效管理贯穿始终，最终取得卓越绩效。而要实现这一目标，就要求在组织运作中将其视作一个完整的整体，关注组织运作的横向协调和纵向协调，横向是指组织内部各独立部分的协调运作，纵向是指组织运作各个环节和步骤的前后协调一致。

通过卓越绩效理论可知，学校作为一个教育组织应做好领导、战略、社会对人才的需求、教学资源管理、教学过程管理以及对教学结果的评价的工作，由此才能全面提升教学效果、培养出优秀的人才。

（二）主要特征

从本质上讲，卓越绩效模式是全面质量管理的实施细则，是对以往全面质量管理实践的标准化、条理化、具体化，它拓展了质量的内涵、关注核心能力的提升、聚焦于经营结果，是一个成熟的标准。它反映了现代经营管理的先进理念和方法，是世界级企业成功经验的总结。下面分析卓越绩效模式的主要特征。

1. 树立"大质量"观

在企业经营质量管理中,卓越绩效标准是非常重要的一个评审标准,这里的质量不仅包括企业的产品质量和服务质量,还包括在此基础上拓展和延伸的工作质量、过程质量、体系质量以及综合性的经营质量。这体现了卓越绩效模式中隐含的"大质量"观。企业提升产品质量和服务质量,是为了使顾客需求得到满足,吸引更多的顾客,扩大市场。企业提升经营质量是为了达到令人满意的综合绩效,促进企业可持续发展。需要注意的是,产品、服务质量和经营质量不是一个概念,二者不能等同,有优质的产品和服务,不一定有好的经营质量,但好的经营质量是以好的产品和服务质量为核心的,这也是企业经营的底线。

卓越绩效标准作为企业经营质量评价标准,在国际上是公认的,这一标准对企业领导的领导力、企业战略、企业市场开发、企业管理等都提出了很高的要求。要获得好的评价结果,就要在这些方面不断努力,提升企业各方面的绩效。

2. 关注竞争力提升

用卓越绩效标准来评价企业经营质量,是为了促进企业竞争力的提升,促进国家经济竞争力的提升。因此,在卓越绩效模式下对企业的市场竞争优势与竞争实力要给予特别关注。例如,企业在策划经营战略时,要着重分析市场和竞争对手,确立的战略目标和规划要能使企业在市场竞争中取胜,要便于对企业综合绩效水平的评价。企业的经营水平不仅要与自身原有水平进行纵向对比,还要与竞争对手的经营水平进行横向对比,同时还要与标杆水平进行对比,发现差距和需要改进的地方,并进一步发挥优势,促进企业竞争力的有效提升。

3. 提供先进管理方法

卓越绩效标准不仅反映了现代经营管理的先进理念和实现卓越绩效的框架,而且提供了许多可操作的管理方法,有助于提高企业管理的有效性和效率。因此,对高校的体育教学也具有较强的指导意义。

六、动作发展学的理论支持

优化体育课程教学,需要对学生的运动动作发展规律进行充分的考虑，只有深入理解与充分掌握规律，才能实现课程教学效果的提高与完善。学生运动动作的发展规律表现在以下两方面。

（一）基本动作的发展规律

学生成长过程中要经历基本运动动作的发展规律。大一新生的年龄一般在18岁左右，这是青春期与成年期的交界时期。所以说，大学生群体是新进的成熟群体与青春期尚未完全度过的群体的混合群体。因此，教师在教学中要对学生的个体差异问题重视起来。

（二）特殊动作的发展规律

这是特定运动技能形成过程中的动作发展规律。运动技能学习主要包括认知阶段、联结阶段和自动化阶段（图1-6）。

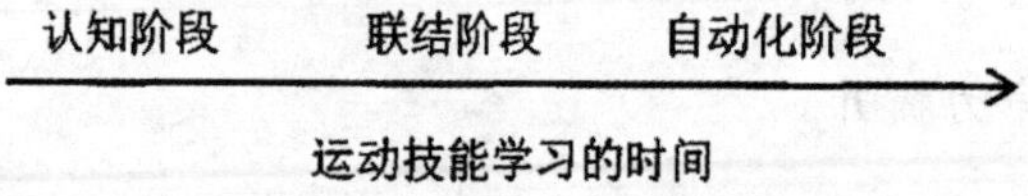

认知阶段　　联结阶段　　自动化阶段 →

运动技能学习的时间

图1-6　运动技能形成过程

在体育动作学习中，需要考虑学生的身体协调与自由度的问题。人体每个关节都有限定的运动自由度，因此在进行某种身体运动的初期，神经会支配肌肉产生一种可以控制动作协调自由度的常用应用策略，导致关节僵硬。此外，学生在运动技能学习中出现的以下特点也需要充分重视起来。

第一，技能水平的提高速率慢慢降低。

第二，在动作学习过程中，身体能量消耗随着动作的熟练而逐渐减少。

第三，学生会更加准确而有效地选择相关信息资源。

第四，在技能学习后期，技术动作越来越熟练，学生应减少在运动技能特征方面的有意注意。

第五，学生在不断的反复练习中提高了发现错误和改正错误的能力。

七、管理方格理论

（一）理论概述

管理方格理论是一种关于企业领导和有效性的重要理论，该理论的提出者是美国行为科学家简·莫顿和罗伯特·布莱克，提出时间是1964年。管理方格理论运用多学科理论与方法探讨了不同方格代表的领导方式，这些学科包括人类学、社会学、管理学、心理学等。

一些传统管理理论中提出了一种绝对化的管理理念，即"非此即彼"，指的是要么以人为中心进行管理，要么围绕生产进行管理，管理方格理论打破了传统观念，指出关心人和关心生产这两种领导和管理方式并不矛盾，可以将二者有机结合起来。基于这一认识，有关学者设计了管理方格法，以解决企业领导与管理的问题。如图1-7所示，方格图由横轴的9等分方格和纵轴的9等分方格组成，横轴代表的是企业对生产的关心程度，纵轴代表的是企业对人的关心程度。从第1格到第9格是从最小关心程度到最大关心程度的变化过程。方格图中的小方格共81个，每个方格都代表一种领导方式，这种领导方式是由对人的关心和对生产的关心两个因素结合而成的，而且不同方格所代表的领导方式中，这两个因素的比例是不同的。图中有5个特殊方格做了标注，它们代表的是五种典型的管理方式，分析如下。

贫乏型管理（1-1格）：管理者付出的努力只能够完成必要工作，不会付出更多的努力。管理者关心生产或关心人都只是为了完成必要工作，维持组织运作。这种领导方式和管理方式是最差的。

俱乐部型管理（1-9格）：管理者只对人性予以关注，而对生产毫不关心，这种领导方式和管理方式是片面的。

中庸型管理（5-5格）：管理者既关心生产，也关心人，而且关心的程度一样，目的是维持现状，但对改革与创新造成了限制。

任务型管理（9-1格）：管理者一心只关注生产，对员工毫不关心，这种领导与管理方式偏独裁性，缺乏民主性。

团队型管理（9-9格）：这是最好的领导方式与管理方式，管理者对生产和对人的关心程度都达到最高，以赢得员工的尊重与信任，也激发了员工的工作积极性，从而提升了企业的经营效益。

高	1-3 俱乐部型管理：对员工的需要关怀备至，创造了一个友好的氛围和工作基调						9-9 团队型管理：工作的完成来自全体员工的贡献，由于组织的"共同利益关系"，形成了相互的依赖，导致信任和尊敬的关系		
9 8 7									
对人的关心 6 5 4				5-5 中庸之道型管理：通过保持必须完成的工作和维持令人满意的士气之间的平衡，使组织绩效有实现的可能					
3 2	1-1 贫乏型管理：对必须的工作做出最小努力以维持恰当的组织关系						9-1 任务型管理：由于工作条件的恰当安排，组织达到高效率的运作，人为因素的影响降到最小程度		
1	1	2	3	4	5	6	7	8	9
	对生产的关心								

图1-7 管理方格图[①]

（二）理论应用

管理方格理论给体育教学带来的启示是，体育教师既不能只关心教学工作而忽视学生的需求和对学生的培养，也不能只关注学生的成长而忽视了教学本身，应将二者以恰当的方式结合起来，适度处理二者的关系，共同关注教学工作和学生的全面发展。体育教师要采取团队型管理方式，对教学工作和对学生的关心都要达到最高程度，从而获得学生的信任，在学生的配合下更好地开展教学工作，提升教学效果。

八、自我效能理论

（一）理论概述

自我效能指的是个体在特定情境中对自己实施某种行为能力的知

---

① 胡永红.有效体育教学的理论与实证研究[M].北京：北京体育大学出版社，2010.

第一章
体育教学的基本阐释与理论指导

觉以及惜守自我生成能力的信念。简单来说,自我效能是人们对自己是否具有在从事和完成某项活动的过程中达到指定操作表现目的能力的判断,它与一个人对自身所拥有的技能可以做什么所进行的自主判断有关,而与实际技能水平无关。也可以将自我效能理解为个体对自己能力和能力可能产生的效能的认知,是一种特定情境中的自信心,随时间和环境发生变化,强调主体的元认知。[1]

个体在成就情境中的行为动机在很大程度上是由其自我效能感所决定的。自我效能感越强,个体从事活动的积极性越强,而且在遇到问题时也会努力处理问题,克服困难,有恒心,有自信,有毅力。相反,自我效能感低的人从事活动的积极性较差,而且容易产生自卑心理,遇到问题时常常选择放弃,而且给自己定的目标也很低,选择的任务也没有什么难度,害怕失败的心理很严重,活动结果也往往令人失望,这个结果反过来又使人的自我效能感进一步降低。

个体自我效能感在很大程度上受到个体行为的成败经验的影响。通常而言,如果个人行为中成功经验比较多,那么个体的自我效能感便会增强,而如果个人行为中有许多失败经验,那么自我效能感就会降低。所以,在学习中,当学生将相关知识、技能熟练掌握后,并有了新的学习目标时,自我效能感就从很大程度上影响其学习行为。学生的自我效能感与其学习成绩之间的关系是正相关的,这在国内外的一些研究中均已得到证实。

（二）理论应用

在体育教学中,体育教师和学生都有自我效能感,体育教师的自我效能感是教学效能感,学生的自我效能感是学习效能感。前者指的是体育教师对自己是否有能力教好学生的一种信念和认知,包括对自身教育能力、课堂组织能力、教学实施能力、教学管理能力等多方面能力的认知。体育教师如果有很强的自我效能感,那么就能在教学中充分发挥主导作用,能想方设法提高教学效果,促进学生进步与发展。学生的学习效能感是指学生在体育知识和技能学习过程中对自身认知能力和运动

---

[1] 胡永红.有效体育教学的理论与实证研究[M].北京：北京体育大学出版社,2010.

能力的判断。学生自我效能感的强弱直接影响其从事体育学习的动机和积极性,影响最终的学习效果和成绩。

自我效能理论为确定体育教学任务及选择教学方法和手段提供了重要的理论依据,也为激发学生参与体育学习的动机和积极性提供了重要的实践依据。体育教学改革强调培养学生正确的学习动机和良好的学习习惯,运用自我效能理论进行体育教学,增强学生的自我效能感,有助于促进学生形成正确的学习动机和养成良好的学习习惯。

提出自我效能概念的美国心理学家班杜拉指出,自我效能感的形成及强弱主要受个人成败经验、替代性经验、情绪唤醒和言语劝说四个因素的影响。在体育教学中为了提升教学效果,要努力培养与提升学生的自我效能感,具体可以从这几个影响因素着手。

首先,要对学生的个人行为成败经验予以重视,创造情境使学生体会成功,获得成功经验。

其次,替代性经验直接影响学生之间的学习互动,因此要给予重视。

再次,唤醒学生的积极情绪,使学生保持良好的学习态度。

最后,使用正面的、积极向上的言语鼓励学生。

第二章

创新教育与体育教学的改革

创新教育自提出以来,被大范围地讨论与采用。在我国的体育教学改革活动中,创新教育也发挥了重要的作用。本章将分别从创新教育理念、创新教育与体育教学的关系、体育教学的现状与改革的必要性、创新教育理念下体育教学改革的思考以及体育教学创新发展的策略研究几个方面进行分析。

第一节 创新教育理念

创新教育理念对教育改革具有非常重要的意义,创新不仅是推动事物发展的核心动力,也是改革的必要前提。因此,对创新教育理念的深刻理解和科学运用,将直接决定教育改革的发展进程以及体育教学改革的最终结果。

一、创新教育理念的内涵

"创新教育,特别是面向基础教育的创新教育,是以培养学生的创新精神和创新能力为基本的价值取向,以发掘人的创新潜能、弘扬人的主体精神、促进人的个性和谐全面发展为宗旨的教育,是素质教育的一个重要组成部分。"[1]

创新教育理念是一个与时俱进的理念,它强调教育理念的创新性和时代性,是从提高创新素质、塑造创新人格、培养创新人才出发,是对体育教育规律及特征的理性认识与判断,是对自己的教育理念的突破和创造,凸显出系统性、指导性、时代性和创新性的特征。

创新教育要系统地对教育进行一定的调整和改革,涉及教育的目标、方法及内容等各个方面,创新教育要以培养学生的创新素质为主要目的。一般来说,创新教育与传统教育的区别见表2-1。

表2-1 创新教育与传统教育的区别

	传统教育	创新教育
培养目标	培养解决精确领域问题的人才,即"知识生产者"	培养解决模糊领域问题的人才,即"生产知识者"
强调重点	模仿和继承,对当今社会的适应力	变动和发展,注重对未来社会的应变力
教学要求	低标准全面平推	高标准的单项突破
获取知识	着重储存、积累信息的能力	着重提取、加工信息的能力
学习态度	被动接受的态度	积极主动的态度
学习思维	集中思维	扩散思维
教学形式	提供结论性的东西,是结论性教学给学生现成的、唯一的标准答案	学习的思维过程,是过程性教学提倡探索的设想方案,并进行选择和决策

二、创新教育理念的构成

创新教育的核心是以培养创新意识和锻炼创新能力为主要内容。

---

[1] 张兴然.基础教育阶段的创新教育问题研究[D].武汉:华中师范大学,2006.

意识决定行为,行为完善意识,因此要想加强创新能力,首先要做的是从意识上提升对创新的理解。

(一)培养创新意识

培养创新意识一般可由以下几个方面来实现。

1. 树立学习榜样

在教育中,榜样的作用是不容忽视的,相对而言,榜样具有一个更加立体、生动的形象,而理念则是一种平面的、单调的论述。因此,树立学习榜样是一个非常有效的、快速提升学习效果的有效手段。通过树立明确的学习榜样,可以促使人们创新意识的萌发。

2. 营造融洽氛围

人都是环境的产物,环境具有强大的塑造性,因此在培养创新意识的过程中,可以有效利用环境的作用,如营造出融洽和谐的氛围,促使人们敢于创新、乐于创新,将创新作为工作和学习的重要组成部分。

3. 鼓励问难质疑

质疑是独立思考的直接表现,想要发展创新意识,首先要鼓励人们敢于质疑,大胆批判。通过对现有问题的发现与纠正,是创新的一个常见的途径。实际上,人们在自己的工作和学习中主动地发现问题,提出质疑,并努力解决问题的过程,就是一个创新的过程,从而调动更大的创新的积极性和可能性。

4. 捕捉错误价值

捕捉错误价值是指摆脱循规蹈矩的惯性,在学习和工作中大胆指出错误和不足,尤其是重要的具有导向性的问题,通过科学辩证的讨论,逐步地淘汰一些过时的、错误的理念和价值观,这是全面激活创新意识的重要一步。

5. 精心设计练习

任何理念的推行都离不开实践的检验,在体育教学中,教师需要精心设计练习内容,通过练习,激发和培养学生的创新意识是一个非常有效的途径。通过大量的练习,可以让学生潜移默化地将创新意识内化为自己的思维路径,从而强化创新意识。

6. 创设想象情境

创设想象情境是发展创新意识的最高境界。因为创设想象情境是一个相对复杂的系统工作,需要整个教育系统以及社会整体意识观念的进步才能真正地实现理想的培养创新意识的情境条件,尽管现阶段并不能真正地实现,但是不妨将它作为一个可实现的长期目标,从而使人们在实践中更有目标感和归属感,起到督促和深化创新意识的作用。

(二)锻炼创新能力

锻炼创新能力一般需要从以下四个方面着手。

1. 建立完善的知识结构

一个人的能力发展并非仅仅是对技能的锻炼,真正对发展能力具有决定作用的是其知识量的储备情况以及知识结构的组成情况。因此,认真学习相关学科的基础知识,打牢基本功,是发展创新能力的前提。

2. 培养强大的逻辑思维能力

创新能力是一种自发产生并且能够自我纠错的闭环能力系统,其中起到关键作用的就是逻辑推理能力,只有具备严谨的逻辑思辨能力和推理能力,才能在繁杂的问题里找到根本的矛盾,并选择最直接有效的方式进行创新。与逻辑能力同样重要的还有发散思维能力和较高的悟性,因为创新指的就是在习以为常的路径中发现新的解决方案,这就需要具备一定的发散思维和悟性才能实现。

3. 强烈的好奇心和求知欲

推动一个人发展的往往是强烈的好奇心,无论是什么年纪,也无论在什么行业,能够跳出自己的舒适区,对外界有好奇心,对新鲜事物保持关注,这是提高创新能力的一个重要条件。

4.具有较好的观察能力

创新始于发现问题,只有在现有的情况中发现不足,才能进一步地进行创新和改革。因此,具有较强的观察能力,也是发展创新能力的一个重要组成部分。通过细心地观察,并且采用思辨的方式进行分析与结构,从而发现他人习以为常、见怪不怪的问题,才能使创新成为可能。

第二节　创新教育与体育教学的关系

将创新教育引进体育教学,是针对我国体育教学多年来发展缓慢的一次根本性变革。创新是发展的核心动力,创新教育是有效解决教育问题的有力途径。通过对创新教育的深刻解析,将有助于推动我国体育教学改革的发展进程,也有望带来重要的发展成果。

一、创新教育的延伸

（一）创新教育与体育的关系

体育是一个相对重实践、轻理论的学科,尤其是对于普通院校而言,更重要的是加强学生的身体素质,发展他们的体育技能,培养出长期的运动兴趣才是体育教育的根本目的。而体育理论是辅助体育实践的一个有力工具。创新教育的核心是创新,也是将创新思想灵活地运用到体育实践的一种表现。在体育的发展过程中,其实有很多由创新带来重要推动力的例子,可以说,体育事业的每一次重要突破都离不开背后科技与创新的支持。因此,创新教育是发展体育的重点核心内容。

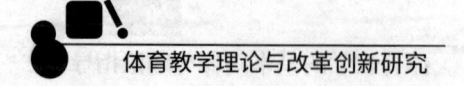

（二）创新教育与教育的关系

创新教育概念最早由美国经济学家熊彼得提出,他是基于美国的经济发展而提出的,使企业适应时代发展的要求,拓宽企业的服务范围并提升其核心竞争力。创新是思想与市场的最佳结合,联合国教科文组织举办的创新教育大会提出,通过研发新教学课程来丰富教育内容,充分发挥学校、家庭等的积极合力作用,创新教学内容和方式,鼓励学生培养发散思维、勇于质疑的习惯,实行开放式教学模式,提高学生的各种能力。

总之,创新是教育发展的核心问题,只有加强创新,通过不断的努力来提高教育理念,将现代的、科学的、高效的教育思想和方法持续地推进,才能逐步实现教育的现代化,才能真正大规模地培养出具有创新能力的优秀人才。

（三）创新教育与教学管理的关系

无论哪个国家或在哪个社会发展阶段,培养人才主要通过教育过程完成,而教育管理是使教学顺利实施的保障,对人才培养质量存在重大影响。学生教育管理是根据一定的目标对教育工作进行调节控制,实现人才全面发展的预定目标。教育管理内容包括教学计划运行与质量评价、教学管理制度及实践教学等基本建设管理,大学生教育管理的任务是研究教育管理规律,建立稳定的教学秩序,组织实施教学改革。

高校的基本职能是培养人才,教育管理在学校管理中占有重要地位,大学生的教育管理具有整体性、动态性与导向性等特点。广义上的学生教育管理包括思政教育、学生工作考评等内容；狭义上的学生教育管理则侧重于日常事务性教育,包括班级建设管理、学生贷款资助就业指导等内容。大学生教育管理是高校管理中的重要部分,关系到高校的人才培养质量等各方面,因此务必要遵循实际性、制度化与服务性的原则。

二、创新教育对师生的要求

（一）对教师的要求

1. 对教师自身素质的要求

（1）要善于激发每名学生的潜能，始终坚信每名学生都有创新的能力，经过恰当的培养都能成为某一方面或领域的创造性人才，体育教师在教学的过程中要注重对学生进行培养和挖掘。

（2）体育教师要根据学生的具体实际情况进行教学，不能用一个模式对待所有的学生，要因材施教，充分了解学生的个性和行为，引导学生发散思维，鼓励学生进行自主学习，对教学提出建设性的意见。

（3）体育教师要始终坚信教育对学生的创新素质培养起决定性作用，因此在教学过程中，体育教师要将学生创新能力的培养放在突出的地位。

（4）体育教师要始终坚信学生是创新教育的主体。在教学过程中，教师要多鼓励学生进行自主学习、主动学习，引导学生主动发现问题、解决问题，以充分挖掘与发挥学生自身的潜力。

2. 对教师实施教学方法的要求

在体育教学中，创新教学方法与一般教学方法既有区别又有联系。体育教师要结合时代发展的需要和学校的具体实际，以教育创新为理论基础，发展旨在培养学生创新素质的创新教育。在体育教学中，教师要根据具体实际选用符合现代体育教学要求的创新教学方法，如发现式教学法、问题教学法、开放式教学法、讨论教学法等。

（二）对学生的要求

1. 对学生自身的要求

（1）学生要对创新有一个正确的价值观，要坚信自己具有创新的能力。其实，在体育教学中，利用新技术动作的练习方式、新的解决问题的方法都是创新。

（2）在学习的过程中，学生要消除创新的自卑感，要敢于创新，不怕被人笑话。

（3）学生要抓住头脑中一闪而过的想法，大胆进行设计和尝试，要对自己的创新行为进行进一步的反思和探讨，明确自己的创新行为和价值。

（4）学生要善于抓住身边创新的典型事例，激励自己的创新意识。

2. 对学生选用学习方法和方式的要求

在现代体育教学中，体育教师不再是一个"传授者"，而是"引导者"和"启发者"，学生也不再是一个"接受者"，而是"辨别者""筛选者""思考者"。在学习的过程中，学生要把精力集中在掌握学习方法、学习方式上，不要一味盲目地根据课本及教师的指导进行学习，而要学会质疑，提出问题和各种建设性意见，不断培养自己的创新能力，要加强与同学之间的沟通和交流，并分享自己的"新想法""新发明"，这样才能创新出有利于学生发展的学习方法和方式。

第三节　体育教学的现状与改革的必要性

如果要对我国体育教学进行彻底的改革，首先需要了解目前体育教学的现状，以及主要的制约因素是什么，然后才能有针对性地加快改革。本节将就目前我国体育教学的现状（图2-1）与改革的必要性进行分析。

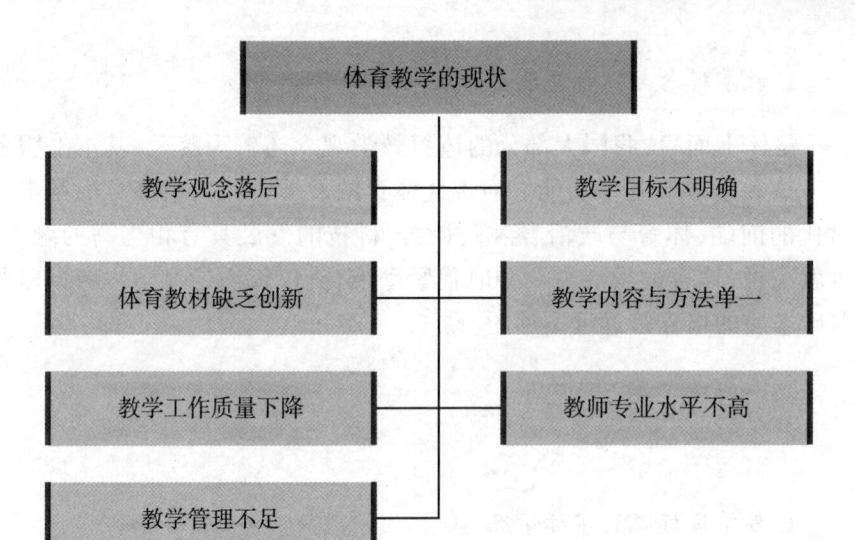

第二章 体育教学的基本阐释与理论指导

```
                    ┌──────────────┐
                    │ 体育教学的现状 │
                    └──────┬───────┘
        ┌──────────────────┼──────────────────┐
  ┌─────┴──────┐                        ┌─────┴────────┐
  │ 教学观念落后 │                        │ 教学目标不明确 │
  └────────────┘                        └──────────────┘
  ┌────────────┐                        ┌──────────────┐
  │体育教材缺乏创新│                      │教学内容与方法单一│
  └────────────┘                        └──────────────┘
  ┌────────────┐                        ┌──────────────┐
  │教学工作质量下降│                      │ 教师专业水平不高 │
  └────────────┘                        └──────────────┘
  ┌────────────┐
  │ 教学管理不足 │
  └────────────┘
```

图 2-1　我国体育教学的现状

一、我国体育教学的现状与问题

（一）教学观念落后

1. 教学观念受制于应试教育

体育教学的主要目标是培养优秀体育人才。但目前来看，我国的体育教学的观念相对于体育事业的发展仍然显得落后，更没有真正落实终身体育教育等意识，无论从我国体育事业发展的角度看，还是大学生个人的角度看，其影响都是相当不利的。就现状而言，我国的体育教学观念还严重受到应试教育制度的影响，除了培养学生通过考试的能力之外，并没有太多地体现出体育应有的价值。体育教学实际上对一个人的成长具有非常重要的意义，它可以从多方面塑造个人的智商、情商以及各项重要的技能。

以往，我们的体育教学以教师为中心，这导致学生一直处于被动的学习状态之中。在体育知识的传授过程中，常常是通过教师的讲解和示范，"基础知识、基本技术、基本技能"教学模式仍旧是学生学习和掌握的重点，这种僵化的模式在很大程度上忽视了学生思维能力的培养。

41

2. 教学观念与社会发展不一致

整体上而言,我国大部分的体育教学观念还较为落后,基本上服务于考试和就业等基本功能。而现代体育的发展已经在很多方面都走在时代的前端,体育与政治、经济、社会、科技的发展具有相当高的融合,也就是说,体育的发展需要和时代紧密结合,仅仅满足对学生考试以及基础素质的培养是远远不够的。

(二)教学目标不准确

1. 教学目标脱离实际情况

如前所述,我国大部分院校的体育教学,尤其是基础教育阶段的学校,都是以通过考核为基本的教学目标。在实际的体育教学过程中,教师往往以锻炼学生掌握某项运动技术为目标,而不是以适应学生的成长需要为教学重点,从而导致重接受、轻创造的思想产生,这不仅大大降低了教学的要求和标准,而且也影响了体育教学质量的提高。从长远来看,也影响了我国国民素质的整体发展水平和发展方向。

现代的体育教学应该以促进学生的全面发展为核心,以学生的个性特征为方向进行启发式教学。

2. 教学脱离终身运动的目标

由于我国体育事业发展的整体滞后,无论是体育教学,还是体育产业、竞技体育人才培养等,都缺乏科学的、系统的发展观,学校体育教学既没有担当起为国家选拔和培养大量体育人才的重任,也没有实现提高全民的体育观念和身体素质的任务。比如,从整体来看,中国的青少年普遍缺乏系统的运动技能和运动习惯,尽管国家一再强调要推进终身运动的治国理念,但是走进校园就不难发现,仍有很多小胖子、近视眼,这就是长期缺乏体育锻炼的结果。在我国的教育产业中,兴趣班、补习班占据着主要的市场份额,而足球俱乐部、游泳俱乐部、业余篮球队、乒乓球队却鲜少见到。

如果社会上以及校园里没有形成足够的运动氛围,社会上缺乏相应的运动观念和基础设施,很难实现终身运动这一伟大目标,然而这一切都应该从学校的体育教学抓起,即明确体育教学目标,从根本上培养学生的体育观念。

(三)体育教材缺乏创新

1. 体育教材题材落后

目前我国的体育教材内容往往过分强调以传统体育技能为教学的中心,过于注重教材的外在形式,教材的主要内容还往往是竞技体育,这就使得很多项目的教材内容缺乏新颖性,不利于培养学生的学习热情与运动热情。过时的、枯燥的教材脱离学生的生活现状和兴趣所向,对于提高学生的学习积极性更是无从谈起。

2. 体育教材浅显敷衍

在多年应试教育的背景下,体育教学被逐步地边缘化和形式化,因此无论是教育系统、社会大众还是学生和家长,都对体育抱有或多或少的敷衍的态度。其体现在教材上就是内容乏善可陈、循规蹈矩,形式大于内容,这样的教材很难激发学生的学习热情,又如何指导学生对某一运动产生兴趣并养成运动习惯呢?因此,我们的体育教材在很大程度上制约了学生发展体育运动的能力。

(四)教学内容与方法单一

1. 以旧的教学内容和方法为主

在我国传统体育教学中,长时间以来一直遵循的是讲解、示范、练习、预防与纠正错误、巩固与提高等方面的教学模式和方法,这种落后的、单一的教学手段和方法,使学生始终在学习中无法掌握主动权,从而不利于学生体育学习积极性的提高、个性的良好发展以及创造性的发挥,从而阻碍了体育教学整体效果和水平的提高。

2. 开拓创新的动力不足

教学内容和方法的改进需要教师具有强烈的发展动力,自觉自发地探索最新的体育信息和科技手段,选择可以更好地展示或者讲解体育教学目标的相关内容和方法,这是一个长期的、持续的过程,需要全体体育教育工作者的共同努力。然而现实却是,位于教学第一线的体育教师明显动力不足,并没有养成不断精进和探索的意识。在这样的情况下,体育教学内容和方法单一落后,也就不足为奇。

(五)教学工作质量下降

1. 以功利性为主导的教学

体育教学在制订教学目标时,由于个性不够突出,目标也不明确,也没有及时地结合学校自身的特点设计相应的教学重点和发展规划,因此从整体上来看,我国的体育教学质量呈现下降的趋势。教师在教学中流于形式,以完成教学任务、达到考核为主要目标,且学生在学习时也以掌握基本的技能,以便完成考试、获得及格或者以上的成绩为主要目标。在这样的情况下,教学质量也就无从谈起,而所谓的终身运动、发展个性和专项技能培养等也成为空谈。

总之,现阶段的体育教学质量较差,在教学目标不准确、教材缺乏创新以及教学内容单一等现实条件下,教学质量也无从得到保证。

2. 缺乏科学的考核体系

体育教师队伍中也存在着一些问题,如从事教师职业的人未必是因为热爱教学和教育事业才进入教育系统。体育教师在工作中更多的是一种打工和完成任务的心态,没有真正认真地开展教学,因此教学质量也难以提高。而且,在缺乏内在源动力的条件下,教师提高自身专业知识水平和教学能力的意愿是非常薄弱的,对教学工作质量也没有积极的追求。

要扭转这一局面,需要从根本上调整教师队伍,将专业知识水平低、教学能力不足、没有全心全意投入在工作中的教师进行末位淘汰或者转岗停职。同时,培养和选拔真正对体育教育具有热情的专业人才,并将他们发展为优秀的体育教师,建立科学的考核体系,只有这样才能从根本上提高体育教学质量,保证我国的体育教育事业稳健发展、逐步提升。

（六）教师专业水平不高

1. 教师素质参差不齐

随着教学内容的逐步改革，体育教学相继引进了一些新兴的运动项目。但是，无论从学历层次还是知识结构层次上来看，体育教师队伍的专业能力与其他学科的教师相比往往都存在着一定的差距，这是由一定的历史原因和客观条件限制所导致的。

首先，有许多教师都是从体校或者退役的运动员培养而来，他们自身的成长经历决定了综合素质较低，尤其是基本上都没有完成文化基础课的必要学习和训练。因此，这在一定程度上决定了体育教师的发展后劲不足，他们只能完成体育运动技能性的教学和训练，很难从更高层面进行教学。

其次，我国高校体育教师都是在传统运动技术的教学模式中培养起来的，基本上他们都属于技术型、训练型的技术人才，尽管具有较扎实的专业运动素质，但是在科研能力、综合文化水平方面却有明显的不足。这就导致他们的工作特点表现为随意性较大，只抓技术重点，难以建立系统的教学规划。

2. 缺乏有效的在职培训

体育教师的职业特点决定了他们具有一定的特殊性。首先，他们需要具备过硬的专业技能。其次，还要具备多学科的综合知识素养。只有这样才能真正地成为一名合格的专业体育教师。但是就我国体育教师的整体水平来看，他们的专业性较强，但是综合文化水平较低，要改善这一局面就需要持续的、系统的在职教育去不断完善和补足缺失的部分。但现实情况是，我们针对体育教师的在职教育还非常薄弱，未能满足提高体育教师综合素质的要求，从而导致了体育教师队伍始终难以有较大的提升，进而制约了我国体育教育事业的发展。

（七）教学管理不足

从目前的情况来看，体育教学管理不足主要体现在以下几点。

首先,高校体育管理理念与教学改革并没有真正实现同步发展,无法跟上时代发展的需求,造成体育组织建设与管理不足,严重影响了体育教学工作的顺利进展。

其次,管理者在体育价值观念上认识的欠缺,不利于提高体育教学在教育中的整体地位。

再次,在体育评价内容上,很多高校体育教师往往更加倾向于技能教学,在评价方式上不注重学生的自评与互评作用。

此外,在体育教学中,场地设施的匮乏等老问题使得体育教学已经跟不上教学改革发展的步伐,从而严重阻碍了体育教学质量和水平的提高。

二、我国体育教学改革的必要性

(一)体育教学面临困境

近几年,在我国"体育教育要改变以竞技体育为主的教育思想,和破除教学安排的竞技体育体系,贯彻身体、健康、娱乐、竞技四种教育相结合的方向"的体育教学思想的指导下,我国体育教学改革和发展取得了非常可观的成绩。[1]然而,21世纪要求学校培养"知识、能力、素质全面发展的人才",与这一目标要求相比,体育教学依然没有达到相应的要求,还存在许多制约因素与问题,这些问题已在上面做了详细分析,这里不再赘述。

(二)学生体质健康不乐观

随着社会科技的快速发展,国民经济水平持续提高,人民的生活水平普遍改善,高脂肪、高热量食品不断涌上餐桌;手机、电脑、平板等电子产品逐渐普及到人们的日常生活中,信息网络的发展在给人们的生活和工作带来极大的便利的同时,一定程度上对学生的身体健康也产生了极大的危害,由于青少年缺乏自我约束和控制能力,用电脑玩游戏、看手机聊微信等占用了大部分时间,减少了户外锻炼的机会,时间久了必

---

[1] 仝来红.江苏省民办体育教学现状及对策研究[D].扬州:扬州大学,2009.

然会影响学生的身体健康,导致视力下降、体重增加等情况。目前,学生体质健康状况不佳已成为我国学校普遍存在的问题。对此,首先要从根本上更新教育理念,积极进行适合时代发展的体育教育改革,指导学生掌握科学的健身方法,改变学生由懒于锻炼、被动接受运动的局面转为主动参与、乐于运动,养成体育运动的习惯,使学生在"终身体育"新理念、新思想指导下,从根本上改善其体质健康水平。其次,要注重培养学生的体育意识。目前学生身体素质下降的原因虽然是多方面的,但是体育意识的淡薄是影响学生体质健康的一项重要因素。学校体育要充分利用一切可以利用的场馆资源、体育设施,使学生通过体育理论知识的学习和长期有效的身体锻炼来培养学生的体育兴趣、运动技能和综合素养,提高学生进行体育运动的自觉性。使学生们养成终身体育运动的习惯,这也是当前体育教学改革的必要性之一。

(三)"立德树人"教育目的的要求

在我国实施素质教育的背景下,体育作为教学中必不可少的一部分,不仅能够增强学生的体魄、培养学生的意志品质,还是推动实现立德树人根本目标的重要载体。随着体育教学改革的不断深入,加强学生的德育工作已经迫在眉睫。

体育教学改革要与现在德育的发展创新相结合。改革就是革命,即一个不断追求进步的过程。达尔文曾说:"物竞天择,适者生存。"在大环境下,学校必须不断创新改革,紧跟潮流,既要满足学生的需求,也要适应社会的需要。体育教学改革还需不停地进行自我内部的更替和完善,不断探究创新理论和方法,与德育教育相辅相成,齐头并进。

第四节 创新教育理念下体育教学改革的思考

创新教育理念引入体育教学是我国体育教学改革工作中具有里程碑意义的一项举措,它从根本上提升了我国体育教学的发展进程,尤其是将竞争机制和现代人文精神融合进体育教学工作中,加快了我国体育教学现代化改革的步伐,起到不可替代的作用。

一、将竞争机制引入体育教学改革

体育教学在市场经济条件下,许多方面还没有真正形成竞争和激励机制,严重地影响了教师积极性的发挥,也是体育教学改革的巨大障碍。

(一)将体育教师全面推向体育教学"市场"

每学期开学前,全体任课教师将自己的基本情况和所要开设的课程进行一次全面介绍,并在校宣传栏向学生公布每位教师的照片及个人简历,建立计算机选课检索系统,选课前,组织全校各年级上体育引导课,让学生充分了解选课的重要意义以及各项目的特点和教师情况。

(二)教师根据"市场"需要自主研发课程

教师根据自己的业务能力水平、体育教学"市场"的需求、学校场地器械情况、今后自身的发展方向等方面的因素,考虑确定自己开设的课程。教师有了明确的自我定位,才能促进体育课程建设向更加科学、合理的方向发展,从而调动教师开设新课程和学习、提高本专业新知识的积极性。

(三)学生择优选课,教师竞争上岗

开课前,由体育教研室统一组织学生进行选课,由学生选择自己心目中最好的老师和最喜爱的课程。对教师来说,首先要有学生来选课,其次要保证选课的学生来上课和吸引更多的学生来上课。没有选满或上课人数太少的课程,教师将面临着一种潜在的下岗危机,这样一种机制引入体育教学,将会给每位教师带来一种对工作的责任感和努力提高自身能力的紧迫感。

总之,体育教学改革涉及面较广,我们应解放思想,大胆实践,转变思想观念,树立现代体育教学观念,提高体育教学的实效,把教学改革引向深入。同时,应对学校体育实施科学化管理,建立行之有效的三维综合评价系统(生物、心理与社会),使体育教学成为一个多功能、多目标的动态系统,进而推动体育教学改革的发展。

二、将现代人文精神注入体育教学

作为一个动态的概念,《辞海》将人文解释为"人类社会中的各种文化现象"。它是指人类文化中优秀的、健康的、先进的、科学的部分。

我们可以从以下几个方面来理解人文精神。

(1)在人类社会中,价值观念是整个文化的核心,它深刻地影响着其他方面的形成和发展。

(2)信息符号是文化的基础,它不仅实现了信息之间的沟通,还在一定程度上影响了文化的发展和继承。

(3)行为和道德规范以及法律法规方面的内容也是人类文化的重要内容,它起着规范和制约的作用。

(4)人文是人类文化中最为核心的部分,是价值观念和行为规范方面的内容。

人文可分为教育、文化、历史、艺术、社会、美学、国学、哲学,具体如下。

教育:科学、学术、素质(礼仪素养品德)。

文化:文学。

历史:中国、外国、世界。

艺术:美术、电影、音乐、神话。

社会:人权、法律、政治、经济、军事。

美学:跨学科(艺术、伦理、文学、心理、哲学)。

国学:易学、诸子。

哲学:思想、宗教。

在我国的学术中,人文精神有着较多的运用,但对于人文精神的内涵,没有达成一个统一的观点,因此在有关人文精神的学术讨论中各持己见。在一些人看来,由哲学、文学、伦理、艺术和历史等构建出来的人类精神世界的思想和知识领域就是人文,而认为精神是在其中所体现出的具有最高级意义的价值观念和行为准则。

王汉华在《"人文精神"解读》中对人文精神进行了研究和整理,并针对人文精神的概念提出了以下五层含义。

（1）从科学的角度来看，人文精神是对科学、知识、真理的追求和探索。

（2）从道德的角度来看，人文精神就是对道德信念、道德人格、道德行为、道德修养的追求和看重。

（3）从价值的层面来看，人文精神就是渴望和呼唤自由、平等、正义等重大价值。

（4）从人文主义的层面来看，人文精神就是尊重和关注人，就是期盼和高扬人的主体性。

（5）从终极关怀的层面来看，人文精神就是反思信仰、幸福、生死、生存、社会终极价值等问题。

将人文精神注入体育教学，要从以下几方面着手。

（一）更新教学理念

在传统体育教学发展和改革的过程中，生物体育观是其基础。在新的历史时期，我国在人文体育观念的影响下，在教学改革中出现了"学习领域目标""课程目标"等一些新的概念。在教学过程中，对教学目标也进行了多方面的层次和类别划分，确立了"身体健康"和"运动技能"两个最为基础的目标，并且在此基础上确立了"心理健康"和"社会适应"等多方面的新的目标。

（二）改进课程体系

在体育教学改革中，课程体系改革是其重要的方面。通过课程体系方面的改革，能够使教学内容更加丰富多样，还能够更好地满足社会发展和学生进步的多方面需求。但是，在体育教学实践过程中，在设置相应的教学课程时，学校多有不当和不足之处。在学校教学过程中，为了赶上教学进度，很多学校都会牺牲体育教学的时间，用来进行其他学科的学习。并且，在教学过程中，安排给体育课的上课时段也并不好，很难满足学生的体育锻炼需求。

第二章 体育教学的基本阐释与理论指导

(三)优化教学方法

在体育教学改革中,对体育教学方法的改革是其重要内容。在人文主义思想的影响下,体育教学过程中,通过多种形式的改革,改进体育教学的手段,并且培养了学生的人文精神。作为人文体育教学的重要组成部分,学生在体育教学过程中要得到全面的发展,这需要教育工作者对学生的素质教育给予高度的重视。

在教学过程中,在人文主义教学思想的影响下,教师在人文教学实践中,通过不断创造和探索生动有趣的教学方法,使得学生不仅能够在教学过程中真正体会到体育运动的快乐,还能够在运动过程中感受到其乐趣和独特魅力,形成终身体育思想。

学校在对原有体育教学课程内容进行改革的过程中,运动场馆和运动设施逐渐得到了发展和完善。体育运动场馆和设备是教学必不可少的工具,通过多方面的建设不仅能够使得学生更好地进行体育运动,还能够使其深入理解体育教学中的人文主义精神。

(四)构建科学的评价体系

在人文教学思想的影响下,教学评价体系逐渐发展和完善。新的评价体系不仅注重对学生进行全面的评价,还注重对教师的教学进行评价。在教学过程中,评价者开始注重"区别对待"的原则,针对教师和学生的不同情况进行相应的评价。

无论是教师对学生学习效果的评价,还是学生对课程以及教师教学的评价,都应该引入人文精神,从一个更高的角度对教育活动进行反思,而不是仅仅以成绩和分数为中心进行量化式的评价。这是提高教学质量与教育水平的重要环节。

(五)建设校园人文环境

人文环境建设并不仅仅是学校的体育场馆和运动实施等方面的建设,还包括学校的体育文化建设,使得学生能够积极主动地参与学校组织的各项体育运动,并且能够全身心地投入。体育运动文化的建设是一个长期的过程,在这一过程中,学生不自觉地获得了感染和熏陶,从而认可和接受相应的体育运动文化。高校校园人文环境的建设,能够更好地营造出体育教学的人文氛围,更好地加强和促进人文精神的培养。

第五节 体育教学创新发展的策略研究

体育教学创新发展是一个长期过程,在初期阶段需要对未来的发展策略进行科学的研究和规划,选择最适合当前情况的方法进行创新,并在发展过程中不断完善、补充和优化,这是体育教学发展的必经之路。

一、体育教学理念的创新

体育教学理念的创新包括环境优化、情感驱动、协同教学、增力评价和快乐体验几个方面(图 2-2)。

（一）环境优化

1. 硬环境

硬环境是指进行体育教学的场地、设施等,"快乐体育"教学理念要求教学硬环境必须美化、协调。

2. 软环境

软环境指的是人文环境,即学生和学生、学生和教师之间的关系,"快乐体育"教学理念要求教学的软环境必须健康、和谐。

第二章 体育教学的基本阐释与理论指导

```
                    ┌──────────┐
                    │  环境优化  │
                    └──────────┘

                    ┌──────────┐
                    │  情感驱动  │
                    └──────────┘

┌────────────┐      ┌──────────┐
│ 体育教学新理念 │──── │  协同教学  │
└────────────┘      └──────────┘

                    ┌──────────┐
                    │  增力评价  │
                    └──────────┘

                    ┌──────────┐
                    │  体验快乐  │
                    └──────────┘
```

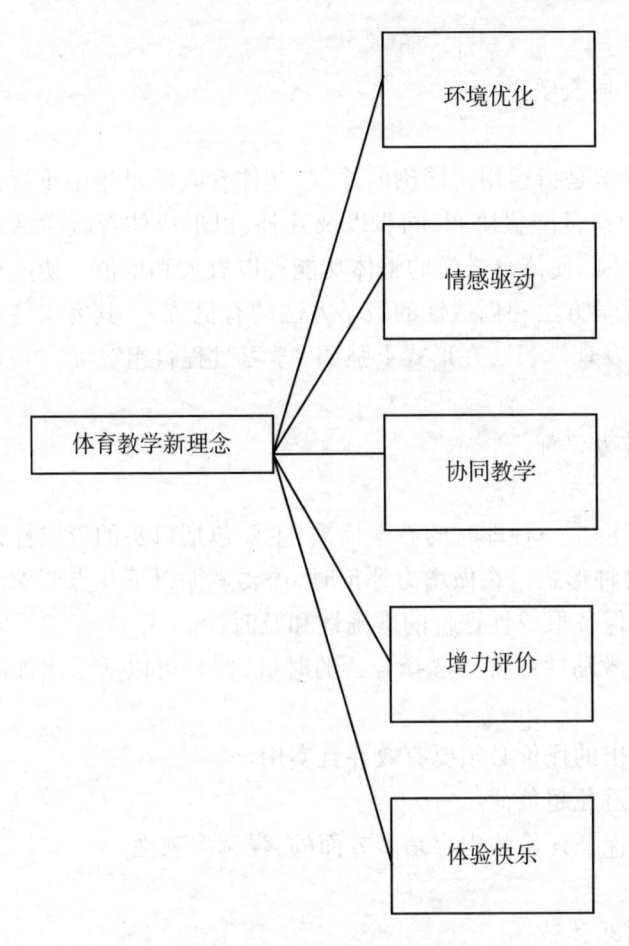

图 2-2　体育教学理念创新

（二）情感驱动

（1）必须引导学生在体育教学中获得快乐和成功的情感体验。

（2）教师应该将情感教学作为教学的切入点，通过自己对学生、对教学的热爱，调动学生对体育学习的热爱，使学生形成良好的学习心态。

（3）通过建立民主、合作的师生关系，形成良好的教学氛围。

（三）协同教学

协同教学是指运用协同论的原理，在体育教学过程中重视教与学诸要素之间的参量配置协调、同步以及互补，以形成体育教学活动协同高效的运行机制，使体育教学的整体功能得以放大和增值。协同教学要求启发式的教学方法和创造性的教学方法的有机统一，其突出特点是在内容上强调"发现学习"，在形式上强调"学习过程自组"。[1]

（四）增力评价

增力评价是一种即时的教学反馈，主要包括口头的形成性评价和激励性评价两种形式。在做增力评价时，需要遵循以下几点要求。

（1）要保证形成性评价的准确性和及时性。

（2）做激励性评价要选择合适的时机，并且可以适当增加激励性评价的频率。

（3）做出的评价必须要有效并且实用。

（4）要避免超负荷。

（5）要保证评价的内容是多方面的，强调多项性。

（五）快乐体验

快乐体验主要是指快乐的运动体验和成功体验，在教学中强调不同的体育活动所独具的乐趣。在实际的教学活动中，想要形成快乐体验需要做到以下几点。

（1）选择合适的教材内容。一方面教材内容需要满足学生的兴趣爱好，另一方面也要兼顾学生的体育锻炼需求。

（2）情感教育和知识教育结合在一起，使学生在学习知识的过程中获得良好的情感体验，提高教学效果。

（3）注重教学方法的指导，"授人以鱼，不如授人以渔"，使学生掌握学习的方法，真正做到"会学习"。

---

[1] 陈轩昂.新时期体育教学的改革与发展[M].北京：航空工业出版社，2017.

（4）尊重学生的个性化特征，因材施教进行教学，引导每位学生形成适合自己的学习方法，为每位学生提供自我实现的机会。

二、体育教学方法的创新

体育教学方法是理论结合实践的最典型的代表，因此对体育教学方法的创新，主要是对实践教学的创新。就教学方法而言，最主要的是借助新技术、新媒介的改良而提升教学效率。当前社会，最重要的技术创新就体现在互联网与人工智能方面，就体育教学方法的创新而言，在很大程度上都与网络教学相关。

（一）网络教学的概念

网络教学是利用计算机设备和互联网技术，在此基础上实行信息化教育的教学模式，借助互联网平台实现异地、实时的教学和学习，平台将多媒体视频、音频、图像、动画等资源融合在一起，网络教学的主体是教师和学生，教师制作多媒体课件或开发网络课程时参考教学大纲、学生学习特征和学生认知水平，有针对性地调整课程、课件内容，将制作好的多媒体课件或网络课程与相关资源、扩展信息发布到网络教学平台，学生则通过网络设备接入到网络学习平台，可按教学要求选择课程或针对自身特点进行学习，同时师生双方可通过平台的交流模块针对学习问题及时进行交流。[①]

（二）国内网络教学的发展概况

1994年，"中国教育和科研计算机网"示范工程开工，拉开了我国教育信息化改革的序幕。

2000年，在国家推动和互联网技术快速发展的背景下，包括清华大学、上海交通大学等33所高校在内的国内高校开设了网络教学。在体育教学方面，一些学校经过探索和研究之后，逐渐开发并建立了体育网络精品课程，并且快速在全国范围内得到推广和使用。此外，网络教学

---

① 陈轩昂.新时期体育教学的改革与发展[M].北京：航空工业出版社，2017.

也成为业内专家学者的研究热点,大量研究文章被发表。

2010年,《国家中长期教育改革和发展规划纲要》提出,要在2020年基本在全国范围内建成教育教学信息化服务体系。

2015年,政府工作报告中首次正式提出了"互联网+"的概念,体现了国家对信息化发展的重视,为教育信息化的发展提供了政策保障。

从区域上看,我国的网络教学建设存在明显的地区差异。在经济比较发达、思想比较先进的地区,高校网络教学建设工作做得比较好,而经济欠发达、思想比较落后的地区,高校网络教学建设工作还有一定的发展空间。

值得肯定的是,我国已经有越来越多的体育教育工作者认识到网络教学的优势,并进行了网络教学方式的探索,不断提高体育教学和网络教育结合的合理性,对于促进体育教学效率的提升具有重要意义。

(三)国外网络教学的发展概况

欧美等发达国家的网络教学发展时间比较早,在20世纪90年代末就已经大范围推广网络教学,并建立了配套的教学平台。

网络教学在国外的发展基本上包含了四个步骤,最开始时是资源学习库,接着发展为简单学习管理平台,再接着发展出了网络教学的基本功能,最后发展成为现代通用的网络教学平台。国外的一些名校也很早就开始使用网络教学方式进行体育教学,如英国的爱丁堡大学就利用网络教学的方式开设了足球课程。

在研究上,国外的网络教学研究主要集中在教学方法、教师培训、教学软件等方面。

目前,全世界范围内已经有超过100个国家和地区在使用网络教学方式,1/6以上的高校推出了体育网络教学课程。

(四)从结构上提升了教学效率

传统的体育教学中,体育教师需要承担进行技术动作展示的任务,但是随着高校体育课程种类的日渐丰富,体育教师进行动作展示的难度正在不断加大,尤其是一些传统民间体育项目和一些新兴的休闲体育项目的示范难度更是非常高。此外,一些年长的体育教师在进行动作示范时危险性也比较高,并且体育教师示范的动作可能会存在一定的不准确性和不规范性。

而网络教学方式将体育教师从动作展示中解脱了出来,体育教师不再需要自己进行动作展示,而可以通过搜集并整理网络视频或者自行制作视频供学生观看,作为辅助教学的手段。此外,教师还可以在网络教学的过程中尝试开发程序或者课件,实现信息共享,从而节约时间和精力,将更多的时间和精力放在更重要的教学和科研工作中。

(五)全面提升体育教学的效果

首先,网络教学方式要求学生在网上进行信息的搜集、加工和处理工作,有助于锻炼学生利用互联网信息的能力,而这种能力是互联网时代所需要的重要能力之一。

其次,体育网络教学可以从多个角度以及多个方位进行技术动作展示,有助于学生准确、清晰地掌握技术动作,提高学生学习的效率。

再次,网络教学能够及时进行教学资料的更新,方便学生了解最新的体育信息以及学习资讯。

最后,网络教学的教学形式更加丰富、教学氛围更加轻松,能够激发学生的学习兴趣,使学生保持良好的学习心态,提升学习效果。

三、体育教学管理的创新

(一)体育教学管理存在的问题

体育教学管理是学校各项工作的核心,因此各个教育系统都应该在这方面不断探索,并发展和形成具有各自特色的模式,从而使教育管理水平不断提高,使人才的综合素质也不断提升,培养出真正的符合社会需要的现代化人才。当前,大多数高校推行学分制管理,使教育管理更加规范化和民主化,教学管理手段得到了改善,教师队伍素质也得到了有效提升。随着知识经济的发展,现有的教育管理思想方式等已不能适应社会对所需创新人才的培养要求。

然而,由于先前的教育管理理念已经运行了许多年,在人们的思想意识里已经形成较深的渗透和影响,尽管人们也意识到了它的不足和落后，但是惯性使然，要想改变现有的体育教育管理模式，其实还有较大的阻力，需要克服许多困难。比如，在管理体制僵化、教学考评方式刻板的情况下，很难通过一个改革就彻底改变这一现状。

社会的发展、理念的转变都需要一定的时间来逐步消化和完成。因此，尽管我国的体育教育改革迫在眉睫，但还是要拿出足够的耐心，将制约体育教学发展的诸多问题进行循序渐进地解决。

（二）体育教学管理创新的意义

创新教育与体育教育管理改革密切相关，创新教育的核心目标是培养具有创新能力的高级人才，要加强学生创新精神、意识与思维能力的培养。创新教育实际上是在知识经济兴起之后而兴起的一种教育理念，并且很快得到各个行业的认可和采用。在体育教学中，加强教学管理的创新是对创新教育理念深度解析和灵活运用的一个主要方面。

教育管理是教学活动中对教学过程和教学人员、教学内容的综合管理，是决定教学质量和教学结果的重要因素，也是促使教学过程顺利进行的重要保障。因此，对体育教学管理的创新，是从结构上改革体育教学的重要一步。

实际上，创新教育作为现代的教育思想和教育方法，将贯穿在体育教育管理的各个方面。创新教育是对传统教育观念的否定，在实践层面是对教育功能的重新定位。21世纪的创新教育理念引起了广泛重视，由于人类进入了知识经济时代，因此社会经济发展对高层次人才培养提出了新的要求，现代产业结构发展要求高校为社会培养具有持续创新能力的人才。在创新教育的推动下，加快体育教育管理改革的步伐具有重要的时代意义，其既是建设和谐校园的基本诉求，也是引导学生健康成长的迫切需要。

（三）体育教学管理创新的措施

大学生教育管理改革要求培养学生的创新精神。我国高校培养的大学生缺乏实践创新能力，而创新实践能力的培养需要给予学生自主学习权利，要求改革已有的统一教学运行模式。新时期的教育管理改革要求更高，高等教育大众化后教育管理出现了新的问题，大学生教育管理

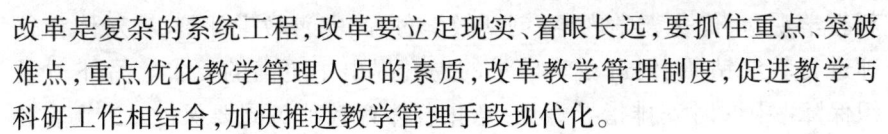

改革是复杂的系统工程,改革要立足现实、着眼长远,要抓住重点、突破难点,重点优化教学管理人员的素质,改革教学管理制度,促进教学与科研工作相结合,加快推进教学管理手段现代化。

学生教育管理要加强辅导员队伍的职业化建设,辅导员是高校教师队伍的重要部分,在教育引导大学生成长中发挥着重要作用,要完善辅导员的激励保障机制。大学生教育管理创新要加强校园文化建设,优化教学管理工作,扩大学校招生宣传。推行创新教育理念要培养学生的创新精神,促进学生综合素质提高。同时,广大教师要认清开展创新教育的意义,强化对教育创新的执行力。教师要让学生养成独立学习思考的良好习惯,在大学生教育管理中要依托课堂教学开展专业化教育,本着调整结构、推动改革的教学管理理念,全面有效地推动教学改革。学校要开展综合性教学管理改革,凭借构建相应示范性课程扩展到全方位改革,有效改善先前仅注重教材内容、过分强调学生被动学习的不足。

第六节 《〈体育与健康〉教学改革指导纲要(试行)》的践行

2021年6月23日,教育部办公厅印发《〈体育与健康〉教学改革指导纲要(试行)》(以下简称《纲要》,详见附录),这是中华人民共和国成立以来首次以"指导纲要"形式指导学校体育教学改革的重要文件,对于继承我国学校体育第八次课程改革经验,提升体育与健康课程教学质量,促进青少年健康成长意义重大。本节重点分析如何践行《纲要》,以真正发挥该文件的作用与价值,推动体育与健康课程教学改革的顺利进行。

一、践行《纲要》的关键与重点

(一)以体育教师为关键

落实《纲要》,要以体育教师为关键。《纲要》中"主要任务"提出更新教学观念、优化教学内容、创新教学过程、完善教学评价,这对体育教师进行教法钻研、促进教学质量的提升提出了更高的要求。另外,"组织保障"中课时安排指导意见,意味着体育教师每周要保证 12 节基本课时量。此外,体育教师还要参与学校的体育训练竞赛、体育教学研讨、专业培训、家校互动、校园体育文化建设等工作。学校要做好体育教师队伍建设工作,优化体育教师的结构,提高体育教师的专业教学能力,具体措施如减负增效、优化体育教师教学生态,强化激励、激发体育教师工作动力,补量提质、夯实体育教师队伍建设等。

(二)以课堂教学为重点

落实《纲要》要以课堂教学为重点。学校体育教育体系由课堂教学、课外活动、训练竞赛等组成,但处于中心地位的是课堂教学。《纲要》"主要任务"围绕"如何教"提出了以下四个向度的指导思想,将课堂教学的重要性体现得淋漓尽致。

第一,在"更新教学观念"中,《纲要》提出注重学科融合与课程思政,当前在德育、智育、体育、美育、劳动教育五育融合教育的导向下与新时代加强青少年思想政治教育的国家意志下,学科融合与课程思政的提出符合时代要求,要求体育教学打破与其他学科的壁垒,将其他教育融入体育课堂中,并解决长期以来体育教学中存在的重视育体、育技而忽视育人的问题,强化体育教学的育人价值,这要求不断拓展体育课堂,突出教育价值,使体育教学肩负起多元的教育使命。

第二,在"优化教学内容"中,《纲要》提出在体育课中进行 20 分钟左右的结构化运动技能学练。现阶段,体育教学中,尤其是运动项目实践教学中,单个运动技术的教学备受诟病,这就需要采用结构化技能教学方式,促进学生对运动项目知识、技能、规则的整体掌握。体育教师在实践教学中要善于将两个或两个以上的内容或手段组合成新的学练方式,设计具有层次感和关联性的教学模式,以弥补单个运动技术教学的不足。

第三,在"创新教学过程"中,《纲要》提出"教会、勤练、常赛"的一体化教学过程。教会是勤练、常赛的前提,课堂上教不会,就难以保证学生课余时间有兴趣练习和参加比赛。因此,要先抓好课堂教学,提高课堂教学质量,然后调动学生勤练、常赛的积极性。

第四，在"完善教学评价"中，《纲要》提出注重对学生是否能说出、是否能做对、是否能会用等多方面的评价。在体育教学活动中，教学评价是非常重要但又容易被忽视的环节，上述评价要求尤其是对"是否能会用"进行评价的要求，有助于培养学生的实战能力。拓展体育教学评价的功能进一步对课堂教学提出了新要求，使课堂教学任务更加艰巨。

二、践行《纲要》的基本路径

（一）教学内容要考虑青少年身心发展特点和学段衔接

体育与健康课程教学中存在学习水平内容没有充分考虑各阶段青少年身心发展特点的问题，各学段学习内容的衔接也不够紧密，导致教学内容与运动逻辑规律不相符，重复教学现象严重。《纲要》颁布后，学校体育科研工作者要认识到这些问题，建立运动能力等级标准和与之相对应的基本运动能力和专项运动能力模块化课程内容体系。通过实施结构化的课程内容和符合健康水平、运动能力等级标准的内容来实现课程教学目标。

（二）在课内外融入多种教学模式

《纲要》的颁布实施赋予体育教师、学生等多元主体探索体育教学模式的机会和权利，力求将体育教学模式与《纲要》提倡的"教会、勤练、常赛"教学过程和"体育教学走班制""体育俱乐部制"教学组织形式相结合，尤其是运动教育模式的引入更强调学生在体验比赛中的个人价值。在体育教学的学年或学期教学计划中进行大单元整体课程设计，有助于学生获得更多运动参与和赛练的机会，使学生在充满运动乐趣的实践过程中理解和掌握运动技能，养成坚持运动的好习惯，自觉培养运动能力，同时也避免了重复练习的枯燥感。

（三）重视过程评价，搭建家校社协同教育平台

《纲要》强调"学练赛评"的体育课程模式，关注学校体育的延展性，鼓励布置"菜单式"体育课后服务内容和家庭作业，弥补了体育课程在课堂教学和教学评价方面的不足。科学评价体育课程效果,监控课程教学的实施过程成为体育教学过程评价的重点与难点,这就需要采用统一规划的多元评价方式方法,并加强协同教育平台建设,实现"家校共育"和"校社结合",将主观评价与客观标准相结合,将校内外运动参与程度融入体育教学的过程性评价中。体育教师还要研制一些量化评价方法,对学生在课堂体育学习和课外体育活动中的表现进行评价。

第三章

体育教学内容理论与改革创新

体育教学最终还是要落脚在体育教学内容上,每一个教学目标和教学任务,都要体现为具体的教学内容。可以说,教学内容决定着体育教学的方向和质量,而教学是一个动态的过程,会随着社会的发展而变化,也会根据国家的战略需要而随时进行调整,因此体育教学内容还必须具有创新的特性。本章将从体育教学内容的基础理论、体育教学内容的科学编排与合理选择、基于学生体质健康的体育教学内容资源的开发、体育校本课程建设以及体育教学内容改革创新的建议几个方面展开阐释。

第一节 体育教学内容的基础理论

一、体育教学内容的概念

体育教学内容就是以达到体育教学目标为目的,而进行的体育知识和技能体系等方面的选择和运用。

在体育教学中，教学内容的选择，是教育者根据教育的一系列要求，通过对前人体育和教育实践经验进行综合的总结，按照教育原则从丰富的体育技能理论当中精挑细选而来的。教学内容在教师与学生中间扮演着中介和媒体的角色，决定着教师和学生之间的信息交流。体育教学内容在很大程度上决定着体育教学的效果和质量。

二、体育教学内容的特点及分类

（一）体育教学内容的特点

1. 运动实践性

体育教学内容的实质是身体运动的一种实践，这是区别于其他教学内容的地方。体育教学内容可以说"是以有关身体运动的学习和身体运动的技能形成为主要培养目标的内容；是以运动为媒介，以大肌肉群的活动状态进行教育的内容"。体育教学内容的学习并不单单是学生大脑思维的活动，学生不光要对内容进行理解，并且要在实际上来进行运动学习以及身体练习。学生在参加体育学习的过程中，要通过运动中的肌肉本体感觉的形成与动作的记忆，来判断自己是否真正掌握了教学内容，因此在体育教学内容中，学生的学习是将思维和行为联系起来。所以，体育教学内容的学习尤为强调练和做等实践行为，因而呈现出运动实践性的特征。

2. 健身性

体育的一个重要功能就是增强体能、增进健康。体育教学内容学习的实质就是学生体育知识、身体练习和技能的学习。体育教学的主要目的就是通过对身体练习的运动负荷量以及强度进行合理的安排，通过一定的手段加以调控，从而使学生的体质得到增强，变得更加健康。体育教学内容对于学生增强体质、增进健康的作用是其他所有教学内容所不具备的。

3. 娱乐性

体育教学内容大都来源于体育运动项目，而大多数体育运动项目则具有较强的趣味性、娱乐性特点,所以体育教学内容也不可避免地带有一定的趣味性与娱乐性。体育教学内容所具有的娱乐性源于运动学习和运动竞赛过程中存在的诸如竞争、合作、表现欲等一系列的心理过程,在这些心理过程中就能够体会到很大程度上的乐趣,学生对运动的新的体验和学习的成就感也会加强乐趣。除此之外,运动的环境、场地、比赛规则、比赛形式等的变化和加工方面也能够体现体育教学内容的娱乐性。另外,学生在追求运动乐趣的过程中,通过别人的帮助在情感上也会获得深刻而丰富的体验,从而起到愉悦身心的作用。

4. 人际交往的开放性

体育教学内容有很多,但大多数内容的主要形式都是集体性活动,这种集体性教学活动与其他教学不同,往往是进行时空的变换。因此,在体育教学中对运动的学习、练习和比赛当中,学生之间有着非常频繁的交往和交流,与其他学科的教学内容相比,体育教学内容在人际交往方面无疑具有更明显的开放性。体育教学内容正是由于人际交流的开放性特点,教师与学生之间、学生与学生之间的关系才能够更加密切而开放。在这样的情况下,通过体育教学内容的学习能够帮助学生有效地提高社会适应能力。

5. 非逻辑性

与其他学科的教学内容不同,体育教学内容往往不存在一般学科教学内容之间清晰的由易到难、由简到繁的阶梯性结构。在逻辑结构上,体育教学内容没有明显的从基础到高级的体系,并且其排列也不是直线递进式的,而是复合螺旋式的,这样的体育教学内容在选择时的灵活性更强。

(二) 体育教学内容的分类

体育运动项目有很多,其内容也异常丰富,因此在将这些内容进行分类时,采用何种逻辑分类就成为一个重要的课题。合理地对体育教学内容进行分类能够使教师和学生更加深刻地认识体育教学内容,从而更好地参与学习活动。目前,关于体育教学内容的分类方法大致包含以下几大类。

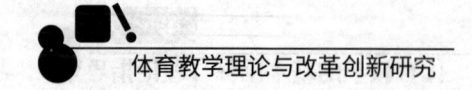

1. 根据人体基本活动能力分类

以人体的基本活动能力为依据进行分类,就是根据人类具有的走、跑、跳、投、攀登、负重等基本活动能力,从而对所有的运动项目、身体练习按照这一标准进行分类。

这种分类方法比较灵活,不会受到正规的体育运动项目条框的限制。所以,这种方法在有利于组合教学内容的基础上对学生的各种身体动作和基本活动能力进行发展,所以这种分类模式对于低年级的学生比较适合。但这种分类在学习掌握体育运动技能、发展体能等方面的局限性比较强,对于高年级学生来说,其要求往往无法满足,容易减弱高年级学生对体育运动的动机。

2. 根据身体素质分类

此分类方法可以根据速度、力量、耐力、灵敏、柔韧,或者根据与动作技能相关的体能分为速度、力量、灵敏、协调、平衡、反应等,也可以根据与健康相关的体能将身体素质分为心肺耐力、柔韧性、肌肉力量、肌肉耐力、身体成分等,将不同运动项目的身体练习进行完全不同的分类组合。

这种分类方法具有较强的针对性,对于使学生正确认识各种体育运动项目与身体练习以及对体能的发展相当有利,同时还能够有目的、有针对性地发展学生的体能。但此分类方法也有一定的弊端,那就是在体育运动项目中,许多项目并不是以提高某一方面身体素质为前提的,因此对待这类项目时这种分类显得比较模糊,而且这种分类对于学生对体育教学内容的文化特性的认识也存在不利因素,导致学生对体育运动文化方面的认识不足。

3. 根据运动项目分类

此分类方法较为常见,它是按照各个运动项目的名称和内容进行具体的系统分类,大致可以分为球类、体操、田径、武术、体育舞蹈、冰雪运动、水上运动等,对各式各样的运动项目以及特点加以详细的划分。

这种分类方法在各个方面都更加容易理解,对于学生了解和掌握体育运动文化具有非常大的帮助。但是这种分类方法将导致的问题是,一些在教育上可能有突出作用,但并没有被列入正规体育比赛的项目中的运动项目会被忽略,而且即使在正式比赛的项目中,也可能由于规则、技能等方面具有相当高的水平,对于学校体育教育并不相符,所以如果将其纳入体育教育内容中必须进行一定程度上的改造,但经过改造后,这类教学内容往往会与本来的运动项目出现非常大的差异,在内容上更加难以判别,对学生在运动项目的理解和掌握上造成非常大的影响。

4. 综合交叉分类

综合交叉分类是一种将基本部分与选用部分、理论与实践教学内容、各项运动的基本教学内容与提高身体素质的练习教学内容等相互交叉的综合分类方法。

这种分类方法能够准确地将不同学生的不同年龄阶段身心发展特点和对学生学习的基本要求反映出来,对达成体育教学的目标有非常突出的作用,在有助于保持运动项目的固有特点和系统性的基础上,同时增强学生进行身体锻炼的实效性。但需要注意的是,这种分类方法无法用同一标准进行衡量,在某种程度上会导致一定的混乱。

5. 根据体育教学目标分类

这种分类方法是依据人们赋予的体育教学所要达到的目的进行分类的。比如,进行掌握体育运动技能的练习、发展体能的练习、掌握科学锻炼方法的练习、提高基本活动能力的练习、提高安全意识与能力的练习、发展学生心理素质的练习、提高学生社会交往能力的练习等。

这种分类方法能够使根据多种目的的身体练习进行人为的规定得以实现,能够使教学内容具有一定的目的性,对于打破陈旧的、以竞赛为目的的教学内容编排体系也非常有利,从而保证学生能够学到比较多的体育教学内容。

6. 根据体育的功能分类

此分类方法的依据是我国体育课程相关的文件,以三维健康观、体育的本质特征、体育与健康课程等领域的目标为依据对体育课程的内容体系进行了重新构建,体育教学内容被划分为包括运动参与、运动技能、身体健康、心理健康以及社会适应五个方面。

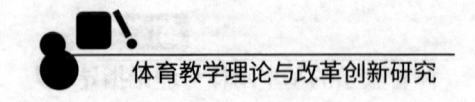

第二节　体育教学内容的科学编排与合理选择

一、体育教学内容的科学编排

（一）从已知到未知进行编排

在体育教学内容的编排中，如果新的教学内容比学生已掌握的教学内容的概括程度高，新旧内容之间不是从属关系，就要贯彻从简单到复杂、从容易到困难、从浅到深的编排准则，使体育教学内容系统有层次性，使不同教学内容之间的关联更清晰，使前面所教的内容为后面新内容的教学奠定基础，使学生通过学习某一内容而形成"认知固定点"，并为学习后面的新内容做好铺垫。体育教学内容结构有一定的序列性，对某个结构的掌握是学习另一个结构的基础，如果不具备前面的条件，就难以顺利进入新的学习阶段，就会增加后面学习的难度。

（二）由一般到个别进行编排

在以掌握原理为目的的体育教学内容的编排中，居于中心地位的应该是基本的概念、原则和原理。从这点出发，应该先对最具有一般性和概括性的体育教学内容加以陈述，然后进一步分化具体教学内容和特殊教学内容。因为如果是首次接触熟悉度不高的体育知识领域时，只有将该领域教学内容的理论思想阐释清楚，才能在科学理论思想的指导下对特定领域的教学内容进行分类和系统化整理。一般比较容易和常规的做法是从一般的整体中分化出细节，通过若干细节将整体串联起来。如果可以从最一般和最具概括性的概念与原理入手来编排体育教学内容，就能使学生形成比较稳定的基本认知结构，从而在其他类教学内容的学习情境中比较容易地掌握新内容。

（三）注意不同教学内容的横向联系

在体育教学内容的编排中，不仅要注意不同教学阶段教学内容的纵向联系，也就是教学内容的连贯性，还要注意不同教学内容之间的横向联系，具体表现为不同单元教学内容的联系和不同教学内容之间在知识原理、运动技能与情感上的协调与衔接，关注教学内容的横向联系，并有序安排丰富多彩的体育教学内容，有助于学生在体育学习中达到融会贯通的效果。如果在体育教学内容编排中不重视横向联系，就无法使学生在学习新内容时与原来熟悉的内容做对比，这会导致学生在新内容的学习中出现含糊不清、理解不深的问题，也容易使学生遗忘这些内容，同时对学习的迁移也是有影响的。

二、体育教学内容的合理选择

（一）体育教学内容选择的要求

选择适宜的体育教学内容，要满足以下几方面的要求。

1. 技术性要求

体育教学内容主要包括体育理论知识和运动技能，这些教学内容应有知识含量与技术含量，具体表现为具有知识性、技术性，同时要有挑战性和趣味性。这是因为学生探索未知事物以及通过学习愉悦身心是他们学习体育的初始动机，没有知识含量和技术含量的教学内容难以将学生的内部学习动机激发出来，也难以满足学生的心理需求，所以要精心选择有知识含量和技术水平的教学内容。

2. 拓展性要求

在选择体育教学内容的过程中，体育教师要将自身的主导性充分发挥出来，对能够使学生实际需要得到满足且有助于对学生综合素质进行培养的丰富教学内容进行拓展性开发与延伸性选择，而不应拘泥于体育教材、传统教学资源和现有体育项目。拓展性教学内容丰富且变化多样，具有开放性和创新性，将拓展类教学内容纳入体育教学内容体系中,打破传统教学内容的结构限制,有助于激发学生学习的热情,活跃课堂氛围,有助于培养学生的协作能力、探索能力及自主创造力。

3. 校本化要求

选择体育教学内容也要满足校本化要求,这是现代体育课程改革的新尝试,目的是提高体育课程的适应性与灵活性,促进体育课程教学的多元化发展。要满足校本化要求,就要使体育教学内容符合学校实际和地方实际,体现地方特色,同时要能够体现出体育教师的个性化教学风格。

我国不同民族都有极具特色且丰富多样的体育资源,可将这些资源纳入体育教学内容的选择范围内,以传承民族体育文化,丰富体育教学内容。不同学校教学条件和环境有差异,所选教学内容要满足学校实际,在教学内容的实施中使学校教学资源得到充分的利用,同时也要合理分配教学资源来为教学内容的实施提供便利。此外,对体育教学内容的选择还要考虑教师的专项特长,使教师的专业技能得到充分发挥。

总之,在满足上述条件与要求的基础上选编体育教学内容,对学校体育校本课程的开发与建设非常有利。

(二)体育教学内容选择的标准

在选择体育教学内容时,要以体育教学目标为依据来进行。这是因为体育教学目标的多元性和体育运动的可替代性,会在一定程度上增加体育教学内容选择和组织的难度。总体来说,所选择的体育教学内容,必须保证其科学性和有效性,还要与学生和社会的实际情况相符,与学校整个教育目的保持一致(图3-1)。

第三章 体育教学的基本阐释与理论指导

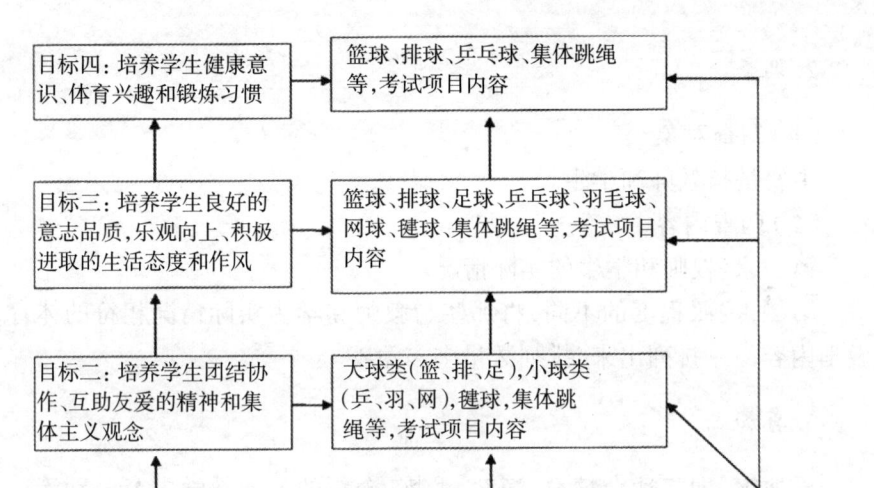

图 3-1 体育教学内容选择与教育目标相符

（三）体育教学内容选择的方法

选择体育教学内容要遵循大众性原则、可行性原则及适切性原则，在严格贯彻这些原则的基础上对体育教学内容进行有层次的严格筛选，只有通过层层筛选，才能达到精挑细选的目标。采用层层筛选方法时，要依据不同教学阶段体育教学目标的主次顺序，由主及次对体育教学内容进行筛选。

1. 学习领会

第一，对体育课程标准和教科书的要求与规定以及四类体育教学内容的划分理论进行学习并对其中的精神加以领会。

第二，将所有已经从体育素材中选出的可供选择进入体育教学的内容一一罗列出来。

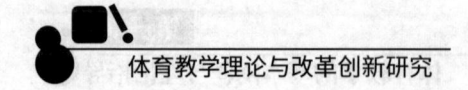

2. 调查

（1）调查对象

主要是指教师和学生。

（2）调查内容

第一，是教师和学生的实际情况。

第二，按照程度的不同，将那些与教师和学生实际情况相符的体育教学内容一一排列出来，排列数量多多益善。

3. 再加工

再加工，即将适合精教、简教、锻炼、介绍的不同教学内容分别筛选出来。

4. 教学内容修整

在实际的教学过程当中根据实际情况，适当调整精教、简教、锻炼、介绍的不同教学内容，使其最终能与本校、教师、学生、教学实际情况相符，且项目数量要有所保证。

（四）体育教学内容选择的过程

1. 选择出合适的体育教学内容的素材

体育运动项目的种类多，数量大，所有的体育运动在身体锻炼形式、特点以及功能方面都各不相同。因此，在选择体育教学内容时，一定要在充分了解这些方面的基础上进行，然后将各个体育运动项目与身体练习进行整理与合并，作为形成体育教学内容的基本素材。

2. 对体育素材进行细致分析，并加以评估

在选择体育教学内容时，首先要做的就是认真分析体育素材，然后对此进行科学评估。以评估的结果为依据，来重点关注那些能够有效增进学生健康，培养学生良好的思想品质的内容。同时，还要将那些不符合教育要求、不利于学生身心健康发展的体育素材剔除掉。

3. 选择合适的体育运动项目

由于体育运动项目在特点和功能上的差异性，体育运动项目的选择就要参照这一依据进行。大多数体育运动项目都是可以成为学校体育教学内容的基本素材的，但是由于学校体育教学时间有限，不可能在学校体育教学内容中选入过多的体育运动项目与身体练习。一般来说，那些比较典型、实用的体育运动项目和身体练习通常会成为体育教学内容的理想选择。

4. 进一步分析已经选择的体育教学内容

对已经选择的体育教学内容进行进一步的分析，主要是为了对其可行性加以评估。这主要是因为体育教学内容会受到地域、气候条件等的影响，同一个体育教学内容在不同地方的适应性与可行性是不一样的。因此，体育教学内容的选择一定要对场地器材的可能性进行充分的考虑。同时，还要保证所选择的教学内容，能够在不同地区、不同学校实施时，能具有一定的弹性。

关于体育教学内容的可行性，主要体现在以下几个方面。

（1）学生可行性

对体育教学内容进行选择，首先要考虑适切性（图3-2），要充分考虑体育教学内容一定要保证与体育课程目标的适应性。

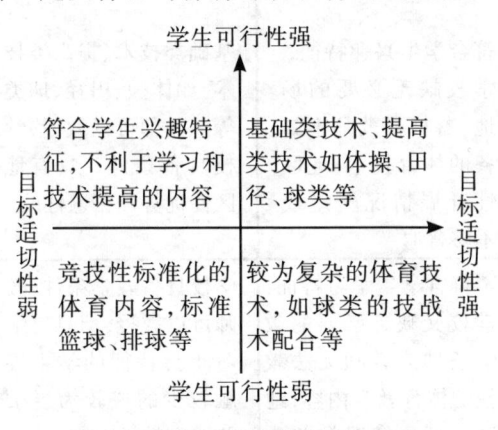

图 3-2 学生可行性

（2）学校可行性

对所选择的体育教学内容的可行性要考量的另一个方面就是学校，在具体进行选择时，学校的教学环境、教学条件、体育教师的专业素养与执教能力等都是会产生影响的重要因素。此外，所选的内容也要与学生的学习能力相适应（图3-3）。

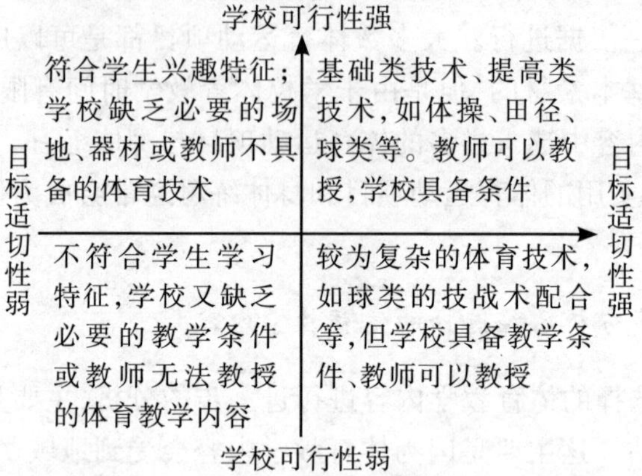

学校可行性强

符合学生兴趣特征；学校缺乏必要的场地、器材或教师不具备的体育技术	基础类技术、提高类技术，如体操、田径、球类等。教师可以教授，学校具备条件
不符合学生学习特征，学校又缺乏必要的教学条件或教师无法教授的体育教学内容	较为复杂的体育技术，如球类的技战术配合等，但学校具备教学条件、教师可以教授

目标适切性弱 ← → 目标适切性强

学校可行性弱

图3-3 学校可行性

（3）大众可行性

体育教学的一个重要目的是对学生终身体育的培养，因此这也成为选择体育教学内容的一个重要依据，并且还要充分意识到体育教学的一个重要目标就是培养学生的终身体育锻炼能力，因此要选择大众流行的体育项目，而且要与学生的生活实际贴近（图3-4）。

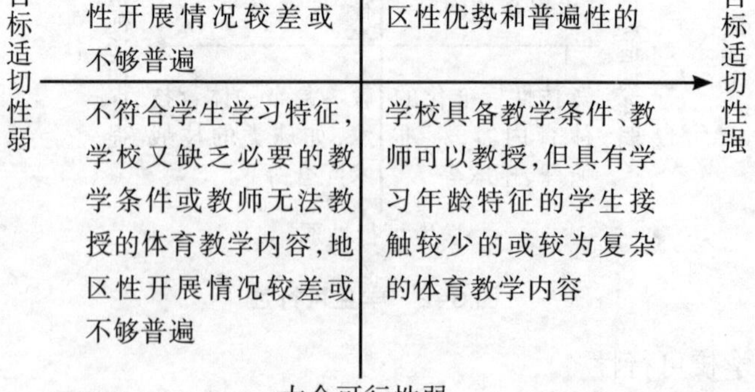

大众可行性强

符合学生兴趣特征；学校缺乏必要的场地、器材或教师不具备的体育技术，地区性开展情况较差或不够普遍	基础类技术、提高类技术，如体操、田径、球类等。教师可以教授，学校具备条件。具有地区性优势和普遍性的
不符合学生学习特征，学校又缺乏必要的教学条件或教师无法教授的体育教学内容，地区性开展情况较差或不够普遍	学校具备教学条件、教师可以教授，但具有学习年龄特征的学生接触较少的或较为复杂的体育教学内容

目标适切性弱 ← → 目标适切性强

大众可行性弱

图3-4 大众可行性

选择的体育教学内容的科学性与合理性，会对体育教学设计的科学性产生直接影响，同时整个学校体育教学效果也会因此而发生变化。因此，一定要重视体育教学内容的科学合理选择，从而保证体育教学的效果是理想的。

（五）体育教学内容选择的注意事项

在选择体育教学内容时，要考虑的参考标准主要涉及目标性、科学性、可行性、趣味性、社会性等方面，以此为依据，来制订出一个易于操作的教学内容选优的工作程序，这个程序的内容和顺序与上述依据的内容和顺序是对应的。表3-1是选用体育教学内容需要考虑的主要因素和操作步骤。

表3-1 选用体育教学内容的案例

项目例	目标性	科学性	可行性	趣味性	社会性	选择结果
拳击	×					不选
前空翻	√	×				不选
保龄球	√	√	×			不选
铅球	√	√	√	×		不选
滑冰	√	√	√	√	×	不选
少林拳	√	√	√	√	√	选择
篮球	√	√	√	√	√	选择

通过对上述表格内容的分析、归纳，可以总结出以下几个方面的结论。

（1）目标性是处于体育教学内容选用的首位标准的。

（2）科学性是处于体育教学内容选用的第二位置的标准。体育健身效果和安全是至关重要的。

（3）可行性是处于体育教学内容选用的第三位置的标准。这是因为如果缺乏可行性，那么体育教学内容的实际意义便不存在了。

（4）趣味性与实用性是处于体育教学内容选用的第四位置的标准。如果缺乏实用价值，学生体质增强、健康增进等目标就很难实现，而如果缺乏趣味性，学生参与教学的积极性就会受到影响，所以要将"实用

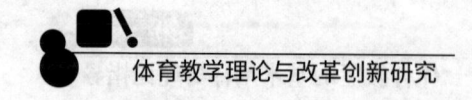

性和趣味性相结合"放在比较重要的位置。

（5）篮球和武术在目标性、科学性、可行性、趣味性、社会性等方面都具有非常显著的价值，因此能够作为体育教学内容选用的最佳选择。

第三节　基于学生体质健康的体育教学内容资源的开发

体育教学内容资源的开发过程包括准备、实施和总结三个阶段，如图 3-5 所示。

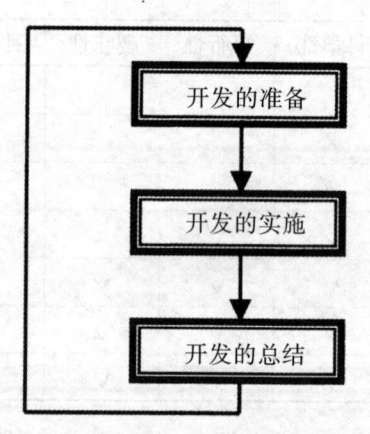

图 3-5　体育教学内容资源的开发过程

一、体育教学内容资源开发的步骤

（一）准备阶段

准备阶段也是预备阶段，在整个开发过程中，这是首要环节。在这一环节主要是设计开发方案，组织人力资源，以便开展下一阶段的工作。

第三章 体育教学的基本阐释与理论指导

准备阶段的工作内容具体包括组织准备和方案准备,这两个工作分别对应"谁来开发"和"开发什么"的问题,此外,还要明确"为何开发",虽然解答这个问题不需要开展实质性的工作,但是要了解(图 3-6)。

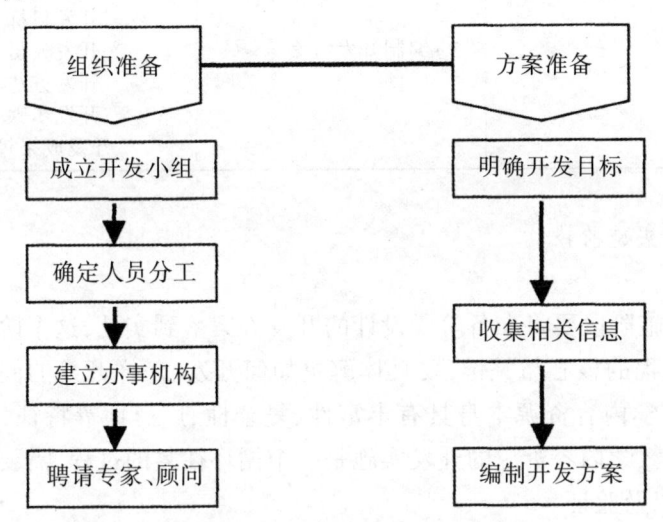

```
组织准备                    方案准备
   ↓                          ↓
成立开发小组              明确开发目标
   ↓                          ↓
确定人员分工              收集相关信息
   ↓                          ↓
建立办事机构              编制开发方案
   ↓
聘请专家、顾问
```

图 3-6 准备阶段[1]

组织准备和方案准备的工作内容见表 3-2。

表 3-2 准备阶段的工作内容[2]

	具体工作	
组织准备(人员准备)	(1)成立开发小组,明确组员职责 (2)设置开发办事机构 (3)组建专家组等	
方案准备	(1)明确开发目标	
	(2)收集相关信息	理论信息 政策信息 人员信息 条件信息 体育信息

---

① 李林.体育课程内容资源开发的理论与实践[M].重庆:西南师范大学出版社,2006.
② 同上.

续表

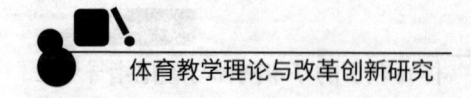

	具体工作
（3）编制开发方案	开发背景 开发主题 开发目标 开发人员 开发方法 开发步骤 开发成果等

（二）实施阶段

在实施阶段要将准备阶段设计的开发方案落到实处，这个阶段是整个开发过程的核心与关键，要具体解决如何开发、怎样开发的问题。因为体育教学内容资源本身具有丰富性、复杂性、广泛性等特征，所以决定了体育教学内容资源的开发实施是一个循环往复的过程，需要不断尝试、改进以及验证。

在实施阶段具体可采取的实施方式有组织体育课堂教学和课外体育活动、布置课外作业、加强理论研究和行动研究等。在开发实施过程中要充分考虑人员因素（开发人员的职责与配合）、时间因素（整个开发活动的时间安排和各实施环节的具体时间安排）以及条件因素（物质条件、经费条件等）。

（三）总结阶段

总结阶段也是结束阶段，主要是回顾和评价前两个阶段的工作，展示成果，发现不足，总结经验教训，为下一次开发提供经验。总结阶段主要涉及整理开发结果、收集相关信息、评价、撰写总结报告以及推广开发成果五个方面的工作，如图3-7所示。

```
整理开发成果
    ↓
    收集相关信息
        ↓
        评价
            ↓
            撰写总结报告
                ↓
                推广开发成果
```

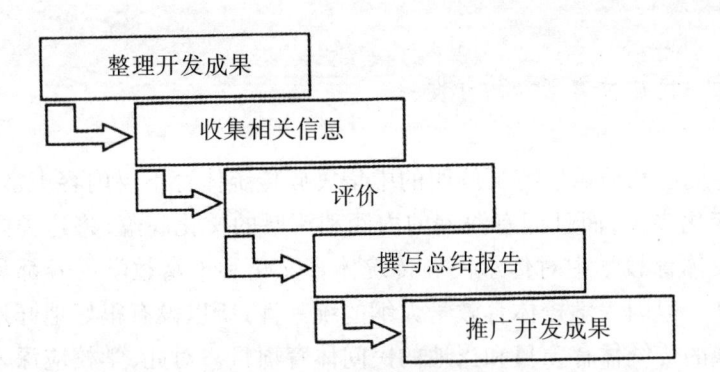

图 3-7 总结阶段

二、不同类型体育教学内容资源的开发

（一）新兴运动项目的开发

近年来，我国引进了很多兼具休闲性、趣味性的现代新兴体育运动项目，广大群众对这些层出不穷的现代运动非常感兴趣，也积极参与其中。随着这些项目的不断推广与普及，它们慢慢出现在学校体育课堂中，成为体育教学内容的重要组成部分。这些项目的引进无疑使得学校体育教学内容更加丰富了，也使体育课堂教学更加活跃，更有活力和生命力。但从西方发达国家引进的现代新兴项目对运动场地设施条件提出了较高的要求，部分项目还有很大的风险，这对学校体育教学提出了挑战，也对学生安全造成了威胁。对此，要重视对这类项目的普适化开发与改造，从现有教学条件出发设计与之规则和方法相近的教学内容，使这部分教学内容适用性更广，实效性更强。

例如，开发与改造现代休闲体育运动项目时，要保留这些项目的娱乐性、开放性、休闲性特征，但因为这类项目对场地器材条件有较高的要求，所以要对其运动规则、场地器材加以改进、简化，从而为教学实施提供方便。改进与简化运动器材时，要将学校现有教学条件充分利用起来，要考虑器材的经济实用性，考虑长期体育教学的需要，尽可能不要为了暂时要用到的场地器材而大刀阔斧、不计成本进行改造，容易造成资源浪费。如果要培养专门的休闲项目运动员，如台球运动等，可根据实际情况来实施正规训练。

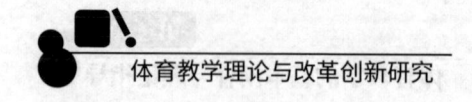

(二)民族体育活动的开发

传统性和地域性特征鲜明的中华民族传统体育不仅内容丰富多彩，形式变化多样，而且拥有深刻的内涵和深厚的文化底蕴，将这类内容引进学校体育教学中对传承民族传统体育文化和丰富教学内容都具有重要意义。但因为学校体育教学大纲的统一性，所以没有很好地开发利用各民族的传统体育项目和当地的民间体育项目。对此，学校应深入开发丰富多彩的民族民间体育活动，适当改造这些活动，从中对深刻的教育因素和内涵加以挖掘，这样学生参与这些与自己生活经验贴近的民族民间传统体育活动时积极性会提升，这也是学校履行传承与弘扬民族传统体育文化的义务的要求。

(三)竞技运动项目的开发

竞技运动的目标是提高竞技能力，取得比赛胜利，而体育教学的目标是增强学生体质，增强学生的运动能力，可见，竞技运动与体育教学所追求的目标是不同的，所以在学校竞技体育项目教学中不能完全按照运动训练的模式进行技能教学，而要挖掘竞技项目的教育元素，对有安全隐患的项目进行改造，正确认识竞技运动的特点与功能，有选择地开发和选择适合学生学习的教学内容，以发挥竞技运动对增强学生体质的功能与作用。

在体育教学中开发与改造竞技体育项目，目的不是实现这类运动的竞技价值，而是实现其教育价值，以促进学生发展。所以说，竞技价值强而教育价值弱的竞技运动项目不适合作为体育教学内容出现在体育课上，即使有挑战性、竞技性的竞技项目能够吸引学生和激发学生的好胜心，但也不适合将其选入体育教学内容体系中。尽管可以适当改造这类项目，但经过改造后这类项目原本吸引学生的部分被弱化了，所以难以激发学生学习的欲望。总之，将这样的竞技运动引进体育教学中并不合适。

在竞技运动的开发与改造中，要突出改造的群体化，突出竞技项目的教育价值、健身价值和文化价值，使之与体育教学的特点、目标及要求相符，成为符合条件的体育教学内容。开发与改造竞技项目的方法并不是唯一的,在开发与改造过程中要对不同学生的个性特征、个体差异及个性需求予以考虑,允许学生在学习时融入自己的理解与想法,不苛求技术标准的统一,主要是使学生在学习与参与中有愉快的体验,有学习的积极性,能真正实现身心健康领域、运动技能领域和情感领域的教学目标。

(四)体育教材内容的开发

在传统教学观念中,认为只有课程专家才能编写与确定教材以及选择教材内容,而教师的责任是给学生传达教材内容。而在新课程理念下,编写课程教材的主体是教师,教师对学生的学习能力、学习需要以及对学校的教学传统和教学条件更为了解,所以能基于这些因素开发与选择适宜的教学内容。强调体育教师在课程教材编写中的主体性,能够实现由"教教材"向"用教材教"的转变,这包含以下几方面的含义。

第一,"教教材"是指完全按照教材内容来实施教学,而"用教材教"就是以教材为参考工具和学习媒体,教师依据教材教学,学生将此作为学习读物,不管是教师还是学生都不是照搬教材内容,而是有选择地吸收其中对自己有意义的营养成分。

第二,体育课程专家是在参考最新教育方针政策和最新教育教学理念下进行体育教材编写的,所以最终的体育教材成果具有科学性、时代性以及重要的指导性。兼顾很多因素的体育教材虽然具有普遍的适用性,但是缺乏对各地教学条件差异的考虑,所以局部不合理的问题也是存在的。对此,不同学校应从自身实际情况出发来对体育校本课程加以研究和编制,选择符合本校人才培养目标和教学传统的教学内容。

第三,作为对学校教学条件和学生实际情况最为了解的体育教师,在体育课程教材编制和选择上应该有一定的决策权,体育教师应该作为课程教材的开发者而不是被动的执行者,这样课程本身的意义也能在教学活动中有所升华。需要注意的是,体育教师虽然有部分决策权,可以参与体育教材的开发与编制,但不能完全任由其对教学内容进行自由选择与编排,因为很多体育教师本身不是专业的课程专家,还没有深入理解课程理念,而且编制教材的时间与精力也相对有限,这是一方面的原因。还有另一方面的原因是体育教师了解学生的需求和爱好,他们会选择学生感兴趣的教学内容,这固然有利于提高学生的学习积极性,但也容易造成"兴趣主义"教学模式的形成,过于追求体育教学的娱乐性而忽视了教育性。所以要尊重体育教师的部分决策权,但也不能完全放手任由体育教师编写教材和确定教学内容。

总之,学校和体育教师要在新课程理念下发挥一定的自主权来开发体育教学内容,教学内容应丰富一些,应能够有利于实现体育教学目标和学校人才培养目标,要有利于提高学生的体育素质和健康素质。学校在自主开发体育教学内容时要展现本校的体育传统优势,符合本校的教学条件,要对不同类型的体育教学内容进行科学开发与适当改造,建构多元化的体育教学内容体系,以促进体育教学目标的顺利实现。

第四节 体育校本课程建设

一、体育校本课程建设的特征

(一)建设依据的明确性

体育校本课程的开发与建设要以国家和地方的课程标准为依据,将校内校外体育资源充分利用起来,从学生的实际需求出发进行针对性开发。开发体育校本课程不是为了取代国家课程,校本课程的开发必须在不违背国家和地方课程标准的前提下进行,在国家和地方课程计划中校本课程始终都是一个举足轻重的组成部分。

(二)建设基地的针对性

体育校本课程建设是体育课程创新的表现,建设基地以学校为主,在体育课程改革中,拥有强大育人功能的学校是不可缺少的主阵地。学校作为建设基地,要将本校与校外的体育资源、教育资源充分利用起来,通过资源整合而强化资源价值,形成教育合力和学校特色。

（三）建设主体的核心性

课程建设的过程也是理想课程向现实课程转化的过程，在这个转化过程中，学校发挥着不可替代的主阵地作用，而教师作为建设主体，发挥着重要的组织管理作用。体育教师作为体育校本课程建设的主体，不仅有权力决定"怎样教"，同时也有权力决定"教什么"。在体育校本课程开发中，体育教师的主体地位不可动摇，虽然社区人员、学校领导、部分学生也参与开发，但都不能替代教师的主体地位。

（四）建设内容的开放性

随着体育课程的深入改革，传统体育课程建设中课程纲要编写的"一刀切"模式逐渐被打破，高校可以在更广阔的空间内选择课程内容，这充分反映了体育校本课程建设内容的开放性。

二、体育校本课程建设的意义

体育教育要根据学校自身的独特性建设更有实际意义的教学内容，而开发与建设校本课程是形成体育特色的重要举措，具体来说，该举措具有以下几方面的意义。

（一）弥补国家课程开发的不足

我国各地院校的教学环境、教学条件、学生需求等因地域差异、经济差异、文化差异等的影响而存在一定程度的区别，因此各地体育教育也应有所区别。国家体育课程偏重于统一性要求，一定程度上与地方教育需求、各地办学条件以及各校师生需求等存在脱节的问题，无法使地方的教育需求和学校的具体需求得到满足，而开发校本课程恰恰可以弥补这一不足。

（二）形成学校体育特色

在体育校本课程建设中,强调各个院校将本校的体育资源充分利用起来,自主规划课程结构,设计课程方案,并对本校体育课程的运行负责。这对各院校发挥自身资源优势、形成本校特色非常有利。学校体育特色代表了一种相对稳定的具有普遍性和集体性的体育行为风尚,代表着学校的体育环境和体育氛围,具有群众性、相对稳定性以及自觉性。良好的学校体育特色能够发挥导向作用、教育作用、规范作用,同时也具有辐射功能,对促进高校体育教育的发展具有重要意义。

（三）促进教育民主化

教育民主应具备两个前提条件：一是政府权力下放,二是民间高度的参与意识和一定的参与能力,这两个条件密切相关,缺一不可。开发体育校本课程能够促进这两者的友好互动。

新时代背景下,我国高校体育改革进入了新的阶段,政府权力下放的程度较之前明显加大,根据三级课程管理的要求,政府权力的下放使得高校自主开发课程的空间得到拓展。这也对高校和体育教师的课程开发意识与开发能力提出了较高的要求。开发校本课程能够激发高校和师生的参与意识,使体育校本课程建设成为全员参与的集体活动。

（四）促进体育教育的合作

虽然体育校本课程建设是以高校自身为主阵地、以体育教师为主体的,但在课程建设中离不开外部支持,其中教育科研院所研究者、体育院校的优秀教师等都是非常重要的援助力量,院校必须主动与专业单位、人员建立联系,达成合作伙伴关系,这样既对校本课程的顺利建设有利,也对促进体育教育的合作与交流有重要意义。

（五）促进体育教师发展

体育教师是体育校本课程建设的主体,校本课程建设对参与主体的专业教学技能、科研能力均提出了较高的要求,所以说建立一支优秀的体育教师队伍是体育校本课程开发的一个基本条件。优秀的体育教师充分享有专业的自主权,在校本课程开发中能够自主决策,充分发挥自己的专业优势,实现自身价值。此外,体育校本课程的开发还有除体育教师之外的其他专业人士的参与,他们会对体育教师的开发提供支持、指导与帮助,体育教师在专业人士的指导下,或在与专业人士的合作中,不管是专业精神,还是专业技能,都能得到提升。

三、体育校本课程建设的原则

体育校本课程建设要贯彻校本课程开发与建设的基本原则,主要包括以下几项原则。

(一)科学性原则

科学性原则是体育课程建设的第一原则,开发的校本课程必须是科学的,具体要符合以下两点要求。

1. 课程体系结构合理

各个院校开发的体育校本课程应在国家、地方课程的要求范围内,要与具有统一性要求的国家和地方课程相互补充、融合,形成结构合理、层次清晰的体育课程体系。

2. 课程内容科学

体育校本课程内容必须科学严谨,准确无误,有逻辑性、学术性和实效性。

(二)学校为本原则

体育校本课程的建设要以每个院校为主阵地,以体育教师为主体,以实际情况为依据,满足师生的需要,形成本校的体育特色。贯彻学校为本的建设原则,要做到以下几点。

首先,一定要以学校为课程建设主阵地,以本校体育教师为课程开发主体。

其次，一定要从院校自身的特点、实际条件出发而进行校本课程建设，要解决院校体育教育的问题。

最后，将院校的育人理念、教学目标体现在体育校本课程的开发与建设中。

(三)整体性原则

体育校本课程的建设应在整体观视角下进行。在学校教育环境下学生获得的所有教育性经验都属于课程的范畴，可见，课程本身就是一个不可分割的整体，因此在校本课程建设中必须贯彻整体性原则。

国家课程、地方课程和学校课程这三级课程是从管理的角度对课程进行划分，而不是从根本上分割课程内容。体育校本课程建设从根本上来说是具有整体性的一种课程改革方式。在整体观的指导下进行体育校本课程开发，必须打破传统思想局限，突破零散化、碎片化的修补模式，在课程标准下从整体视角出发规划与设计课程，重组与改造课程资源，加强课程建设中各个环节的紧密衔接。

整体性原则要求必须在国家课程计划框架内建设校本课程，用校本课程弥补国家课程和地方课程的不足，追求国家课程、地方课程以及校本课程的均衡与协调。

(四)整合性原则

不同知识体系课程可以横向整合，基于这一认识而进行体育校本课程设计，对丰富的课程要素加以筛选，尊重各要素之间的差异，发现它们的内在关联，然后对其进行整合，建设有机统一的课程整体。

体育校本课程建设中整合的关键在于完成认知、知识、技能、情意等多方面的统整，重点要做好如下工作。

1. 学科间的统整

课程之间的横向联系是课程统整强调的一个关键，也就是将体育课程内容与其他学科课程内容联系起来，将学生所学的各学科的课程知识串联起来，促进学生综合知识能力的提升和综合经验的丰富。在体育校本课程建设中要培养学生融会贯通各学科知识以及综合运用这些知识的能力，使学生的学习经验更加完整。

2.课程和学生生活的统整

结合学生的现实生活、个人经验而进行校本课程建设，只有根植于学生的生活经验、合理需求去设计课程，才能使课程的育人功能得到最大程度的发挥。课程统整要以学生的兴趣爱好、学习能力、学习需要以及个人经验为焦点，使课程内容真正融入学生的思想和内心中。

四、体育校本课程开发与建设的基本方式

体育校本课程建设是校本课程建设中一门学科的建设活动，具有与校本课程建设活动相同的方式。体育校本课程建设有两层含义：一是使国家课程和地方课程校本化、个性化，体育教师通过课程选择、改编、整合、补充、拓展等方式对国家与地方课程进行再加工和再创造，使之更符合学校和学生的需要；二是学校依据自身特点、条件和需要，自主开发本校独特课程。从这两层含义来看，体育校本课程开发与建设的基本方式包括课程选择、课程改编、课程整合、课程补充、课程拓展及课程新编。

（一）课程选择

1.课程选择的含义

课程选择是指从众多可能的体育项目中决定学校付诸实施的课程计划的过程，这是体育校本课程建设中最普遍的活动。

2.课程选择的条件

课程选择需要满足以下两个条件。

（1）教师有选择的权利和可供选择的空间，新课程根据三级课程管理的要求，加大课程内容的选择性，为课程选择创造条件。

（2）课程选择对体育教师的专业能力提出了更高要求，体育教师必须掌握课程选择的专业知识和技能。

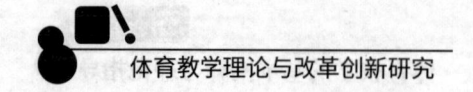

3.课程选择的要求

课程选择要符合如下要求。

（1）结构性,所选学习内容要有一个传递信息的最佳知识技能结构。

（2）适应性,课程内容要符合和适应学生的身心发展特征、知识技能基础以及学校的实际条件。

（3）目的性,所选学习内容必须符合目标要求,课程的每个单元学习都要实现一个完整的、明确的目标。

（二）课程改编

1.课程改编的含义

课程改编是指对原有课程对象不同的群体进行修改,或者根据对课程内容、结构安排等的理解进行调整。

2.课程改编的内容

课程改编包括下列三个方面内容。

（1）体育教师修改正式课程的目标和内容,以适应具体的课堂情境。

（2）适当改造竞技运动项目,改革其中片面追求运动成绩的弊端,发挥竞技运动的教育作用、激励作用、健身作用和娱乐作用,使之回归体育的本质功能。

（3）对外来体育课程内容进行本土化改造。

（三）课程整合

1.课程整合的含义

课程整合是指超越不同知识体系而以关注共同要素的方式来安排学习的课程开发活动。

2. 课程整合的目的

目的一：减少知识的分割和学科间的隔离。

目的二：减少因知识剧增对课程数量的影响，防止学生课业负担过重。

3. 课程整合的方法

（1）开发关联课程

在课程设计中基于学科之间的内在联系而协调科目的相关问题，如体育与舞蹈关联课程、体育与生理关联课程，要兼顾体育与舞蹈专题、体育与生理专题的编排顺序。

（2）跨学科课程

跨学科课程是把不同学科作为一门课程来学习，如体育与健康新课程就是将体育课程、健康教育课程整合成一种新型的课程形态。近年来，我国少数高校针对本校的需要进行双语教学试验，并延伸到体育课程中，这是值得借鉴与推广的。

（四）课程补充

1. 课程补充的含义

课程补充指通过开发课程内容，达到弥补国家课程与地方课程的不足，提高它们教学成效的目的。

2. 课程内容补充的渠道

（1）观察学生生活，从中选取素材。

（2）挖掘源远流长的民族民间体育项目。

（3）引进国外流行的新兴体育项目。

（4）补充时下体育热点素材。

（五）课程拓展

1. 课程拓展的含义

课程拓展指的是将课程的范围不断拓宽的一种课程建设活动。

2. 课程拓展的目的

课程拓展是为了将和学生所学课程专题有关的正规课程拓宽，使学生有更多的机会学习体育知识、获取体育技能、促进身心协调发展以及实现个人价值。

（六）课程新编

1. 课程新编的含义

课程新编指的是对课程单元进行全新开发的一种课程设计活动。常见的课程新编活动主要包括学校特色体育课程开发，从社会时事专题、热点新闻、地方性专题、地方体育传统与特色中提炼相关课程素材，在此基础上开发新型体育课程内容等。

2. 课程新编的组织

一般由地方教育部门或学校自身来完成课程新编，具体要以课程单元所处的层次为依据而确定课程新编的组织单位。

如果是开发与地方性专题有关的课程，则主要由地方教育部门组织完成，并调动当地优秀体育教师的广泛参与。而如果是开发学校特色体育课程，则主要由学校自身完成，本校体育教师为开发主体。

第五节 体育教学内容改革创新的建议

一、体育教学内容的改革方向

随着我国体育教学改革的逐步深入,一些改革的试点也正在如火如荼地开展起来。需要注意的是,体育教学内容的一些变化,会使体育教学出现一些单调、难度大、锻炼性强、要求教学规范化和场地器材条件高的趋势,在体育教学改革中,体育教学内容的改革无疑是其中最重要的一个方面,它是改革中最为直接、最易见效的部分。因此,体育教学内容的改革一定要把握好方向,其改革的方向应重点把握以下几点。

(1)改变体育教学内容趋于平淡的锻炼和达标相统一的趋势。

(2)解决体育教学内容与学生社会体育活动之间的差距问题。

(3)解决体育教学中与体育教学内容难度相关联的"教不会""教不懂"的问题。

(4)解决学生因体育教学内容缺乏娱乐因素而越来越不喜欢体育课的问题。

(5)解决乡土教学内容开发不足的问题。

(6)解决体育教学内容民族化的问题。

当前,体育教学内容的改革既要求体育教学内容的改革和新内容的开发,也要求恢复一些以往的传统体育教学内容中的精华部分,以提升学生学习体育的积极性。

二、体育教学内容改革与创新的措施

针对目前体育教学内容的发展状况以及存在的问题,充分结合其未来的发展趋势,特从以下几个方面着手来对体育教学内容进行改革创新,以促进其更加科学、合理与完善。

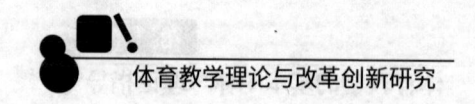

（一）将健康教育适当加入教学内容

学校体育教学的开展，一个根本性目的就是增强学生体质，提升身心健康水平，因此健康教育是体育教学的重要内容，这是不可或缺的。当前，学校的体育教学内容中，所涉及的主要知识以体育的相关理论知识和体育运动项目的技能知识等为主，健康教育的相关内容涉及非常少，应适当增加这部分内容，以提升学校、教师以及学生对健康的重视，培养正确的健康观。

（二）通过调整满足学生需求

由于学生是一个不断变化着的主体，其对体育教学的需求也是不断变化的，因此为满足学生不断变化的需求，体育教学内容也要不断进行相应调整，以使其能一直较好地满足学生需求。比如，可以增加健美、舞蹈、轮滑等一些有趣的体育运动项目，将那些竞技性过强，而趣味性较差的项目逐渐替换掉，使体育教学与学生的生活实际更贴近。

（三）重视体育教学过程的监控与评价

学生对于体育教学内容，有一些是喜欢的，有一些则是不喜欢的，这与教学内容本身有关，同时，教学方法枯燥呆板、教学环境沉闷消极等也是导致这一问题的主要原因。所以，学校必须严格监控体育教学过程中的诸多因素，客观评价各教学要素，使上述问题尽可能得到规避。

（四）增加体育教学内容的弹性

对以往规定过于死板的体育教学内容加以逐步改变，不断扩大体育教学内容的弹性，以促使选择和设计出的体育教学内容能够保证地方和学校体育教师具有更多的选择性。

第三章 体育教学的基本阐释与理论指导

（五）科学合理地开发体育教材

学校在充分了解本地区的实际情况的基础上，与之相结合，在体育学科的具体特点以及体育项目等基础上进行校本教材与教学内容的开发，在体育课堂教学、体育大课间、课外锻炼等方面也大有用武之地，国家、地方与学校都应该大力提倡有效合理利用各种教学资源。

（六）教学内容选用以学生为本

"以人为本"是体育教学内容改革的一个重要要求，体现了现代教育对学生主体地位的肯定和重视。教学活动面对的对象是学生，教学内容和教学对象之间的匹配程度会直接影响到教学效果。想要取得良好的教学效果，最重要的就是要做好调研工作，了解学生的兴趣爱好和体育锻炼需求，结合学生的年龄、性别、身心发展特点、运动爱好、运动基础等选择教学内容。只有科学、合理的教学内容才能激发学生的学习热情，使学生对体育学习产生兴趣，最终实现体育教学目标。

（七）重视学生各项素养的培养

现代社会需要的人才是全面发展的人才，教育的任务也扩大到培养学生的全面素质，而体育教育作为人才培养的一个重要环节，选择的教学内容也应该满足培养学生的综合素养，尤其是体育素养的需要。

在选择体育教学内容时，首先应该关注学生的生理健康，帮助学生发展各项运动技能；其次还应该关注学生的心理健康，帮助改善学生的心理状况，促进学生心理健康的发展；最后还应该注意体育教学内容对学生各项价值观念形成和发展的影响，引导学生形成正确的价值观、人生观、体育观，以及锻炼学生的意志品质等。

（八）丰富体育文化内容

除了体育课堂之外，各种校园文体活动也是推动体育文化传播、促进体育运动发展的重要途径。高校除了发展和创新体育教学之外,也应该重视校园文体活动的发展,为学生创造参加文体活动的机会,保障学生参加文体活动的权利。

在体育教学内容选择上,也应该和校园体育文化建设相结合,在充分考虑本校教育计划、季节特点、节假日等因素的基础上,综合选择能够和校园文化建设相得益彰的体育教学内容,应调动学生进行体育学习的热情,使学生更好地了解、传承和发展体育文化。

(九)突出教学内容的实用性

首先,在选择体育教学内容时应该尊重客观现实,保证教学内容能够满足大部分学生的学习兴趣和现实需要,保证有能够实施教学内容的教学条件等。

其次,在满足学生自我发展需要的基础上,不断丰富与社会接触密切的体育教学内容,如游泳、攀岩、野外生存等,让学生能更多地与社会生活接触,做好学生体育活动的校园生活与社会生活的衔接,增强学生的社会适应性的提高。

三、体育教学内容的发展趋势

(一)将终身体育目标要求纳入考虑范围

学校体育,对于学生终身体育观念的建立和形成起到重要的促进作用。学生在学校体育教学过程中,所需要用到的知识、技能以及态度都会在很大程度上决定着终身体育目标能否达成。这也就决定了体育教学内容中一定要具备较为显著的健身性、运动文化传递性与娱乐性特点,所以终身体育目标就成为重要的考虑因素之一。

(二)学生价值主体受重视程度提升

学生在体育教学中处于主体地位,因此体育教学内容的选择与应用,也必然要根据学生的特点和需求进行,这一点是非常重要的。同时,体育教学内容的选择是需要经过一定的程序才能实现的,有一定的过程性。传统的体育教学大纲中,往往更注重教师的教,而忽视了学生的学的重要性。随着体育教学改革的进行,越来越多的人开始重视学生对体育教学内容的价值取向,因此在选择和应用体育教学内容方面提升对学生主体价值的重视程度是一种必然。

(三)教学主体发展的全面性备受重视

当前,体育教学的目标不仅是促进学生身心健康,还要保证其各方面素质发展的全面性。

新的教学改革大纲出台之后,素质教育成为学校教育的主旋律,因此促进学生素质的全面发展和提升是学校近阶段的主要责任。鉴于此,就要求在选择与确定体育教学内容时,一定要注意与素质教育的要求相符。

(四)民族特色项目逐渐被纳入教学内容中

当前,学校体育教学内容中,绝大部分是具有现代意义的运动项目,这些运动项目通常具有显著的趣味性和新奇性,但是我国具有民族特色的民族传统体育运动是我国体育运动的重要内容之一,其中不乏民族性、文化性等显著特点,对于激发学生爱国精神的建立是非常有帮助的,这就要求要将更多适宜的民族特色项目纳入体育教学内容中,进一步充实和丰富体育教学内容。

第四章

体育教学方法理论与改革创新

体育教学方法理论是支持体育教学的重要基础,随着社会的不断发展,以及人们对体育运动的需求的不断扩大,于是对体育教学也提出了新的要求,为了满足社会和个人的需求,需要对体育教学方法进行改革与创新。本章将从体育教学方法的基础理论、常见体育教学方法、创新性体育教学方法、体育教学方法选择与优化的新思考,以及深化体育教学方法改革的路径探索几个方面展开研究。

第一节 体育教学方法的基础理论

每一位体育教师在对学生开展体育教学之前,首先应当确定的内容就是体育教学方法,因为这是保证体育教学质量的关键因素,所以教师在制订体育教学方案的时候,必须对体育教学方法的相关知识有深入的了解,只有这样才能清楚选择体育教学方法时的注意事项,才能制订出科学的体育教学方案。

第四章
体育教学方法理论与改革创新

一、教学方法和体育教学方法的相关概念

（一）教学方法的概念

教学方法是教师和学生为了实现共同的教学目标，完成共同的教学任务，在教学过程中运用的方式与手段的总称，它包括教师的教法和学生的学法两大方面，是教授方法与学习方法的统一。因此，需要教师根据教学的内容、学生的特点、学生的接受能力和学习方法等进行教学方法的选择。不难看出，教学方法本身就是一个内容复杂的概念，有着不同的层次。

（二）体育教学方法的概念

体育教学方法反映的是体育教学现状，再加上体育这门课程本身就有很多教学方法，如体育锻炼法和运动训练法，而且每一种方法中还包括很多不同的实施方法，因此体育教学方法的概念就变得更加复杂。历年来，体育教学方法的研究者和专家对体育教学方法还未形成统一的意见，他们研究的角度不同、侧重点也不同，由此可见，体育教学方法还具有进一步探讨的空间，现在无法得出唯一的、精确的定义。但是这样也有一个好处，就是在体育教学实践中，可以从多个角度去理解体育教学，从而为体育教育工作者提供更多的思考空间和选择空间，每个人观察的角度不同，对教学方法的认识和使用也有所不同，这对于进一步优化、改革我国体育教学方法提供了有利条件。

二、体育教学方法与教学行为之间的关系

教学行为是指教师在教学活动中的行动特征，教学方法是指教师在进行教学活动中运用的某种技术，如人们所说的"体能训练"是一种体育教学行为，而"体能训练法"则是体育教学方法。

(一)教学方法和教学行为的区别

为了帮助更多的体育教学工作者清楚地了解教学方法和教学行为的区别与联系,笔者通过总结多年的教学实践经验和分析相关资料,将二者之间的区别和联系介绍如下。

1. 合理性上的区别

教学方法是教师掌握的教学技能,一般来说,教学方法除了使用不当之外,都是合理的、科学的,且能够为教学带来一定成效的。而教学行为有的是合理的,有的是不合理的,甚至有很多教学行为还是错误的,不利于学生的身心发展。

2. 本质上的区别

教学方法是体育教师群体通过自己多年的教学实践总结出来的一种有规律可循的教学技术;教学行为是教师个体在教学中的一种偶然行为,具有随意性。

(二)教学方法和教学行为的联系

教学行为是教师在教学课堂上所有动作和手段的集合,如某一学科的教师在教学过程中采用多媒体进行教学,然后又通过课堂提问的方式让学生自由阐述自己对某一教学内容的看法。在这个教学过程中,教师选用的每一种教学方法、每一个动作都属于教学行为。由此可见,教学行为是教学方法的表现形式。

(三)体育教学方法与体育教学行为辨析

实际上,体育教学方法和体育教学行为是一对很容易混淆的概念,即使是体育教师和体育研究者,也常常会搞错。造成这一现象的主要原因有以下几点。

1."方法"与"行为"有重叠

在体育教学活动中,很大程度上要依赖于实践活动完成教学。同学们在掌握方法的过程中,总是伴随着一些具体的运动行为,因此方法与行为很难泾渭分明,总是你中有我,我中有你,这就导致了许多人将体育教学方法和体育教学行为相混淆。

2.现实生活的干扰

现实生活中,人们经常进行体育锻炼,发生体育行为,其中也会用到各种各样的运动方法,因此对于普通人而言,经常把运动行为和运动方法相混淆。

三、体育教学方法的层次

当前,很多体育教育工作者对体育教学方法的概念理解混乱,还有另外一个原因,就是对"教学方法的空间界限定位不明",甚至不清楚体育教学方法具体包含哪些内容。其实,体育教学方法是有很多层次的,通过对体育教学的研究和分析,可以将体育教学方法分为以下几个层次。

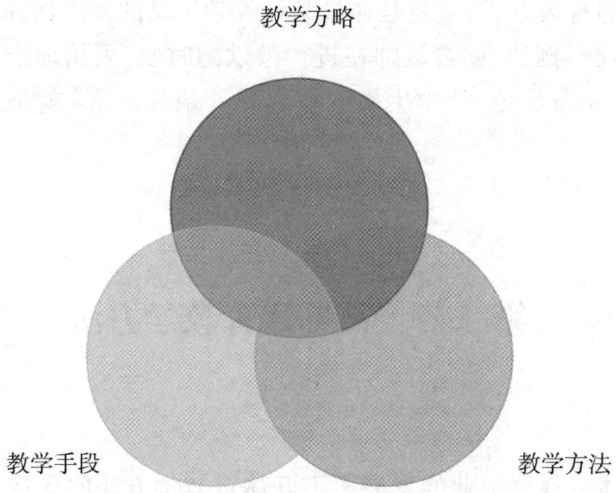

图 4-1 体育教学方法的三个层次

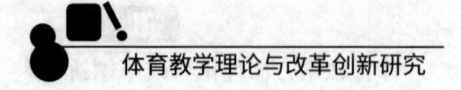

（一）"教学方略"

"教学方略"处于体育教学方法中的"上位"，属于统领的层次，也可以说是体育教学方法的指导思想，是指体育教师对学科专业和教学技能的理性思考、行动研究和实践反思。

（二）"教学方法"

"教学方法"处于体育教学方法的"中位"，属于中间层次，也可以称为教学技术，即狭义上的教学方法，指的是体育教师使用的一种主要的教学行为方式。例如，我们常提及的"单项训练法"就是为了实现某种教学目的而采用的一种具有针对性的教学方法。

（三）"教学手段"

"教学手段"是为了达到某种教学目的而采取的教学行为，也称为体育教学活动中的教学工具，属于传统定义上的教学方法的组成部分，是体育教师在确保教学行为的科学性和目的性的基础上所采用的一种较为有效的行为方式，主要是通过某种教学工具的使用保证教学方法的效果的实现。例如，体育教师在进行教学的时候，采用理论联系实际的教学方法，亲身示范，让学生模仿和学习，"亲身示范"就是体育教学的手段。

第二节　常见体育教学方法

我国体育教育事业的发展离不开体育教学方法的支持，长期以来，我国的体育教学事业取得了稳步的发展，尽管还有许多不足和需要改进的地方，但是一些常见的体育教学方法起到了不可替代的作用，本节主要对历年来发挥重要的作用的常见体育教学方法进行总结和分析。

一、常见体育教学方法举例

常见的体育教学方法(图4-2)是指经过多年教学实践的检验,适用于多数的体育项目教学活动,受到教师和学生的普遍接受的一些教学方法。尽管这些教学方法各自均存在一定的局限性,但是整体上比较适合当前的教学需要和教学目标,随着教学内容和要求的不断改变,这些教学方法也会随之发生改变和优化。因此,这些教学方法具有较好的变通性和灵活性。需要指出的是,这些教学方法在教学实践中,常常需要相互配合使用,才能达到最佳效果。

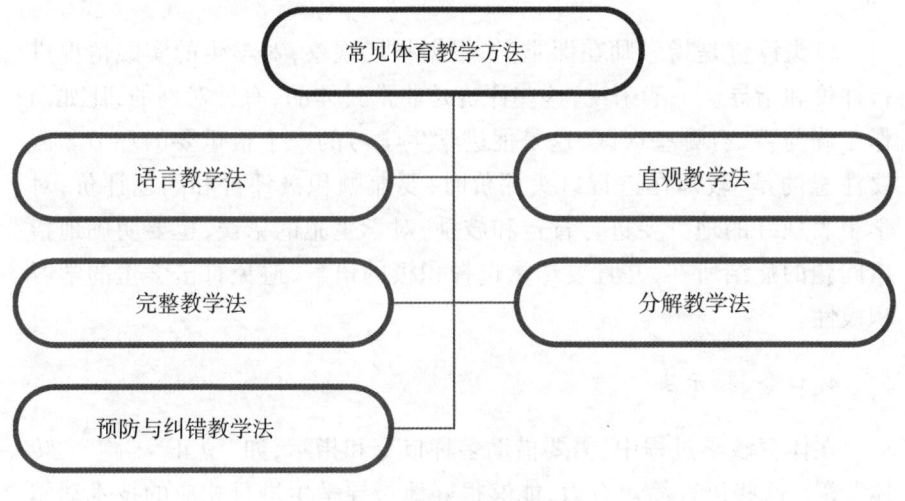

图4-2 常见体育教学方法

(一)语言教学法

语言法即为在教学活动中,教师通过对学生进行语言指导,从而达到相应的教学效果的方法。作为一位教师,能够正确、简明、形象地使用语言,对于学生的学习和教学工作任务的完成具有重要的意义。一般来说,在体育教学中,语言教学法又可细分为讲解法、口头汇报、口头评价以及口令和指示等几种方法。

1. 讲解法

讲解法是教师授课过程中最直接、最基础的教学方法,即通过语言的形式,将教学重点、难点以最直接、浅显的语言进行描述,从而达到传授知识与技能的目的。

2. 口头汇报法

口头汇报是教师教学过程中为了加强教学反馈,教师要求学生对课堂中所学的内容的理解情况进行口头的描述,然后教师可根据学生的反馈,再优化或者调整自己的教学内容和教学方法。

3. 口头评价法

口头评价是指教师在课堂上,根据临场观察,对学生的实践情况进行评价和指导。一般来说,这些评价是非常具体的,有针对性的,比如动作正确与否,有哪些误区,这是促进学生学习的一个很重要的环节。需要注意的是,教师在进行口头评价时,要兼顾积极评价和问题评价,对学生表现好的地方要进行肯定和鼓励,对学生犯的错误,也要明确地指出问题的症结所在,并且要尽量选择积极的语言,避免打击学生的学习积极性。

4. 口令、指示法

在体育教学过程中,需要借助多种口令和指示,如"立正""跑""转体"等。这些语言简短有力,能够很好地指导学生进行相应的技术动作的学练。

(二)直观教学法

直观教学法是体育教学中较为常用的一种教学方法。这是由体育教学的特点决定的,和其他教学不同的是,体育教学在很大程度上要依赖实践完成,因此体育课的大部分时间都是在户外或者在运动场馆进行的。在这里,有足够宽敞的空间让教师对教学重点和难点进行示范,或者通过学生的演示,让学生直观地看到动作的细节。可以说,直观教学法是体育教学区别于其他教学的重要特点。直观教学法又可分为以下几种形式。

1. 动作示范法

动作示范是最基础、最古老的直观教学法，它是指体育教师亲自示范教学内容，用语言和动作相结合的方式，直观地让学生认识到、感受到运动的特点。在进行示范时要注意的是，教师一定要准确无误地、毫无遗漏地把动作的每个环节展示出来，即使学生一时不能记住完整的动作，但是也会形成一定的概念。接下来当自己练习时，这些记忆就会发挥一定的指导作用。

另外，教师的示范还要照顾到在场的每一位学生，通过多次示范，让学生从不同的角度都能看到完整的动作步骤。一般来说，教师在做动作示范时，要求学生围成一圈，教师站在中间，这样有利于学生的观察和记忆。

2. 条件诱导法

条件诱导法也是较为常用的一种教学方法，以某种条件为诱因，并与相应的动作建立联系，从而达到相应的教学目的。例如，通过相应的音乐伴奏和喊节拍的方式，形成一定的动作节奏感；通过简单的语言提示使得学生的动作能够流畅进行。

3. 采用多媒体技术法

现代体育教学中，大量地引用多媒体技术参与教学，从而极大地提升了教学效率，如经常采用的多媒体技术法包括观看电影片段、幻灯片、网络视频等。多媒体技术将直观教学推到了一个极高的位置，在这之前，体育教学的直观法，主要靠教师的示范完成，但是每位教师的个人水平和能力都不同，这在很大程度上制约了体育教学水平的发展。而自从多媒体技术引入体育教学，极大地丰富了教学内容，提升了教学方法，同学们在多媒体教室就能观看世界顶尖运动员的最标准的动作过程，从而极大地提升了教学效果和学习体验。

4. 直观教具与模型演示法

在体育教学过程中，对于一些高难度的动作可采用图表、照片和模型等直观方法进行辅助教学，通过运用这些教学工具能够使学生更加易于理解相应的技术结构和动作形象。另外,对于一些战术配合,也常采用模型演示的方式进行讲解。

(三)完整教学法

完整教学法是指从动作开始到动作结束,要完整地进行教学和练习的一种方法。这一类方法适合动作难度不高,或者技术动作不可以分解的运动技术的教学。完整教学法一般对于动作协调优美、结构简单、方向路线变化较小的运动技术具有较好的效果,学生在观察中,就能基本上掌握该技术的大致要点,只要稍加练习,就可以熟练掌握。

有时候,为了让学生掌握动作的逻辑性,教师也会将较难的动作进行改变,在降低难度后,同样可以采用完整教学法,它的优点是不会破坏动作的流畅性和节奏性。比如,一些舞蹈动作、篮球或者足球的过人动作等,通过完整地学习,学生在意识里形成较清晰的概念,然后通过不断提高难度来达到最终的教学目的。

需要注意的是,在降低原有动作的难度时,不能使技术动作出现错误或者变形,这是最基本的要求。而且,在教学过程中,对于一些器材的质量以及高度、距离等标准可适当降低,从而降低动作难度。比如,跳高运动员在练习背越式技术时,可以先从高度较低的练习开始。

另外,采用完整法进行教学时,可适当改变外部的环境条件,在外力条件的帮助下完成相应的完整动作。

(四)分解教学法

分解教学法即将较难的完整动作,划分为几个较简单的部分进行教学,逐步使学生掌握完整的动作技术。这种教学方法适用于动作难度相对较高,并且动作可以分解的运动项目。分解教学法可以帮助克服学生的畏难心理,更加有利于学生的学习和掌握。但是,这种方法也可能在一定程度上使得学生对于整体的理解不全面。因此,分解教学法和完整教学法通常结合使用。

第四章 体育教学方法理论与改革创新

（五）预防与纠错教学法

预防与纠错教学法实际上并不是针对运动技术的教学方法,而是专门指体育教师在课堂上,为了避免学生发生运动损伤而对可能存在的危险进行预防和提醒；或者当看到学生有运动不当行为时,及时制止和纠错。预防和纠错教学法是配合以上每个教学方法的一种课堂手段,是保证体育教学顺利开展的一个有力措施,因此在教学实践中发挥着不可或缺的作用。

二、体育教学方法的运用

体育教师在日常的教学实践中,总是会根据教学需要在不同的教学方法间进行选择和取舍,在选择和运用不同的体育教学方法时,有以下几个方面需要注意。

（一）关注体育教学效果

方法的选择无非是为了提高教学效率,增强学生的学习积极性,如果一种教学方法不能对当前学生发挥以上两点功能,那么即使它再先进也不是最佳选择。因为每一种教学方法最终的效果如何,在很大程度上要取决于学生的接受情况,然而不同的学生有不同的特点,处于不同的学习阶段,所以具有较大差异。这就要求教师应以学生的实际情况为判断依据,而不是让学生去适应教学方法,只有选择最合适的教学方法,才能得到最佳的教学效果,让学生获得学习的满足感和充实感。

另外,不同的教学方法还需要一定的教学设施的配合,如在经济发达地区,校园的体育运动设施齐全、先进,如有塑胶跑道可以进行大量的正规跑步训练,有标准的足球场,就可以选择标准的足球训练方式进行教学。而在贫穷落后地区,体育课的教学条件往往都比较艰苦,那么在开展体育教学活动时,就应因地制宜,选择适合当前实际情况的教学方法。比如,在贫困山区的孩子,他们没有足球场地可以进行一场标准的足球比赛,可以主要以个人技术训练为主要教学目的。

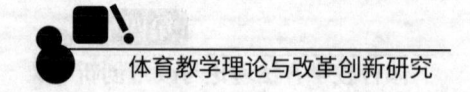

（二）注意有关理论的运用

体育教学的理论源于实践，但又高于实践，是科学总结体育教学实践的结果。因此，体育教学的相关方法既要注重实践方面的问题，也要注重理论方面的探索。在体育教学过程中，体育教学方法方面的理论基础应综合考虑以下几方面。

第一，辩证唯物主义与唯物辩证法的基本观点。

第二，系统论原理，深化理解体育教学系统。

第三，教育学、心理学等与体育教学有关的学科理论知识。

第四，普通教学论和体育教学论，这是体育教学方法直接的理论基础。

第五，对当代各学科的先进理论成果进行借鉴和吸收，创造性地应用相应的理论和方法。

总而言之，在体育教学过程中，应用新观念、新理论指导体育教学工作，不断对体育教学的方法进行创新，并充分发挥各种教学方法的效用。

第三节 创新性体育教学方法

除了常见的体育教学方法之外，在创新教学理念的影响下，一些其他的教学方法也逐渐被移植入体育教学之中，如图4-3所示。

一、游戏教学法

游戏法也是体育教学过程中较为常用的一种方法。通过开展相应的游戏，可提高学生的学习积极性，从而展开良性的竞争和合作，提升学生的思考能力、协作能力和探索能力。游戏法具有一定的趣味性，同时也要注重以下几方面的问题。

第四章
体育教学方法理论与改革创新

```
┌─────────┐   ┌─────────┐   ┌─────────┐
│游戏教学法│   │竞赛教学法│   │探究教学法│
└─────────┘   └─────────┘   └─────────┘
       \         │         /
        ┌───────────────┐
        │    创新性     │
        │  体育教学方法  │
        └───────────────┘
       /         │         \
┌─────────┐   ┌─────────┐   ┌─────────┐
│自主学习法│   │合作学习法│   │应用学习法│
└─────────┘   └─────────┘   └─────────┘
```

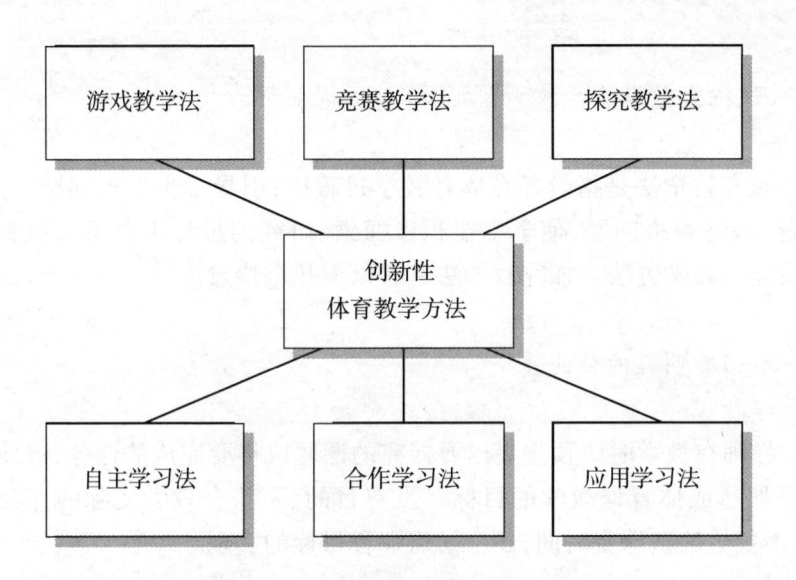

图 4-3　创新性体育教学方法的构成

（1）选择与教学目标和教学内容相适宜的游戏。
（2）教师要明确游戏规则，并严格执行。
（3）教师保持公正、客观的立场，保证游戏的顺利进行。

二、竞赛教学法

竞赛法即为在教学过程中，为了检验教学效果和提高学生的技术水平，组织学生进行比赛的方法。竞赛法将所学的技术动作应用于实践，能够使学生更好地掌握相应的技术动作。采用这种方法具有一定的竞争性和对抗性，学生需要承受较大的运动负荷。通过开展竞赛，能够培养学生的应变能力，对于其心理素质和意志品质等方面的发展也能起到一定的促进作用。

采用竞赛法时，应注重以下两个方面的问题。
（1）开展竞赛时，应进行合理的组织，无论是个人赛还是小组之间的比赛，其实力应相对较为均衡。
（2）开展相应的竞赛时，学生应熟练地掌握相应的技术动作，能够在比赛中很好地运用。

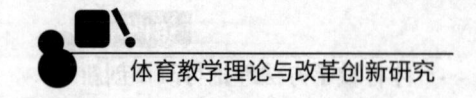

三、探究教学法

探究教学法是指教师在体育教学过程中,引导学生发现问题、分析问题,最终解决问题,使学生在积极探索、研究的过程中获得知识和掌握技能的教学方法。探究教学法具有以下几个特点。

(一)有明确的目的性

教师在教学时应预先提出要探究的课题或将要完成的任务,以便于更好地达成体育课教学的目标。没有目的、不符合教学实际的探究活动,不仅会浪费课堂时间,还会妨碍课程目标的实现。

(二)符合学生的知识储备

教师的教学必须以学生的知识储备为前提,教学内容太简单很难调动学生的学习兴趣,教学内容太难会导致学生对学习失去信心。因此,在教学前必须了解学生的基础,引导学生进行力所能及的探究。

(三)教学不能为探究而探究

体育新课程要求学生具备一定的发现问题、分析问题和解决问题的能力,因此教师必须转变学生的学习方式,但应注意不要在教学中刻意安排探究教学,这种做法是不科学的。

四、自主学习法

自主学习法是指以学生为教学主体,在教师的引导下,学生依据自身的需要和条件制订相应的目标,选择相应的教学内容,并通过独立的分析、探索、实践、质疑、创造等方法来进行学习,这一方法的特点是能够充分发挥学生的主观能动性。

在体育教学中,自主学习法指的是"为了实现体育教学目标,学生在体育教师的指导下,依据自身的需要和条件制订目标、选择内容等学习步骤,完成学习目标的一种体育学习模式"[1]。自主学习法有独立性、能动性和创造性等特点,有利于激发学生学习体育的积极性,培养学生的体育自主学习能力,确立学生在体育学习中的主体地位,提高体育教学的学习效果。

在体育教学过程中,采用这种方法时应注意以下两方面的问题。

(1)学生应根据自身的知识储备和能力水平,选择相应的目标和学习内容,并在教师的引导下进行。

(2)学生应根据自身情况,对照学习目标,积极进行自我调控,并及时改进教学方法和教学策略。

五、合作学习法

合作学习法是指"在教学过程中,对学生进行相应的分组,学生为了完成共同的学习任务,而有明确的责任分工的互助性学习形式"。合作学习法在应用中应注意以下几个步骤。

(1)教师根据学生的运动水平和性格特点进行科学分组,目的是保证每个小组都能获得较好的学习效果。

(2)教师应该明确每个小组的学习目标。

(3)教师分组后,还要对各小组成员之间的分工进行指导。

(4)小组成员合作学习,围绕相应的主题完成自身的任务,从而实现小组任务目标。

(5)鼓励不同的小组间展开合作与竞争的关系,促进学习动机和学习热情的产生。

(6)教师要对学习过程和学习效果进行评价。

(7)最后要学生分享各自的学习感言,总结和交流学习经验。

六、应用学习法

体育学习的目的是实践应用,在实践应用过程中也可以学习,而且实践中的学习更深刻。学习与应用的密切相连是体育教学的一个重要特点,也是体育学习方法的一个重要方面。

---

[1] 周登嵩.学校体育学[M].北京:人民体育出版社,2004.

在应用中进行体育学习要注意以下两点。

（一）明确应用目的

对体育知识的学习、对体育运动技术与技能的掌握都是为了对其加以应用来促进身体素质的发展、促进体质的增强、促进健康水平的提高。因而，体育知识的学习和运动技术、技能的掌握都要与应用紧密联系，特别是要把体育运动技术与技能视为实现体育教学目标的手段。

（二）善于在应用中发现

通过体育游戏，学生在过往学习中掌握的体育知识、技术和技能，得到了实践和检验的机会，这会让学生获得宝贵的切身体验，从而帮助他们明确自身的运动水平，以及目前具有的优势和弱势分别是什么，同时也为日后的学习和训练指明方向，这就是游戏教学的最大意义。通过在实践中运用，学生可以直观地见证自己的体育知识和技能的掌握情况，如果学生能够利用这一机会，及时发现并解决问题，那么学生的运动能力就会得到加强和提高。

第四节　体育教学方法选择与优化的新思考

由于体育运动具有悠久的历史，因此人类已经积累了大量的体育教学方法。在实际教学中，如何科学选择这些方法，以达到最佳教学效果，是每一位教育工作者应该用心钻研的课题。本节将就体育教学方法的选择、利用与创新展开深入的探讨。

第四章
体育教学方法理论与改革创新

一、体育教学方法的选择

（一）体育教学方法选择的艺术

在教育领域，无论是哪个学科的教学，发展到最后都是一门艺术。以体育教学实践为例，由于包含着众多的元素，因此体育教学过程可以发展出诸多的可能性，体育教师具有较大的创作空间，这也是教学艺术产生的前提条件。

在教学过程中，体育教师应该对自己有着较高的要求，不仅要注重教学方法的科学性，同时还要提升自己教学水平的艺术性，并根据自身的长处发展出相应的教学方法模式，形成独特的个人风格。实践表明，凡是热爱教学的教师，经过多年的积累和摸索，其课堂就会形成较强的张力，能够吸引学生对这门课产生特别的感情，进而激发学习热情和学习动力，这就是教师的教学艺术的体现。

体育教师在选择教学方法时，切忌生搬硬套，应该把握其内在逻辑和节奏，能够灵活地运用各种教学方法，并可以融入自身的理解和诠释，从而产生一定的艺术效果。在这个信息爆炸的时代，只要有明确的目标，就能在互联网上找到足够多的素材，体育教师应该充分利用这些免费资源，通过图像的、视频的、动画的手段，丰富课堂内容，提升学生的课堂体验，提升自己的教学水平，从而形成较强的艺术性和欣赏性。

（二）体育教学方法的选择依据

体育教学方法的选择依据主要包括以下几个方面（图4-4）。

1. 参考体育教学目标

体育教学目标是选择教学方法的首要依据。

首先，任何教学方法都是为实现教学目的而服务的，因此教学目标的层次、特点、难度以及周期都是选择具体的教学方法的重要依据。

其次，教学目标的实现效果，有赖于教学方法的选择，不同的方法会产生不同的效果，因此从多方面分析教学目标是选择教学方法的前提。

```
体育教学方法的选择依据
├── 参考体育教学目标
├── 参考体育教材内容
├── 参考学生的实际情况
├── 参考教师的自身条件
├── 参考方法的功能与适用条件
├── 参考教学时间和效率
└── 参考体育教学物质条件
```

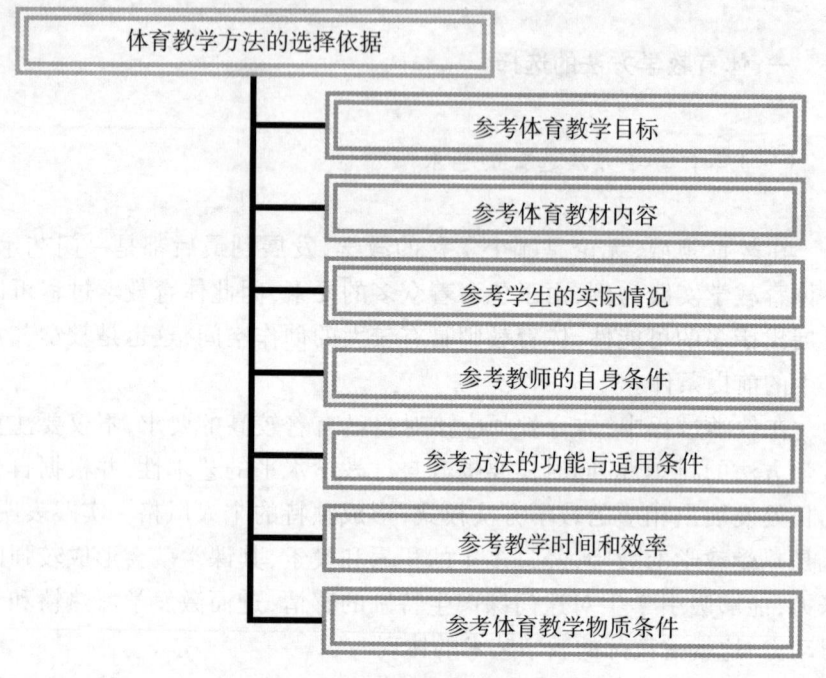

图 4-4　体育教学方法的选择依据

2. 参考体育教材内容

教学内容在某种程度上决定了教学方法的选择。比如，对于技能性的教学内容，必然要以示范性、直观性的教学方法为主，而以语言教学方法为辅。然而，在体育教学中，它的内容具有较强的连贯性和逻辑性，如果只采用直观教学法，又导致学生对动作的内在逻辑难以理解，因此是先选择语言讲解，还是先选择示范，也是方法选择的一个内容，即选择合适方法之后，还应根据需要选择合适的内容。总之，都是以最终能达到理想的教学效果为目标。

3. 参考学生的实际情况

在教学过程中，教学方法的实施对象是学生，采用多种教学方法的最终目的是促进学生更好地学习。因此，在选择相应的体育教学方法时，应与学生特点及其实际情况相符合。学生的实际情况表现在多方面，包括学生的年龄特点、性别特征、身心发育状况以及相应的知识储备和学习能力等。

第四章
体育教学方法理论与改革创新

4. 参考教师的自身条件

体育教师是各种教学方法的实施者,其自身的素质对于教学活动的效果具有重要的影响。如果体育教师自身的素质和能力较为低下,那么即使能够完整地使用相应的教学方法,但是在效果上和质量上,仍然难以得到保证。因为教学活动是人与人之间、思想、情感的直接互动,如果教师自身的层次较低、学识较浅,那么很难从更高的维度讲解和传授技能,而且还会从根本上限制学生的发展。

5. 参考方法的功能与适用条件

体育教学方法是随着体育教学内容和运动项目的变化而变化的,在不同的时代,一项运动的不同发展阶段,需要的教学方法是不同的。因此,体育教师应该具有与时俱进的观念和意识,对教学方法能够保持敏感性,如随着现代运动发展的趋势,选择更贴近当前体育发展特点的方法进行教学。

6. 参考教学时间和效率

在体育教学过程中,在对具体的体育教学方法进行选用时,还应该考虑到教学效率的问题,如尽量在较短的时间内,实现较好的教学效果,这是选择教学方法的另一个重要依据。合理的体育教学方法应该是耗时较短、效率较高的,并且能够使体育教师在"教"的过程中感到轻松,使学生在"学"的过程中感到愉快。

7. 参考体育教学物质条件

在体育教学活动中,教学方法的选用很大程度上受到体育教学物质条件的影响。教学条件重点包括学校的体育教学器材、场地以及设施等。倘若教学条件是全面先进的,就能够很好地发挥体育教学方法的功能与作用;相反,体育教学方法的作用与价值的发挥会因为落后或不全面的教学条件而受到限制。

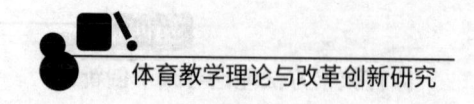

（三）选择体育教学方法的要求

1. 一般性要求

体育教师在选择教学方法时,应注意以下几点要求。
（1）教学方法必须符合教学规律原则。
（2）教学方法必须符合体育教学的教学目标。
（3）教学方法必须符合体育教学内容的具体特征。
（4）教学方法必须符合学生学习条件的可能性。
（5）教学方法必须符合教师实际条件的可能性。

2. 具体要求

（1）全面掌握原则

全面掌握原则是指体育教师必须全面掌握各种教学方法,同时也要全面了解学生的个性、身体特征、性格特点等情况,才能真正科学地选择最适合的教学方法。

（2）多中选优原则

由于各种体育教学方法各有优势与缺点,这时候就需要体育教师能够辩证地在大量的教学方法中选择最合适的一种进行教学。

（3）灵活运用原则

一般来说,不同的体育教学方法能够实现相同的目标,在体育教学中,体育教师要结合具体的教学实际,多方面比较教学方法,从中择优选择、灵活运用,以教学目标为核心,选择最为适合的教学方法。

（四）体育教学方法选择的注意事项

1. 注意师生之间的协调配合

在体育教学过程中,教学方法的实施效果既取决于教师,也取决于学生,只有在双方默契配合的前提下,才能发挥最佳的作用,取得良好的教学成绩。因此,在选择体育教学方法时,还要考虑教师与学生之间的配合情况,如果某个方法不能产生"学"与"教"的良好互动,那么该方法也许就不是最佳选择。因此，体育教学方法的应用应考虑师生双方的合理配合，避免二者的相脱节，这样才能取得良好的教学效果。

2. 注意学生内部与外部活动的配合

学生在学习体育知识和技能时，不仅是身体发生着生理上的改变，同时在心理上也伴随着或强烈或轻浅的波动，如果某些方法容易引起学生强烈的抵触情绪，那必然会影响教学效果。因此，教师还应该观察学生学习和练习中的情绪反应，并及时沟通，给出指导，如果确实无法克服，那么就应选择其他教学方法。

二、体育教学方法的优化组合

(一)优化组合的原则

1. 启发性原则

教师在教学过程中，应该明确的一点是，任何一种形式的教学方法，都不应只是机械地传达教学内容，仅仅是为了完成教学任务。实际上，每一种教学方法还具备更加重要的价值，就是启发和调动学生的积极性和自觉性，促进学生进行积极思考与探索，促进学生综合素质的全面提高，因此每一种教学方法都应该能够发展学生自主思维和学习的意识。

2. 最优性原则

体育教学方法是一整套系统的、多维的方法论，每一个方法并不是独立存在的，因此在运用的过程中，要具有整体意识。基于此，教师在选择教学方法时，应从整体入手，将各种教学方法有机结合，充分发挥教学方法体系的整体功能。各教学方法都有其优缺点，因此教师应该逐渐形成自己独有的教学体系，将不同的教学方法能灵活地运用，并能够综合起来，从而形成自身的教学风格，这也是有利于学生学习的一个重要方面。

3. 统一性原则

统一性原则要求教师在选择相应的教学方法时,应注重"教"与"学"的统一,使得二者之间密切结合,相互促进。如果只强调其中的一方面,则教学活动并不会取得良好的效果。

4. 创造性和灵活性原则

在选择体育教学方法时,应注重发挥教师和学生的创造性,应对教学方法进行积极的改进和创新,使其更加适用于自身的教学实践活动。

(二)优化组合的程序

1. 将体育教学的任务进一步明确

选择不同的教学方法要以教学任务和教学目标为主要依据。因此,应将一节课的具体教学任务进行分析和细化,制订出相应的详细任务规划。

2. 根据实际情况将总体设想提出来

通过对教学任务、教学内容、学生的具体情况以及教学的外部情况等进行分析,对相应的教学方法进行评估和分析。

3. 对多种体育教学方法加以优化组合

制订教学方法和教学方法的具体方式和细节表,对于各种教学方法进行分析,并对其不完善的地方进行相应的补充。

4. 对优化组合的教学方法进行实施与评价

在体育教学过程中,应对教学方法产生的效果进行跟踪了解,可通过学生的反馈了解具体情况。

三、体育教学方法优化创新的策略

体育教学方法的优化需要建立在一定的科学策略的基础之上,通过

第四章
体育教学方法理论与改革创新

合理有效的教学方法,可以让教学活动事半功倍,对学生产生积极的、更持久的影响,因此对教学方法的优化与创新,是体育教育改革的重点内容之一。

体育教学方法优化创新的策略包括以下几个方面(图4-5)。

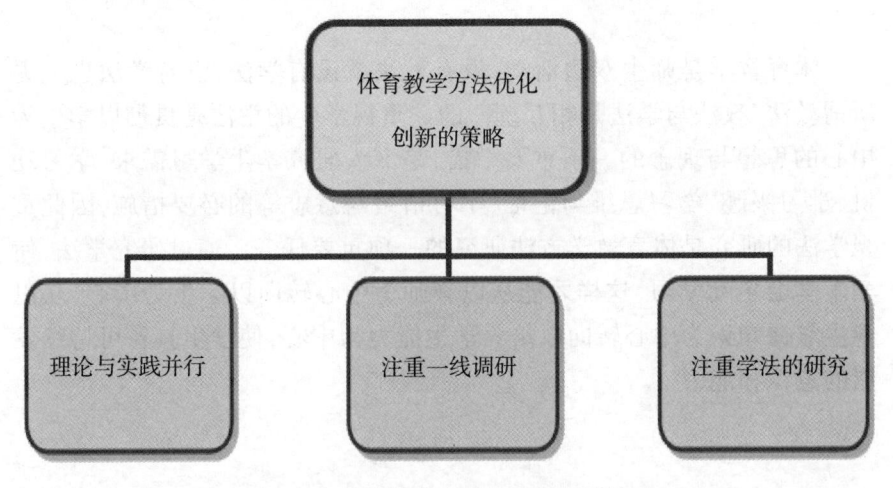

图4-5 体育教学方法优化创新的策略

(一)理论与实践并行

进行教学方法改革的实验,首先必须从实际存在的问题出发,提出解决问题的原则与设想,确定改革的目标与措施,也就是设计出改革实验的方案,然后创设必要的条件,采取一定的方法步骤来实施实验方案,并在实验过程中修正和完善实验方案,最后依据实验的结果做出科学的结论,形成正确的决策,将改革由点到面推广开来。

(二)注重一线调研

在体育教学优化改革过程中,应该广泛听取一线教师、学生的意见或者建议以及社会各界的声音,为体育教学方法的改革与创新提供有用的反馈信息。体育教学方法改革如果没有一套良好有效的反馈机制,就谈不上完善。因此,收集基层改革的信息非常重要。这就需要理论专家开展与落实基层调研与反馈工作。具体做法是,可以让专家分工负责各地区,利用现代化网络工具,建立专门网站,要求一线教师定期反馈信

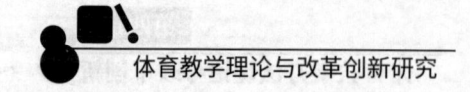

息和开展讨论工作。这些调研与反馈的信息有助于理论专家实实在在地进行体育教学方法改革研究,避免理论脱离实践。

(三)注重学法的研究

体育教学是师生双边活动,没有教法就没有学法,没有学法也就无所谓教法,教法与学法是相互统一的。重视学生的学法是贯彻以学生为中心的思想与理念的一项重要举措,是深入研究学生学习需求、学习动机、学习兴趣、学习思维与记忆、学习情绪与意志等的必要措施,因此重视学法的研究是体育教学方法研究的一项重要任务。通过研究学法,使学生学会主动学习,这样才能从以教师为中心转向以学生为中心,从以学生掌握知识为中心转向以培养学生能力为中心,使学生具备可持续发展的意识和能力。

第五节 深化体育教学方法改革的路径探索

体育教学方法是体育教学改革中最能直观体现的部分。对体育教学方法的改革,不仅能加快改革的步伐,而且还能具有一定的感性方面的提醒作用,让教师、学生能真切地体会到改革的发生,从而让自己也做好准备,迎接新的教学生活。因此,必须对体育教学方法的改革给予足够的重视,对改革路径做出详尽的规划。

一、体育教学方法需要循序渐进发展

体育教学方法是一个动态的发展过程,是不断优化和调整而得到的暂时最优解。因此,不要指望有哪种教学方法是永久不变的,也不要以为掌握了一种或几种教学方法就掌握了教学的能力。实际上,教学方法,尤其是体育教学方法,会随着社会和科技的发展不断推陈出新,因此作为体育教育工作者,应该时刻保持对社会发展和技术突破的敏感

度,要有意识地将最新的技术与手段引入自己的教学中。或者说,体育教学方法的改革一直在进行之中。

科学技术手段的发展,必然促进教学手段的更新,这就不仅为教学方法的改革提出了新的要求,而且为教学方法的改革提供了新的可能,包括电教手段、电子计算机和新的仪器设备等。随着科学技术的迅速发展,人们的生活水平不断提高,生活质量得到了很大程度的优化。并且,科技的进步在体育教学领域也发挥了积极的影响,具体表现在其对体育教学方法产生了深远影响。随着计算机技术的快速发展,其在体育教学中的普及性也在逐步提高,这就促进了体育教学中动作示范标准程度与科学程度的提高。同时,科技的进步使得资料的搜集、整合更加便捷,学生在学习空间和时间方面受到的限制逐渐降低,实时的信息沟通逐步实现。通过运用计算机进行动作示范,可以从不同的侧面,以不同的速度,对不同部位的动作进行细致的分析和研究,使传统的讲解示范等方法更好地发挥自身的作用。

二、提升效率是体育教学方法改革的重点

现代社会,人类积累的知识在不断扩大和增长,同时科学的迅速发展也让新技术日新月异,这一切都在推动着教育事业的不断向前探索。另外,社会向着更加文明的方向进步,这对人才也提出了更高的要求,进而要求教育机构能提升教学效率,加快教学改革的速度。因此,教学改革的重点之一就是通过对方法的改革来提升教学效率。

越来越多的新媒体技术、视频平台、智能工具等的出现,都在不同方面提升人们的生活效率,这是社会发展的必然趋势。就体育教学而言,通过对教学方法的改革,不断提升教学效率是社会共同提出的要求。另外,学生不断增长的体育需求以及体育教学内容的不断发展,这也直接促进了体育教学方法的变革。例如,随着定向运动和野外生存运动引入体育教学之中,使得体育教学活动的野外组织和教学方法得到了更加深入的开发。

三、理论指导是体育教学方法改革的后盾

教学方法的改革只有在背靠强大的理论指导下进行,才能保证改

革的顺利进行。目前,用于指导教学方法改革的理论主要有以下两个方面。

(一)教学理论及其相关学科的理论

一定的教学方法总是在一定的教学理论的指导下经过实践而形成的,不论是历史上的还是现行的教学方法,都有其教学理论或教学思想的背景。

(二)有关教学改革策略的理论

其包括改革的目标、途径、方法、步骤、组织、控制等方面。教学理论,尤其是有关教学方法的理论,是决定教学方法改革的方向及实质性内容的理论依据,而采取正确的改革策略,是保证改革健康发展的重要条件。

根据我国历次教学改革的经验教训,这二者是缺一不可的。

第五章

体育教学模式理论与改革创新

体育教学模式理论是体育教学中的内在支持,是决定体育教学质量的重要内容,也是体育教学改革工作的重点工作内容。因此,本章将从体育教学模式的基础理论、典型体育教学模式、创新体育教学模式的运用、多元教育融合下体育教学模式操作程序的创新设计、现代教育技术与体育教学模式的融合以及加强体育教学模式有效改革几方面进行探讨。

第一节 体育教学模式的基础理论

一、体育教学模式的概念与分类

(一)体育教学模式的概念

关于体育教学模式的概念,目前在学术界还没有统一的描述,我国学者对体育教学模式的研究角度广泛,不同学者对体育教学模式的认识不同,概念描述侧重点不同。在我国,有关体育教学模式的概念描述,代表性观点有如下几种。

(1)方建新和俞小珍研究认为,"体育教学模式是在体育教学思想指导下,典型、稳定的课堂教学结构"。

(2)吴涛认为,"体育教学模式是体育教学思想指导下,相对稳定、系统、理论的教学模型"。

(3)杨楠认为,"体育教学模式是一种活动策略和方式",是"一种教学过程和方法体系"。

(4)毛振明指出,"体育教学模式是在体育教学理论、思想指导下的一种教学活动模型"。

(5)李杰凯表示,"体育教学模式蕴涵了特定教学思想,以实现教学目标为根本,在特定教学环境下对体育教学活动的框架式、操作性安排"。

(6)樊临虎指出,"体育教学模式是在一定教学思想或理论指导下建立的体育教学活动范型"。

简单来理解,体育教学模式以特定的体育教学思想为指导,是一种稳定的教学程序,终极目的是完成体育教学目标。

(二)体育教学模式的分类

新的课程标准颁布以来,教学目标的表述有了较大的变化,以前的教学目标强调的"增强体质、掌握三基、思想品德教育"三个方面,目前的新课程标准下的体育教学目标包含了"运动参与、身体健康、运动技能、心理健康、社会适应能力的发展"五个方面,因此体育教师应结合具体的教学目标选择合适的体育教学模式(图5-1)。

二、体育教学模式的系统构成

就整个体育教学来说,体育教学模式是整个体育教学系统中非常重要的一个系统要素,在体育教学系统中,体育教学模式既是一个相对独立的、完整的教学系统,同时也与整个体育教学系统中的其他教学系统要素保持着密切的关系。

在体育教学模式系统内部,体育教学模式的各种构成要素之间的有机结合使得体育教学模式能够符合当前的体育教学现状、符合体育教师的教学要求和学生的体育学习需求,能够保证良好体育教学效果的实现,是保证体育教学模式正常发挥其作用的基本前提。体育教学模式的各要素的优化组合,就构成了教学模式的一定秩序或流程(图 5-2)。在教学实践中,安排好体育教学模式各要素之间先后的关系、前提和结果的关系,有助于促进体育教学模式功能的实现和教学效果的不断优化。

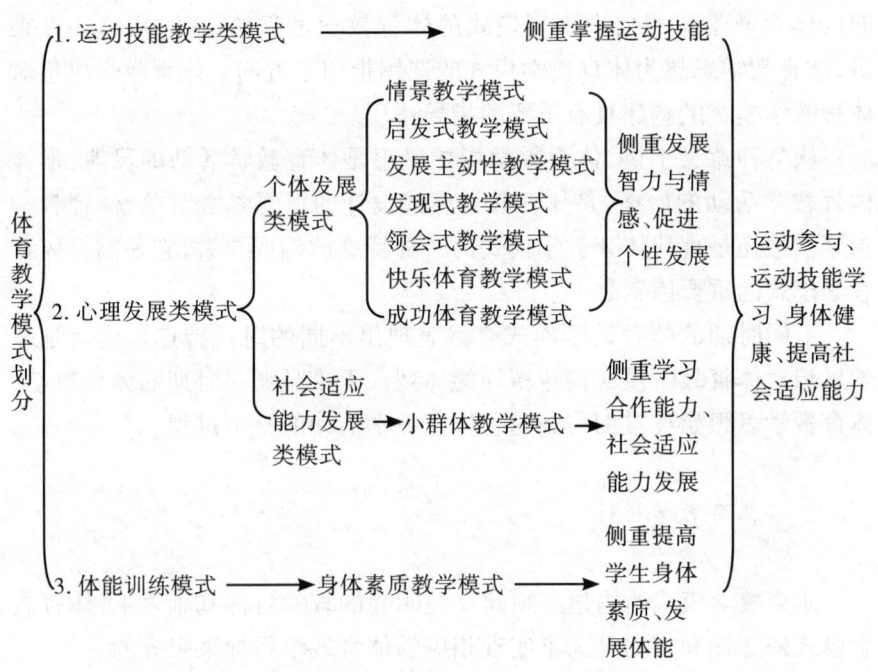

图 5-1　体育教学模式的分类

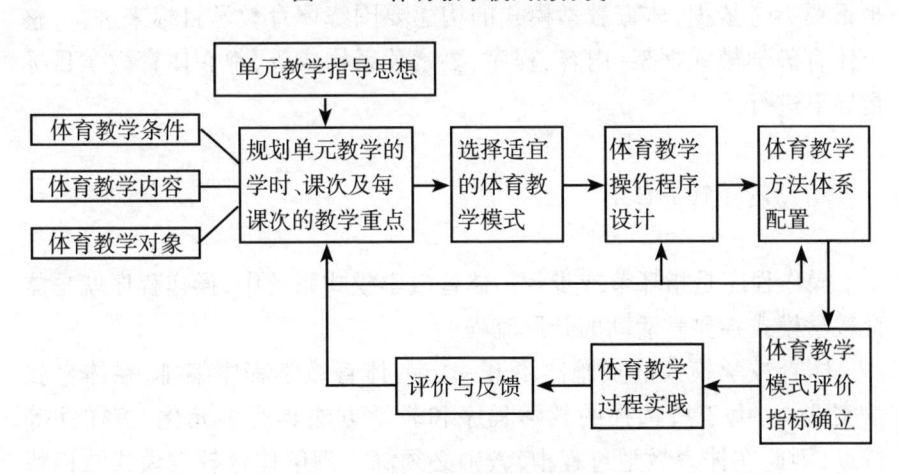

图 5-2　体育教学模式的构成

(一)体育教学思想

体育教学思想对体育教学模式的合理选用具有重要的指导作用,不同的体育教学思想要求不同模式的体育教学过程的设计,从这一点来讲,体育教学思想为体育教学模式的选用指明了方向。体育教学思想对体育教学模式的构建具有重要的指导作用。

从某种意义上讲,体育教学指导思想是体育教学活动的灵魂,贯穿体育教学活动的始终,是体育教学模式设计的重要参考对象,体育教学指导思想还是现代体育教学模式的一种特殊的构成要素,它是制订体育教学模式的重要因素之一。

不同时期的体育教学模式必然表现出不同的时代特点。这就是教学思想对体育教学模式构建指导的体现。无论是哪一时期的体育教学,体育教学思想始终贯彻与制约着体育教学活动的整个过程。

(二)体育教学目标

体育教学模式的构建必须建立在明确的教学目标基础之上,体育教学模式的选择和应用是为了实现相应的体育教学目标来服务的。

在体育教学实践中,构建科学完善的体育教学模式,体育教学目标是重要参考依据,体育教学模式的构建要围绕体育教学目标来进行,整个体育教学模式框架、内容、程序、要素关系构成等,都在体育教学目标指导下进行。

(三)体育教学程序

操作程序是指环节或步骤。体育教学模式系统中,操作程序就是体育教学模式各要素活动的开展流程。

体育教学模式的实施离不开一定的体育教学程序编排,在体育教学实践中,由于所选择的教学程序和教学方法具有多元化、多样性等特点,因此在体育教学过程中,教师必须深入理解体育教学模式结构特点,促进体育教学程序的合理安排,以实现体育教学过程的完善。优化体育教学操作程序,有助于体育教学模式的进一步完善。

(四)教学实现条件

体育教学模式的实施需要一定的体育教学物质条件支持,这些教学物质条件和资源是体育教学模式的一个重要构成内容,如果缺乏必要的教学条件则教学模式就不能实施。

(五)教学效果评价

教学模式是否可取,需要通过评价进行认真的反思、总结、评价,并为进一步的体育教学模式完善提供有效参考。具体来说,对体育教学模式在体育教学实践中运作质量的检验过程就是对体育教学效果进行评价的过程。在任何教学活动中,体育教学效果评价都是十分必要和重要的。

对体育教学模式进行评价,合理收集反馈信息非常重要。体育教学模式是否能正确实施关系到体育教学效果的实现,在体育教学模式实施的过程中,应注意体育教学效果的信息反馈。一般来说,体育教学效果的反馈过程有两种模式,即正反馈和负反馈。正反馈是指通过教学模式有好的反应和结果,反馈总结有助于优化当前的体育教学模式,促进教学质量提高;负反馈是指体育教学模式的失败教训,有利于体育教师检查和反思教学问题和不足,并吸取教训,改善教学模式实施操作,或重新选用或完善体育教学模式。在体育教学模式实施过程中,应注意体育教学反馈信息的及时收集,并确保信息收集的全面、客观、真实。

三、体育教学模式的特点

体育教学模式具有整体性、简明性、稳定性、针对性、开放性和操作性的特点(图5-3),这是对体育教学进行改革的基础。

```
                体育教学
                模式特点

   整体性   简明性   稳定性   针对性   开放性   操作性
```

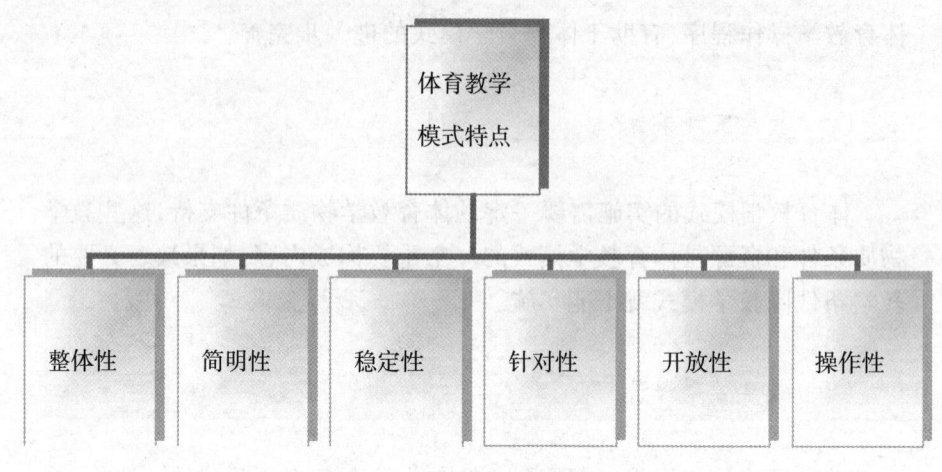

图 5-3　体育教学模式的特点

（一）整体性

体育教学模式的整体性表现分析如下。

（1）体育教学模式是一个完整的、整体的系统构成，在体育教学模式系统中，教学思想、教学目标、操作程序、实现条件、教学评价共同构成一个完整整体。

（2）体育教学模式在体育教学实践中的实施，对体育教学效果的影响是教学模式的整体效应，而非教学模式系统内部的具体系统要素的作用发挥，体育教学模式的各要素结构组织不同，教学模式的类型和教学作用也不同。

（3）教学模式的应用所解决的主要问题是体育教学的整个教学任务的完成问题，针对教学过程中的微小细节问题不能面面俱到，在体育教学活动开展期间，对于体育教学模式的选择必然是从教学宏观角度出发来选择相应的教学模式，教学过程中，解决问题应着眼于整体的角度，而不能为了教学中的一个细小问题选择不合适的教学模式。

（二）简明性

体育教学模式为体育教学的开展提供了一个整体框架，使得体育教学设计能在框架基础上做到有的放矢。简单来说，教学模式是简化了的

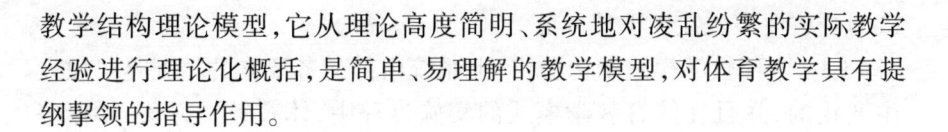

教学结构理论模型,它从理论高度简明、系统地对凌乱纷繁的实际教学经验进行理论化概括,是简单、易理解的教学模型,对体育教学具有提纲挈领的指导作用。

(三)稳定性

体育教学模式是对体育教学实践过程的高度概括,这种概括性和教学过程描述的简明性决定了体育教学模式的稳定性。

体育教学模式构建之后,其结构是稳定的,体育教学模式适用于一定的体育教学思想,适用于多种教学内容、教学对象的教学,不同教学模式在教学操作程序、教学目标实现方面有所不同,可以很好地适应体育教学实践,能够结合具体的教学情况,解决不同的体育教学问题。体育教学模式自出现到发展至今,常用的总是经典的几个体育教学模式,有多个教学模式,历经几十年依然在使用,在以后相当长的一段时间的体育教学中,该教学模式还会长期使用,充分体现了体育教学模式的稳定性。

(四)针对性

体育教学模式的针对性主要表现在其选择依据方面,教学模式的选择不是随意的,必须是科学的,与实际体育教学目标和教学对象相符的。

(1)针对不同的体育教学目标,有不同的体育教学模式。如旨在促进学生的自主学习能力的发展,发展学生的探索意识和能力,多采取探究式教学模式。

(2)针对不同的教学对象,体育教学模式不同。例如,情景教学模式,通过故事形式,开展体育教学活动,适用于理解能力较差、体育基础不够扎实的学生;快乐体育教学模式适用于一些简单、趣味教学内容的展示,更适用于年龄较小和刚接触体育学习的学生。

(五)开放性

体育教学活动的开放性决定了体育教学模式的开放性,体育教学模式的开放性表现在以下几方面。

（1）体育教学模式结构稳定，但系统内部的各要素的情况是可以发生变化的，并且在体育教学模式的实施过程中，体育教学方法、手段等都具有多样性，可以随着教学需要的发展不断丰富化。

（2）体育教学模式程序固定，体育教学模式在结构上、程序上是基本固定的，而且教学程序是不可逆转的，但不同体育教学活动之间的内容比例、时间比例是可以灵活调节的。其中某些内容可以以教学实际进行压缩、省略和重叠。

（3）体育教学模式的开放性更多地表现为结合体育教学需要的局部调整，体育教学模式的性质不会发生改变，体育教学模式的整体或细节的调节可以使体育教学模式更加与体育教学实践相符。

（六）操作性

教学模式具有操作性，任何一种体育教学模式都必须能在体育教学实践中应用，否则，再好的体育教学模式，如果只能停留在理论阶段，都只是空谈。通过对体育教学模式的实施，能使体育教师非常清楚地知道在教学中应该先做什么，再做什么，最后做什么，并为体育教学模式的实施创造必要的教学环境与条件，使体育教学模式具有可操作性。

四、体育教学模式的选用依据

（一）根据教学思想选用教学模式

体育教学思想对体育教学模式的合理选用具有重要的指导作用，体育教学思想为体育教学模式的选用指明了方向。例如，素质教育思想是最先被提出和受到重视的新时期的体育教学思想，它为当前学校体育教学的改革与发展提供了新的思路，现代体育素质教育以发展体育素质为目标，目的在于促进学生的身心健康成长和全面发展；终身体育思想从国外引入后逐渐得到重视，终身体育思想在体育教学中的指导应用，标志着我国改变了传统的过度追求金牌的利益教学模式，开始重视学生以及国民体质健康的终身发展。

随着体育教学和教育的不断发展，必然还会有更新的体育教学思想提出并为体育教学的改革与发展提供指导。

(二)根据教学目标选用教学模式

教学目标是选择教学模式的重要因素。教学目的不同,选用的教学模式也应不同。任何教学模式的确立都是为了实现一定的教学目标。

新课改下,传统体育教学"增强体质、掌握三基、思想品德教育"的教学目标得到了丰富,新教学目标强调"运动参与、身体健康、运动技能、心理健康、社会适应能力的发展",体育教学模式实施应促进学生的这几个方面的综合发展。

(三)根据教学内容选用教学模式

体育教学内容是体育教学模式选择和确定的重要参考依据,不同的体育教学内容的教学展现方式和对学生的学习方式要求不同,通过教学内容的学习培养学生的素质不同,因此需要有针对性地选择不同的教学模式,以使体育教学内容得到更加充分的传播与吸收。

通过对不同教材内容性质的详细分析,有助于教师科学选用合适的教学模式。举例分析如下。

精制教学型教材内容——"多吃中餐"型教材或"一次吃饱"型教材,旨在培养体育意识、学习技术技能。教学模式选择应重视学生技能掌握,同时注重教学探索,可选择程序教学模式和(技战术)案例教学模式、领会式教学模式开展教学。

介绍教学型教材内容——"少吃多餐"型教材或"一次品尝"型教材,旨在培养学生体育意识、促进学生身心健康。因此,教学模式选择应重视学生的情感体验,如快乐体育教学模式、成功体育模式等。

(四)根据教学方法选用教学模式

体育教学模式的设计和选择过程中,体育教学模式设计者在体育教学思想的指导下,对体育教学模式的各项基础要素进行仔细分析,对体育教学过程进行合理编排,细化体育课的单元课程教学程序及内容,这都依赖于科学体育教学方法的选择,不同的体育教学模式对体育教学方法的要求不同,不同的教学方法适用于不同的教学模式。

在体育教学实践中,科学的体育教学方法的选择和应用可以让体育教学模式的教学功能最大限度地发挥出来,同时,体育教学模式中教学方法的选用应充分考虑与其他教学模式要素之间的关系。例如,体育教师应明确体育课教学步骤,科学安排体育课的内容,才能根据既定内容选择合适的体育教学方法,合理选用体育教学方法并科学处理与其他不同教学模式要素之间的关系,是制订和选择体育教学模式的关键。

(五)根据学生特点选用教学模式

学生是教学活动的主体,体育教学模式的选择应充分考虑学生的具体情况,应做到有的放矢。例如,低年级学生活动性强、兴趣广泛,感性,喜欢体育游戏,可选用快乐体育模式、情境教学模式、成功体育模式;高年级阶段的学生有一定的知识积累,逻辑思维丰富,可较多选用启发式、发现式、运动技能类教学模式。根据学生的具体情况实现教学模式的科学化选择,以更好地实现教学效果。

(六)根据教师实际选用教学模式

不同的体育教师的教学经验、教学指导与管理能力不同,教学风格不同,因此适合不同的体育教学模式选择,对于体育教师来讲,选用体育教学模式还能结合自己的实际教学需要和教学能力来选择体育教学模式,要有利于教师知识、能力、风格等的正常发挥,以更好地发挥体育教学模式的作用。

为了更好地进行体育教学,体育教师在日常教学中应注意不断学习和实践,掌握更多的知识、经验和技巧,从而能游刃有余地选用和利用教学模式,优化教学效果。

(七)根据教学条件选用教学模式

体育教育模式的实现需要一定的体育教学条件的支持,如果缺乏必要的体育教学条件,如教学硬件(体育器材、设备、场馆等)、教学软件(电子教案、课件、计算机操作软件等),依托于一定教学条件的体育教学模式就无法开展。不同的教学模式的教学条件不同,现代教学手段与设备(幻灯、模型、录像、多媒体、课件等)十分丰富,教师应结合具体的体育教学目标、内容、条件合理地选择体育教学模式。

第二节 典型体育教学模式

一、小群体体育教学模式

小群体体育教学模式是在教师的指导下,把学生分成若干个学习小组,同组学生之间通过互动、互争的体育学习教学模式。

(一)指导思想

(1)教学应培养学生的良好品质。
(2)教学应重视学生的身心、体育竞争与合作意识等各方面的综合发展。
(3)教学应体现竞争性与合作性,教导学生学会合作与竞争。
(4)教学应重视学生的社会性发展,提高学生社会适应能力。

(二)教学优缺点

小群体教学模式具有"群体性"特点,有助于培养学生良好的团队意识、团队协作能力、合作能力,在团队交流中还有助于提升学生沟通、表达、交际能力。
小群体教学模式重视对学生的社会性培养,这要求教师在学生的社会性实践中花费较大的教学实践,可能压缩学生的身体练习时间。

(三)适用条件

(1)学生有团队意识和协作能力。

（2）体育教学条件好，器材设备充足。
（3）体育教师具备良好的教学能力，能实现对学生的合理分组和教学引导。

（四）操作程序

小群体体育教学模式的操作程序具体如图5-4所示。

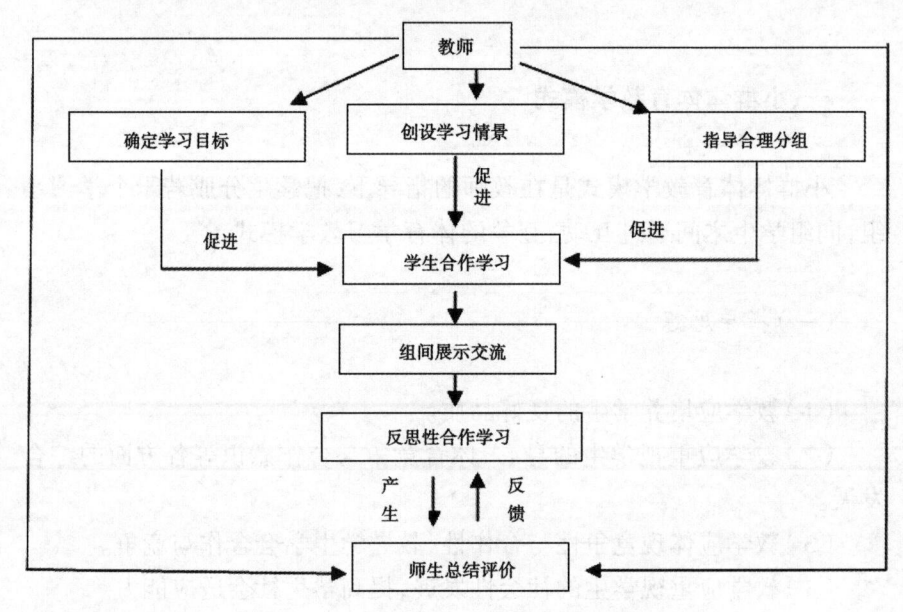

图5-4 小群体体育教学模式的操作程序

二、快乐体育教学模式

"快乐体育"强调体育教学应让学生感受到运动快乐，强调让学生在快乐的氛围中接触、参与、学习体育，体会到运动的快乐和乐趣，进而养成良好的体育参与意识和习惯。

（一）指导思想

（1）重视学生学习兴趣的培养与调动。
（2）从情感教学入手，强调勤学、乐学。

(3)强调教育的"以人为本",重视学生的教学主体地位体现。

(二)教学优缺点

快乐体育教学模式可充分尊重学生的快乐体验,使学生在轻松愉快的教学环境中进行体育学习,能提高学生的体育学习和体育参与的积极性。

快乐体育教学模式的体育教学内容选择注重学习乐趣,过于简单的内容学习可能不利于学生对体育技能的掌握。

(三)适用条件

(1)体育教师教学实践经验丰富。
(2)体育教学内容难度较低,或无技术难度要求。
(3)学生有一定的体育运动练习基础,具有创新能力。
(4)教学场地、器材能充分满足体育教学与练习活动。

(四)操作程序

快乐式体育教学模式的具体操作程序如图5-5所示。

结合具体内容,进行低要求的游戏,享受乐趣 → 让学生挑战新技术(低难度教学活动) → 学生结合教学活动,自定目标,以创造活动乐趣 → 竞赛、评比

图5-5　快乐式体育教学模式操作程序

三、成功式体育教学模式

成功体育教学强调体育教学过程中学生的主体地位,要求通过体育教学,使学生克服一定的学习困难,并通过自己的努力完成学习目标,让学生有学习成就感,为之后持续参与体育学习与训练奠定良好的学习基础、建立学习自信。

（一）指导思想

（1）创造和谐、温暖的学习环境。
（2）关注学生学习效果。
（3）重视相对评价与绝对评价。
（4）重视合作与竞争的统一。
（5）强调学生学习过程中努力的重要性。

（二）教学优缺点

　　成功教学模式重视学生"成功感"的获得，有利于学生认识自己，有利于学生在学习中发扬"艰苦奋斗"的精神，以坚持不懈地完成学习目标，并在体会到学习成就感后能帮助学生建立学习自尊、自信，能促进学生更积极地投入之后的学习中。
　　成功教学模式的教学组织工作难度较大，教学内容和方法选择难，此外，由于不同学生的学习能力不同，因此在学习目标设定方面存在差异性，目标设置过高或者过低都不能满足学生。当然，目标设定存在一定难度。

（三）适用条件

（1）教学形式可以采用分组教学。
（2）教学条件好，有充分的体育教学资源支持。
（3）体育教师教学组织、管理能力好。

（四）操作程序

　　成功体育教学模式的操作程序如图5-6所示。

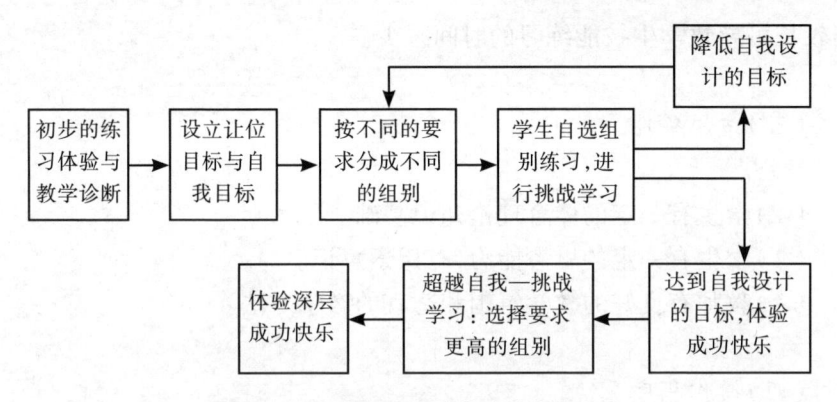

图 5-6　成功体育教学模式的操作程序

四、领会式体育教学模式

领会式体育教学强调体育教学的整体学习(领会),指出体育教学不应只追求学生的技能掌握,重视学生对整个运动项目的认知和对运动特点的把握,强调体育教学应提高学生的学习能力。

(一)指导思想

(1)教学内容应先尝试,后学习。
(2)教学应促进学生全面掌握知识、技能。
(3)教学应结合具体教学需要合理安排教学程序。
(4)教学应重视教学竞赛的利用。

(二)教学优缺点

领会式体育教学模式重视学生在体育学习中的整体学习与把握,强调让学生在实践中(活动中或比赛中)去发现问题,要求教师根据学生实际情况选择教学方法,有助于激发学生的学习兴趣、学习动机、学习思考能力。

领会式体育教学模式需要借助于教学竞赛、游戏组织完成教学,需要教师具备良好的教学组织能力,对学生的运动水平要求较高,否则容易导致教学组织混乱和学生受伤。此外,教学过程中用于教学组织的时间较长可导致学生技能练习的时间减少。

(三)适用条件

(1)学生有一定的体育理论知识基础。
(2)学生有一定的思考能力,有探索意识。
(3)教师有良好的教学氛围和适宜的教学方法。

(四)操作程序

领会式体育教学模式的操作程序如图 5-7 所示。

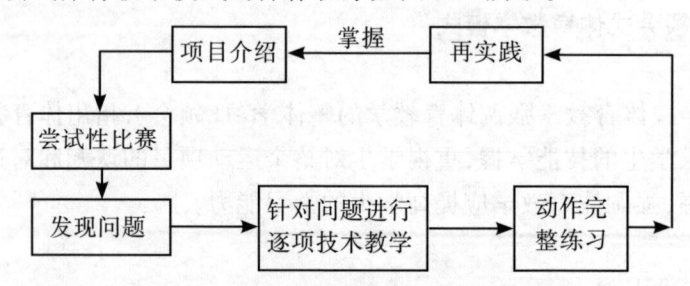

图 5-7　领会式体育教学模式的操作程序

五、主动性体育教学模式

主动性体育教学模式以"学生是体育教学的主体"理论指导,强调学生在体育教学中的主动性调动,教师应通过良好体育教学环境的创设,提高学生的体育学习与参与的积极性、主动性,让体育教学从"要我学"变成"我要学"。

(一)指导思想

(1)教学应重视学生的参与。
(2)教学应重视学生创新意识的培养。
(3)教学应重视学生"教学能力"的培养,让学生站在教师的角度去思考问题。

第五章
体育教学模式理论与改革创新

（4）教学应重视学生良好体育品质的培养。

（二）教学优缺点

主动性体育教学重视学生主体地位的体现，有针对性地发展学生的主体意识，有利于提高学生的学习主动性和自主性，可促进学生学习能力的提高。

主动性教学模式对学生的学习自觉性要求较高，如果学生基础不高，会导致教学难以开展。

（三）适用条件

（1）授课对象是小班群体。
（2）学生有一定的学习自觉性基础和教学组织基础。
（3）教学内容中没有较难的运动技术要求。

（四）操作程序

主动性教学模式的具体操作程序如图 5-8 所示。

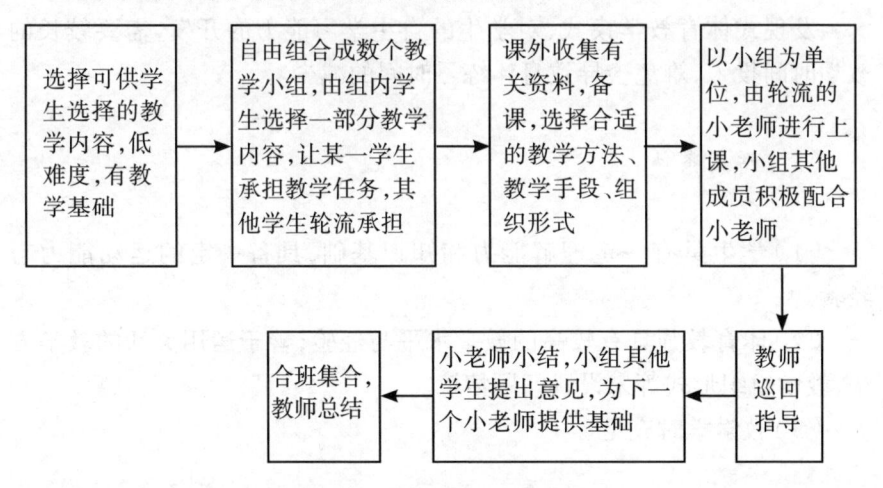

选择可供学生选择的教学内容，低难度，有教学基础 → 自由组合成数个教学小组，由组内学生选择一部分教学内容，让某一学生承担教学任务，其他学生轮流承担 → 课外收集有关资料，备课，选择合适的教学方法、教学手段、组织形式 → 以小组为单位，由轮流的小老师进行上课，小组其他成员积极配合小老师 → 教师巡回指导 → 小老师小结，小组其他学生提出意见，为下一个小老师提供基础 → 合班集合，教师总结

图 5-8 主动性教学模式的操作程序

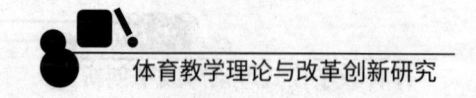

六、发现式体育教学模式

发现式体育教学模式又称启发式体育教学模式,强调教师指导下的学生学习探索,要求学生在教学中能够独立研究、发现、解决问题,最后教师做出点评并提出改进意见和建议。

(一)指导思想

(1)教学应以学生为中心。
(2)教学应重视调动学生学习主动性。
(3)教学应重视发展学生思维。
(4)教学应强调情景设置,重视引导学生发现、探索、创新。

(二)教学优缺点

发现式体育教学模式,重视针对体育教学问题的教学情境设置,能很好地将学生引入教学情境中,并激发学生对问题的分析、探索、思考,有助于提高学生的自主学习能力。

发现式体育教学模式,对学生的自主学习能力的开发,需要较长的教学时间投入,难免会导致身体练习时间的减少。

(三)适用条件

(1)学生具有一定理解能力和知识基础,具备一定的运动能力与经验。
(2)体育教师具有较高的教学水平与经验,善于运用灵活的教学方法、教学组织形式等来设置问题情境。
(3)教学学时充足。

(四)操作程序

发现式体育教学模式的具体操作程序如图5-9所示。

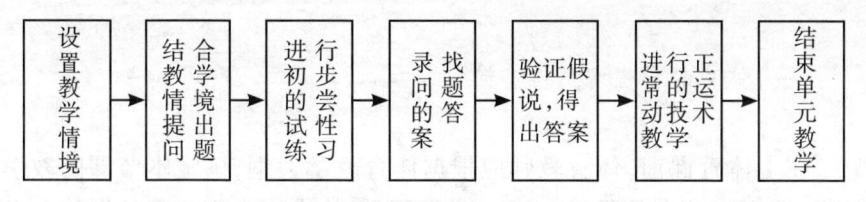

设置教学情境 → 结合学情提出问题 → 进行初步尝试性练习 → 找问题答案 → 验证假说，得出答案 → 进行正常的技术教学 → 结束单元教学

图 5-9 发现式体育教学模式的操作程序

第三节 创新体育教学模式的运用

一、专项导师制体育教学模式

专项导师制体育教学模式打破了传统的自然班级体育教学模式，由学生根据自己的体育兴趣和爱好，选择相应的体育项目进行上课，并且相关项目的教师也根据学生选修的情况，调整自己的教学方法和内容，并对选修的学生负责。这一模式非常符合"个性化"的教学理念，也与当今素质教育的理念相吻合，因而值得提倡和推广。

在专项导师制体育教学模式下，学生参加体育活动的积极性能得到极大的提高，同时学生在课内和课外也都能得到很好的指导，这对于学生掌握体育知识和技能具有重大的帮助。

二、"翻转课堂"体育教学模式

"翻转课堂"体育教学模式是让学生在上课前观看体育教学视频或课件，课中师生进行讨论，并解决问题，内化知识，课后互相反馈总结的一个整体过程。

翻转课堂这一教学模式能有效增加学生与体育教师之间的互动，同时是学生个性化体育学习的一种手段。这一教学模式的实施情况如下所述。

(一)体育教学资源的准备阶段

在上体育课前,体育教师应根据体育教学大纲,确定本节课的教学目标,确立本节课的教学内容,并利用网络技术制作本节课的课件和教学视频等学习资源。

学生要及时在网络平台上学习相关的课程内容,观看教学视频和课件,并查找相关资料,根据自己的体会,找到自己的问题。

(二)体育教学的实施阶段

在教学的过程中,体育教师要根据学生的技术动作和学习态度情况,进行纠正和指导,并解决学生提出的问题,参与学生的问题讨论。

在学习的过程中,学生可以对教师的教学过程录像,并根据教学内容练习相关的技术动作,根据教师的指导情况,纠正自己的错误动作,解决各种疑难问题。

(三)体育教学的总结阶段

这一阶段主要是体育教师上传教学录像,并根据学生提出的问题,修改完善自己的教学资源。学生根据老师提出的问题,课后进行主动练习,并巩固相应的技术动作。

大量的实践表明,"翻转课堂"体育教学模式能有效激发学生的学习兴趣和动机,培养学生自主学习、探究学习的能力,对于体育教学质量的提高具有重要的意义。需要注意的是,"翻转课堂"体育教学模式对教师的业务能力要求较高,需要体育教师不断提高自己的能力和素养,这才符合素质教育发展的要求。

三、其他体育教学模式案例

(一)"选修课"+"校定特色体育必通课"

"选修课"+"校定特色体育必通课"是由清华大学为首的一部分

高校正在实施的一种教学模式,具体内容为:一、二年级体育教学以选修课为主体,并辅以校定特色体育课程,所有学生除了完成国家规定的体育课程之外,还必须通过校定特色体育课程的考核,才能视为体育考试及格。以清华大学为例,其校定特色体育课程为"每个男生都能游泳200米,每个女生都能编一套健美操"。而浙江工业大学设置的特色体育课程则为:每位学生都能成功完成"12分钟跑"。

这一模式的采用要求体育师资力量配备充足,学校政策、财力的大力支持,教师工作待遇有较好保障等条件,能使学生的基本体育素质普遍提高,锻炼意识逐渐增强。

(二)"完全教学俱乐部"

"完全教学俱乐部"是由以深圳大学为代表的一部分高校正在实施的一种教学模式,其具体内容为:给予学生完全的选择自由,学生可以根据自己的实际情况选择体育学习的项目、体育学习的时间、体育教学的教师。

这种教学模式充分考虑了学生的个性化特点,没有硬性要求选择统一的学习内容,尊重了学生的兴趣和需求,能够有效激发学生的学习热情,提升教学效果。

这种教学模式对学校教学条件和学生体育学习积极性的要求较高,此外还需要有学分制的制度保障。

(三)"教学俱乐部"+"选修课"

"教学俱乐部"+"选修课"是以浙江大学为代表的一部分高校正在实施的体育教学模式,其具体内容为:学生可以通过网络自由选择想要学习的体育课程、学习时间和教师,但是采用教学方式依旧是传统的班级授课制,采用的教学管理方式是学期必修课或者选修形式。

这种教学模式的优势在于:一方面保证了学生能够根据自己的兴趣和需求比较自由地选择自己想要学习的体育课教学内容,有助于保持学生的学习热情;另一方面班级授课方式和"选修+必修"的教学形式能够对学生进行一定的限制,从而保证教学的效果。

教学俱乐部是介于体育选项课模式与完全教学俱乐部制之间的中

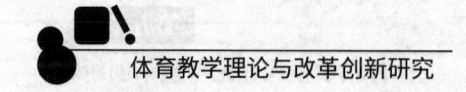

间模式,这一模式的采用一般要求有一定的体育师资和项目群储备,学生可选择性要强,有专门的体育教学选课服务系统支持,对体育教学硬件设施的要求没有完全教学俱乐部制高,学生在选课的可选择性方面,易受授课时间、师资、课程设置模块的限制。

(四)"基础课"+"选项课"

"基础课"+"选项课"是以浙江中医药大学为代表的部分高校正在实施的一种体育教学模式,其具体内容为:一年级(或第一学期)开设体育基础课程,并以行政班级为单位进行授课;二年级(或者第二、三、四学期)开设体育选项课,采取网上选课或根据报名情况编制体育班的方式进行。

这种教学模式的优势在于有利于一些传统体育项目或者校定特色体育项目的教学和考核,也便于教学的组织管理工作。

(五)"选项课"+"教学俱乐部"

"选项课"+"教学俱乐部"是以浙江金融职业学院为代表的部分高校正在实施的体育教学模式。其具体内容为:一年级设置普通的体育选项课,二年级根据所学专业对口岗位的需求,设置符合职业实用性的体育教学内容。

这种教学模式的优势在于充分重视教学内容的实用性,实现了以就业为导向的体育教学内容设置。

第四节 多元教育融合下体育教学模式操作程序的创新设计

在知识经济时代,国家与民族的发展离不开科技和教育的推动。通过发展教育,要对优秀的高水平的全面型人才进行培养,全面型人才要

第五章 体育教学模式理论与改革创新

具备的特点是科学文化素质高、身心健康、人格健康、品德高尚、责任感强、人生态度积极等,人才培养目标充分指明健康教育、科学教育和人文教育成为我国高校教育的重要组成部分和重点内容。随着高校体育教育的不断改革与发展,其与科学教育、健康教育、人文教育不断融合,科学、健康、人文等方面的教育在体育教学中深入渗透,并得到充分体现。在体育教学改革中,教学模式的改革创新是非常重要的一个方面,教学模式改革过程中也同样将科学教育、健康教育和人文教育融入其中,在多元化教育融合中不断创造出新的教学模式。

随着科学教育、健康教育、人文教育在体育教学模式中的不断渗透,体育教学中越来越重视学生的主体地位,体育教师试图以学生的立场来把握教学内容,组织教学过程,设计教学方法,尽可能使学生的合理需求得到满足,使学生的学习积极性、自主学习能力得到提升,并使学生能够根据自己的实际情况建立学习目标、制订学习计划,在自主学习中享受体育的乐趣,提升自身健康水平、运动能力以及体育素养。

有学者从体育教学模式的概念出发,结合体育教学模式与科学教育、健康教育、人文教育融合的指导思想、基础理论以及趋势,总结出了多元教育融合下体育教学模式的操作程序,如图5-10所示。

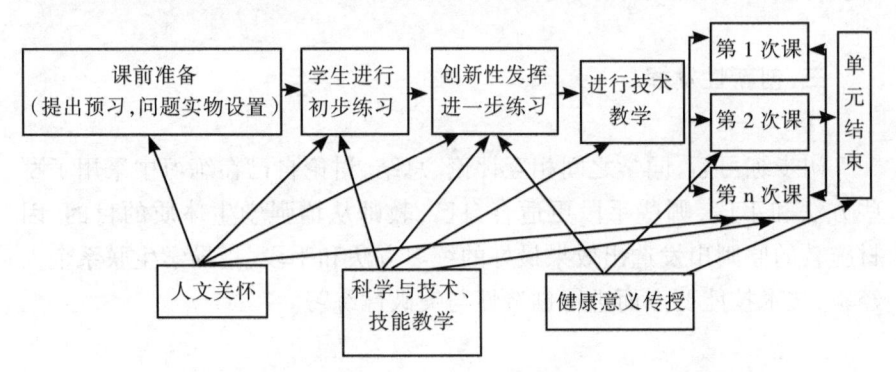

图 5-10　多元教育融合下体育教学模式的操作程序[1]

由图 5-10 可以看出,多元教育融合背景下体育教学模式的操作程序比一般教学模式的操作程序更加复杂,其中充分体现了健康意识的培养、科学与技能教学以及人文关怀,它们相互交叉,对整个体育教学过程和教学效果有重要的影响。

下面简单分析多元教育融合背景下体育教学模式的操作流程。

---

[1] 陈炜,黄芸.体育教学与模式创新[M].北京:光明日报出版社,2016.

一、课前准备

课前准备阶段，教师要先熟悉和深入理解课程内容，在正确而深入地把握课程内容后，设计单元目标，并对相应的教学情境进行设置。这一阶段还要求教师对学生的各方面情况加以了解，为因材施教和个性化教学做好准备。

教师在这一阶段设置教学情境时，要注意尽量设计能够吸引学生注意力、启发学生自觉思考以及能够在实践中得到检验的问题，以激发学生的学习动机和自主性，同时教师要与具体技术相结合而设计教学场景，充分把握教学内容中的重难点。

二、初步练习

学生在教师设置的教学情境中自主学习、自由练习，采用适合自己的方法熟悉动作，建立正确的概念和形象。在这个阶段，教师要提供基本的专业指导，并提供保护。

三、创新性发挥

初步练习后，同学之间相互评论、总结，讨论自己在练习中采用了哪些方法和手段，哪些手段更适合自己，教师从增强学生体质的目的、因材施教的原则出发选出效果最好的练习方法和手段，指导学生联系个人经验、技术技能要点而进行创造性与突破性练习。

四、技术教学

在技术技能教学过程中传播健康信息，培养学生的健康意识，并将人文关怀充分体现出来。

五、单元教学

教师根据单元教学目标组织单元教学,一个单元由若干课时组成,合理安排每个单元的课时,注意各单元课时之间的紧密衔接以及单元之间的连贯衔接。

六、结束单元教学

对本单元教学过程、教学结果进行总结,提出教学中存在的普遍性问题,提出解决策略,并对学生的学习效果进行评价,给出指导建议,为学生进行后面的学习提供参考。

第五节 现代教育技术与体育教学模式的融合

现代教育技术与体育教学模式的融合很有必要,其中原因之一在于体育教学模式现状不容乐观,影响了体育教学质量,而现代教育技术在体育教学中的渗透促进了体育教学模式的积极性转变和现状的改善,对优化教学过程和提升教学效果很有效。下面首先分析我国体育教学模式的现状,主要是说明体育教学模式的一些主要问题,然后指出现代教育技术对体育教学模式的积极影响和重要作用,最后探讨二者的融合策略。

一、我国体育教学模式的现状

(一)理解方面存在模糊性

在体育教学模式的研究中发现很多人对体育教学模式缺乏正确而恰当的理解,有人认为体育教学模式和教学方法是一个意思,将两个相对独立的教学要素混淆而论,而且对体育教学模式的实施对象、主要内容、实施方法以及实施效果等缺乏明确的关系限定,导致无法从整体上准确理解和把握体育教学模式。

体育教学模式和体育教学方法实则不同,体育教学模式是由若干教学要素组合而成的独立而稳定的教学结构,包括指导思想、教学目标、操作程序、实现条件、教学评价等,其中实现条件指的是体育教学策略、方法和手段。可见,体育教学方法包含于教学模式中,是教学模式中非常活跃的一个组成要素,体育教学方法的设计与运用直接由教学模式的思想所制约,教学模式的实施又必须通过采用恰当的教学方法才能实现。

(二)开发方面缺乏系统性

从现有的体育教学研究成果来看,关于具体教学模式构建与改造的研究有很多,体育教育工作者在长期的教学实践中对大量有特点、有个性、有影响力的教学模式进行了研究,虽然经过长期的研究和实践检验而创造了大量成熟的教学模式,但总体上对体育教学模式还缺乏系统的、整体的研究,并且在研究过程中存在研究过于抽象、缺乏合理简化处理以及实验设计精确性不足等问题。

(三)应用方面缺乏创造性

科学的体育教学模式为体育课堂教学提供了相对稳定的组织结构和简略的实施框架,为有机组合教学要素提供了参考。但体育教学是动态变化的,是生动形象的,是充满不确定性的,兼科学性、艺术性、创造性于一体的体育教学活动不能只是原封不动地照搬固有模式去实施,而应该在基本按照教学模式去实施教学活动的同时根据实际教学情况进行相应的调整,以适应教学现状,满足教学需要。

从我国体育教学实践来看,教学中采用了大量的国外教学模式,虽然促进了教学理念的更新、教学内容的丰富以及教学水平的提高,但有时忽略我国体育教学现状而盲目引进外来模式,或直接照搬外来模式而不作任何调整与创新,导致因与我国高校教学现状不符而无法顺利操作,也难以普及推广,从而达不到预期的教学效果。

二、现代教育技术对体育教学模式的影响

鉴于我国体育教学模式的现状与问题,应进一步加大科研力度,从我国体育教学现状出发而对适应我国高等教育特征与规律的教学模式进行创造性的研究,并在信息化背景下将现代教育技术融入高校教学模式的建构与操作中,这将产生如下积极影响。

(一)改变教师的刻板印象

一些体育教师简单地认为,体育教学就是教师带领学生反复进行身体练习的过程,体育教学的场所应该是在室外,体育教学应该以实践为主,突出体育教学本身的实践性。这其实是体育教师对体育教学的刻板印象,也反映了部分体育教师观念比较传统、落后。在传统观念下,体育教师在体育课上只是不断讲解技术动作,示范动作,带领学生反复练习,而关于理论方面的内容,则很少提及。学生通过反复练习虽然熟练掌握了某个运动项目的技术动作,但对该项目最基本的理论常识都不清楚,显得有些"四肢发达、头脑简单",知其然而不知其所以然。

现代教育技术在体育教学中的运用有助于改变体育教师对体育教学的刻板印象和传统观念,使教师逐步重视传授体育理论知识,做到理论与实践并重,全面提升学生的体育素养。体育教师改变重实践轻理论的做法,将理论知识的传授融入实践教学中,能够使学生深刻认识到体育课的重要性,能够培养学生的终身体育意识、参与运动的积极性,这对提高体育教学效果具有重要意义。

(二)丰富教学内容

传统体育教学模式下,体育教学内容比较单一,体育教学方法也比较单调,多为练习法、竞赛法等。在体育教学中引进现代教育技术,使教学工具更加先进,教学内容丰富有趣,教学方式更加灵活,有效提高了体育课堂教学的趣味性和教学效果。

例如,借助互联网技术筛选一些与教学内容相关的图片、视频、音频等教学资料,使学生通过听、看而对所学内容有更全面的了解,促进学

生学习兴趣的提升。现代教育技术与传统教学模式是互补的,现代教育技术对传统教学模式缺陷的弥补主要表现在促进了教学内容的丰富、教学形式的灵活、学生学习兴趣的提升,这些最终对教学效果的改善具有重要作用。

利用现代教育技术可以将健康知识、运动卫生知识、运动保健知识等体育教学内容相关知识整合起来,或进行穿插教学,或进行专题教学,从而促进教学内容的丰富和拓展,促进学生健康观念和自我保健意识的提升。

(三)改变课堂角色

现代教育技术在体育教学模式中的融入改变了体育教师与学生的传统角色,使体育教师从教学内容的传递者转变为教学内容的设置者和教学活动的引导者,使学生从被动接受者转变为主动学生,强调学生的主体地位和教师的引导作用,师生传统课堂角色的转变是体育素质教育和体育信息化教学的要求。

三、现代教育技术与体育教学模式融合的策略

(一)利用校园网络为体育教学服务

随着计算机技术的发展和高校教育的不断改革,学校的计算机网络中心逐渐建立和完善,计算机基础课程基本全面开设,有的高校还设置了多媒体技术、网络教学等有关现代教育技术的选修课程,从技术层面保障大学生顺利进行计算机学习和实践操作。学校不断完善的多媒体教室、网络机房等信息化硬件环境为现代教育技术在教育教学中的运用提供了良好的操作平台和环境氛围。利用丰富的计算机网络资源能够为信息化体育教学的开展提供支持与保障。

例如,利用校园网络资源和计算机硬件设施进行体育网站、论坛的建立,在校园网中增加体育板块,将体育热点新闻、风云人物、学校体育信息和体育常识等内容及时发布,使学生快速了解体育信息,了解学校的体育事件。此外,在体育板块中可以设置留言功能,便于体育爱好者在此交流、互动,也便于收集意见或建议,为改善体育教学提供参考。

另外，现阶段各大高校纷纷实行网上选课模式，学生利用校园网选择自己感兴趣的运动项目，这方便教师了解学生的体育兴趣和爱好，也便于学校开设能够满足学生兴趣爱好的体育课程。

（二）将现代教育技术运用到体育理论教学中

当代学生学习体育课程，不仅要学习和掌握运动技能，还应该对体育知识、体育文化加以学习，树立体育精神，形成终身体育意识，这是体育教育的基本目标。随着体育地位的提升和我国体育事业的不断发展，体育成为我国综合国力的重要组成部分，在体育强国建设中，我国号召人民群众主动认识和了解体育，积极参与体育。在这一社会背景下，学校应重视体育理论教学，提升学生的体育理论素养。

传统体育教学模式存在轻理论重实践的弊端，教师讲解的理论知识主要集中在运动项目概况、项目规则等方面，讲解方式简单枯燥，限制了学生对体育理论的深入理解，也阻碍了学生用正确的理论去指导实践。对此，应在体育理论教学中充分运用现代教育技术，利用网络的优势和功能对体育理论方面的知识和信息进行收集，并配以图像、动画、视频等方式传授体育知识，刺激学生的感官，激发学生的兴趣。

利用现代教育技术进行体育理论教学时，要注意在播放音频或视频、展示图片等信息化教学资源的基础上组织学生现场互动、讨论，设置问题，启发学生思考，使学生更好地理解现代教学手段中传播的理论知识，更好地接收与消化体育知识与信息。体育教师如果只是单纯播放音频、视频，展示图片，简单讲解，而不组织学生讨论，那么学生接收的信息在大脑中保存的时间比较短，容易遗忘。

（三）将现代教育技术运用到体育实践教学中

体育实践教学以体能、技能教学为主，尤其是以运动技术教学为主，体育教学目标的达成情况和体育教学的最终效果很大程度上是由技术技能教学结果所决定的。传统体育实践教学中，经验式教学占的比重很大，主要模式是教师教、学生学，教师示范每个动作，学生观察，然后机械性地模仿，而对于每个技术动作为何这么做，如何提高标准度则缺乏基本的思考，导致学生错误地认为上体育课就是纯粹的身体活动，不需要脑力付出。而将现代教育技术运用到体育实践教学中,利用计算机语言编程、图像处理等技术和功能来动态化地呈现完整的技术动作,并辅以声音讲解、文字解说,图、声、文并茂,以提高教学效果。

在体育实践教学中使用现代教育技术,能够将整个动作过程直观生动地展现出来,在播放到重难点动作环节时可暂停,着重进行分析,使学生对重难点技术动作有深刻的理解和充分的把握。另外,利用现代教育技术进行教学也能打破沉闷的课堂气氛,营造愉悦欢快的教学氛围。

(四)制作体育教学课件

利用现代教育技术进行体育教学课件的制作,这对体育教师的教学功底、信息化素养是很大的考验,如果能够设计出高质量的多媒体教学课件,将会很好地突破传统教学模式的束缚,将新课件的功能充分发挥出来。

体育教师利用现代教育技术进行体育教学课件制作时,要基于对体育教学目的、教学需要和学生的需求的综合考虑而选择合适的教学素材,合理编辑文字、图片、录像等资源,注重对版式、背景的合理设计。计算机教学课件涉及的知识和内容与传统教学课件相比更加丰富、全面,但也相对复杂一些,对学生的教育更全面一些。

在体育教学课件制作中运用多媒体手段,能够使学生对课堂教学内容产生兴趣和好奇心,产生探索的热情和积极性,从而主动投入学习,配合教师,从而提升了教学效果。

(五)加强体育师资建设

在现代教育技术下进行体育教学,虽然现代教育技术发挥了举足轻重的作用,学生的主体能力和主观能动性也得到了很大程度的发挥,但体育教师的主导作用依然很重要,不能忽视。在现代教育技术与体育教学模式的融合中,要加强对体育教师专业素养的培养,特别是要培养体育教师的信息化素养,并以培养信息化教学能力为主。除了培养体育教师对现代教育技术的认知能力、操作能力外,还要利用现代教育技术转变体育教师的传统教学理念,结合时代背景和体育教学的信息化发展趋势对体育教师进行再教育,使体育教师适应体育教学的改革发展现状,满足高等教育的发展需求,不断提升和完善自己,实现更好的专业化发展。

第六节　加强体育教学模式有效改革的探讨

一、体育教学模式的发展对策

要促进体育教学模式的不断发展,需要做好以下几方面的工作。

(一)树立正确的体育教学理念

学校体育教学是学校教育的重要组成部分,体育作为一门重要的学科课程,既是对学生身心健康素质、道德素质进行培养的教育方式,也是学生认识自己、结交朋友的重要渠道,体育课程教学虽然出现在学校中,但与社会现实生活也有着密切的联系,体育将学校教育、社会生活联系起来,向学生和大众传递健康生活方式,传播科学运动理念。学校体育教学要培养出科学文化素质扎实、身心健康、道德水平高、有审美情趣和创新能力的社会主义接班人,这是学校开展体育课程教学必须秉承的教育方针,而要实现培养全面发展人才的目标,就要在体育教学中树立正确的教学理念,在正确理念下构建与实施体育教学模式,把握好体育教学的每一关,提高人才培养效率与质量。

(二)提高体育教师的专业素养

体育教学模式的应用效果与体育教师的专业素养有很大的关系。培养与提高体育教学的专业素养具有重要意义。体育教师应从思想上将体育教学工作高度重视起来,清楚自己的工作职责与育人使命,履行自己的义务,给学生传授体育知识、运动技能,并培养学生成为合格的人才。学生在体育学习中能否养成良好的运动习惯、形成健康的生活方式,这都与体育教师的教学情况有关联。因此,体育教师要不断提升自己,对专业性、前沿性的丰富知识加以学习,主动掌握先进的教学方法和多元的教学模式并能熟练运用到教学活动中,能够根据不同学生的实际情况而正确选用适宜的教学方式,做到因材施教。

鼓励体育教师参加学术研究也能提高其专业素养,体育教师在参与过程中不断进步,学习更多的先进理论与方法,并将其融入教学与育人的过程中,优化教学与育人的成果。

(三)采用丰富多元的体育教学方法与手段

随着社会日新月异的发展变化和体育课程的深入改革,在体育教学中要特别重视对体育教学方法手段的改革创新,促进教学模式的更新。在体育教学方法手段的更新中,要将当今社会的信息化、网络化资源以及学校可利用的优势资源充分利用起来,采用现代化方式优化与充实体育课程内容,创新体育教学方式,使体育课堂教学中出现更多新鲜的时代化的元素。现代化教学手段的应用能够使学生好奇和追求新鲜感的心理需求得到满足,能够活跃体育课堂氛围。

当前,很多学校在体育教学的体能课上采用现代化仪器对学生的身体成分进行分析与检测,这是体能测试的重要工具。测试结果有较高的准确度、客观性,将测试数据制作成表格,使学生了解自己的基础代谢率、体脂率等。在体能课上采用这一教学手段使得很多学生开始关注与关心自己的身体健康,了解自己的身体状况,发现自己的健康问题,并根据所学知识制订符合自己实际情况的干预处方,以运动干预为主,积极参加体育锻炼,改善自己的身体健康状况。此外,在运动技能课上体育教师也会采取一些现代化的器械或教具来辅助教学,目的是降低练习难度,使学生快速进入良好的学习状态,由易到难、由浅入深逐步掌握教学内容,同时也能使学习基础良好的学生的运动技能得到巩固。

另外,游戏教学法、比赛教学法在现代体育教学中的运用也比较多,体育教师在快乐教学理念下设计体育游戏和比赛,使学生在贴合生活实际的游戏或充满竞争的比赛氛围中掌握知识与技能。

（四）优化建设体育教学环境

不管是体育教师还是学生，他们教和学的活动都会受到体育教学环境的影响。体育教学本身因为学科的特殊性而对学校教学环境的依赖性很高，如对运动场地器材、气候等要求较高，优化体育教学环境能够为体育教学活动的顺利开展提供极大的便利，能够使师生的教学积极性得到提升，也能使学生的安全得到良好的保障。

（五）完善体育教学评估方式

传统体育教学评价方式显得强硬，而且比较简单，没有充分尊重或考虑学生的个体差异，评价结果片面，因为评价方式不合理，所以学生的配合度不高。传统体育教学评价还有一个弊端是注重终结性评价，而不注重过程性评价，也忽视了教学初期的基础评估。这样就无法从最终的评价结果中看到学生的进步情况和学习过程中的表现如何。所以，要完善体育教学评估方式，将过程中评价和基础评估重视起来。例如，在篮球教学中，第一节课就初步审核学生的运动能力，并进行打分，之后每节课教学过程中都记录学生的学习态度、表现情况，最后考核结束后将最终成绩与初审分数进行对比，了解学生的进步幅度，分析学生还有哪些地方有待改善，这样评价更全面，反馈更真实，学生也能在真实的反馈中不断进步与提高。

二、促进我国体育教学模式改革与创新的建议

（一）开展俱乐部模式，延伸体育课堂教学

根据学生的运动专项及兴趣爱好对课余体育俱乐部加以组建，使学生的主体地位得到强化与巩固，促进学生个性发展需要的进一步满足。俱乐部的组织形式可以包括多层次、多类型，旨在使学生的运动需求最大限度地得到满足，将课堂教学、课外活动有机结合起来，使学生拥有更多的锻炼与发展机会。

（二）开展选项模式，提高专项运动技能

传统体育教学管理模式是按照自然班集体授课，教学内容"大一统"，随着体育教学模式的改革，要将这种管理僵局打破，更新体育课教学内容与管理形式，将"选项制"教学模式全面落实，使学生从自己的兴趣和爱好出发真正实现"三自主"（对运动项目、教师及上课时间的自主选择），加强对运动专项教学班的成立与管理，着手专项教学内容的开发与实施。

通过选项模式改革，增加运动项目，拓展课程目标，在培养学生身体素质和运动技能的同时对学生其他方面的素质进行培养，要求学生多练习专项技能，将"以学生为主体"的教学观念真正落实到实践中，使专项运动教学的科学性不断提高。此外，要在体育教学中融入人文素质教育，促进学生个性的完善与品格的提升，使学生学习、运动的动机、积极性都得到强化，体育素养得到提高，身心健康水平进一步提升。

（三）开展体验式教学模式

体验式教学强调在教学中使学生产生对运动过程的深刻感受与体验，使学生之间针对自己的学习体会进行分享、交流，并将积累的经验应用到实践中，指导实践，并继续丰富经验，促进学生运动实践能力的提高。

学生是体育教学过程的中心，在指导学生学习与练习运动技能的过程中，使其主体性充分发挥，引导其感受与反思显性知识，深入理解、应用隐性知识，并能够进行正向转移，对学生实践动手能力进行培养，促进其素质与能力的高度转换。

此外，要继续推动课堂教学的延伸，对课外锻炼进行进一步的强化，实施新型教学过程模式，具体包括体验、分享、整合、应用四个环节。

（四）开展导师制教学管理模式

将教师专项能力充分利用起来，组建教学导师梯队（教师为主导、学生为主体），有机融合课内技能实践、课外技能管理，使学生有更多的机会来发展与提高自己的技能,促进学生全面发展。课内后紧密结合的教学模式对学生良好锻炼习惯的形成和锻炼能力的提高具有积极的作用。

第七节　国外体育教学模式及启示作用

我国体育教学虽然经历了多次变革,但始终受到传统教育体制的束缚,尤其是与国外体育教学模式相比,还有很多亟待提高的地方,本节主要对国外体育教学模式进行分析,并探讨其对我国体育教学的启示作用。

一、国外典型体育教学模式解读

在国外体育教学的不断发展中,构建丰富多样的体育教学模式,下面主要就其中三种典型模式进行简要分析。

(一)健康生活教育模式

随着人们对健康的日益重视,各国学校体育教学纷纷提出体育促进健康的改革理念,将体育与健康有机结合起来。美国学校体育为了促进学生养成终身体育习惯,保持健康体质,彻底改进学生体育运动的一整套体系,将学生生活中的活动内容置入体育教学中。健康生活教育模式主要是将学校教育与学生生活有机结合,注重对学生终身体育习惯和健康生活方式的培养,使学生在健康生活中不断提高自我控制力,养成主动学习的良好习惯。

(二)户外休闲与冒险教育模式

国外体育课户外休闲与冒险教学模式主要是将体育课程的重点集中在培养学生解决实际问题的能力上,培养学生的团队协作能力和敢于冒险的挑战精神。户外休闲与冒险教育模式是从培养与提升学生心理健康素质出发，注重体育理论与实践的综合性教育，对学生的社会适应能力进行培养。德国的户外冒险体验课程模式正是基于这种教学思想而衍生的，该课程模式强调从教学过程论向教学目的论转移，注重对学生运动能力的培养和促进学生在实际生活中体育应用能力的形成。

（三）社会责任教育模式

学校体育社会责任教育模式主要是基于课程社会化理念和体育教学自身特点提出的。美国很多城市的孩子存在社会责任感淡薄，缺乏对他人、对群体及对社会的关心和正确认识，而个人社会责任教育模式正是为解决这种问题而提出的，该模式积极提倡孩子参与体育运动，改善孩子们的行为模式。社会责任教育模式充分结合了体育教学的特色，吸引学生积极参与体育活动，逐渐学会尊重他人，理解他人。此外，该模式也让学生通过参与体育运动明白自己需要通过艰苦努力才能实现既定目标，通过与队友配合、协作才能达成团队目标；在体育活动中，要以遵守规则为基础，让自己的行为合理合法，通过应用正确的技战术去完成体育动作。该模式提倡在课内外一体化中实施体育社会化教学，将社会生活中的实际案例放进体育教学中，培养学生主动帮助别人、关心别人、与他人交流与合作以及主动思考与善于总结的良好行为习惯。

二、国外体育教学模式分析

（一）教学目标的设立

国外体育课程教学以学生健康为目标，以促进学生身心和谐发展为方向。健康是当今世界发展的主题，对健康问题的重视是体育课程教学的首要目标。例如，美国注重培养学生获取健康的能力；加拿大注重培养学生获得健康生活方式的能力；日本注重于让学生在体育活动中体验运动的乐趣与快乐；德国注重让学生充分参与体育活动，并培养其勇敢探索、积极进取的精神。

国外在体育教学目标设立的过程中十分重视学生的个性化成长，并根据学生的需求和本国实际情况作为教学目标设立的依据。国外体育教学目标还十分注重促进学生体能和技能的发展。

(二)体育课程设计

部分国家将健康教育和体育课程相结合开展教学,如新西兰、美国新泽西州、澳大利亚维多利亚州和加拿大安大略省等。另外,也有部分国家同时设立健康教育与体育教育,但分开实施教学,美国绝大多数州都采用这样的课程设置模式。此外,英国、德国以及加拿大等国家也采用该课程模式。将健康教育与体育课程分开,是为了突出对健康教育的重视,将学生的健康作为体育课程的重要目标。也有国家采取将生命安全基础课程与体育相结合但课程分设的教学模式。在这种教学模式下,将与体育课程相关的健康生活方式纳入体育教学中,在培养学生运动技能的同时,培养学生预防和应对事故能力,提高学生的自救能力。

三、国外体育教学模式对我国体育教学的启示作用

(一)坚持贯彻"以人为本"和"健康第一"的教育思想

体育新课程是在后现代课程理论的基础上结合我国学校基础教育实际所推出的课程改革,体育新课程突出了人性关怀与素质教育的理念,更多的是以学生的发展为目标。所以,在体育课程教学模式的改革中,要把学生的现实需求与发展作为根本,一切为了学生的发展,为了学生的健康。这既是体育新课程的基本要求,也是新课程改革的要求,更是推进素质教育的现实要求。

(二)丰富课程设计

在课程设计方面,国外体育教学模式中的课程设计方法值得学习、借鉴。在确立课程目标后,认真分析我国体育教材的不足、课程设计中的缺陷,结合国外体育教学模式运行的实际经验,对以往的课程设计进行整改或重新设计。比如,参考知识课程模式的理论和方法进行理论知识教学设计;运用运动教育课程模式安排球类教学设计,把课的单元设

计成赛季,把学生分成若干组,成立联盟,按运动教育课程的要求组织教学。

(三)构建多元化教学模式

我国体育课程开展中一般要符合国家—地区—学校三级课程管理模式,但这是课程大纲的要求,并不是说课程的具体开展只能参考这种模式。在体育课程具体开展中,可以借鉴国外体育课程模式的特点,并依据地方特点实施多样化、弹性化、乡土化的课程教学。在实践中,部分学校可能会出现教学设施不足、师资力量薄弱等问题,这就要求密切联系地方实际情况组织教学,尽可能开发具有地方特色和民族风格的体育项目。

第六章

体育教学评价理论与改革创新

体育教学评价是体育教学的重要组成部分,是对体育教学活动进行全面调查,并对其价值、优缺点等信息进行评定,以期改进与完善的系统过程。科学的体育教学评价能够从整体上调控体育教学活动,促进体育教学的有序开展,保障体育教学目标的达成,推动体育教学质量的提升。鉴于体育教学评价的重要作用,应加强对这一教学环节的理论研究及改革创新,充分发挥体育教学评价的多元功能。本章主要就现代体育教学评价的理论与改革创新展开研究,主要内容包括体育教学评价的基本理论、体育教师教学评价、学生学习评价以及体育教学评价的改革创新。

第一节 体育教学评价的基本理论

一、体育教学评价的含义

体育教学评价是对体育教学活动效果进行价值认定的过程,在具体的评价过程中,评价者必须要依据一定的教学目标和评价标准作出合理的判断。体育教师以教学评价结果为依据,合理调整体育教学过程的各环节。

在进行体育教学评价之前,一定要制订一个科学、合理的评价标准,否则得出的评价结果就不真实。总体来说,进行体育教学评价的目的在于改进教学质量,提高教学效果,从而促进学生的全面发展。在具体的评价过程中,教师教学评价与学生学习效果评价是两个重要的部分,评价的重点在于学生的学习效果,因此评价者在评价的过程中要注意侧重点。

二、体育教学评价的类型划分

体育教学评价主要包括以下几种类型。

(一)定量评价和定性评价

根据体育教学评价的方法进行分类,可以分为以下两类。

1. 定量评价

在体育教学中,定量评价主要是对评价资料做出定量结论的评价。一般情况下,主要是从"量"的角度来分析相关资料和数据,从而得出相应的结论。

2. 定性评价

与定量评价不同,定性评价主要是对评价项目的优劣程度进行评价,主要是从"质"的方面来评价体育教学效果,包括教师教学的效果和学生学习的效果。

(二)过程评价和结果评价

依据体育教学评价的内容,可以将体育教学评价分为过程评价和结果评价两大类。

1. 过程评价

过程评价是指在体育教学过程中进行的评价,它的适用范围非常广泛,其可在完成仍需修改的形成性评价中进行,也可在体育教学过程中对学生接受情况、时间、费用等的总结性评价中进行。这种教学评价方式在现代教育背景下得到了广泛应用,受到体育教师的高度重视。

2. 结果评价

结果评价是指对体育教学活动效果的评价。这一评价方式能充分发挥总结性评价的功能,能对学生的最终学习情况做出一个总体的评价。但这一评价又比较片面,要结合过程评价使用。

(三)诊断性评价、形成性评价和总结性评价

依据评价功能可以将体育教学评价分为以下三种类型。

1. 诊断性评价

诊断性评价是在开展某项体育教学活动之前进行的,以此对学生的学习态度、体育知识、体能与心理、运动水平等进行摸底测试,从而确定学生综合水平的评价方式,这一评价方式具有很强的针对性和时效性。

2. 形成性评价

形成性评价是指为获得良好的体育教学效果而不断进行的评价。这一种教学评价方式能帮助教师及时了解学生的学习情况和教学效果,能够为体育教师调整教学计划提供充足的事实依据。

3. 总结性评价

总结性评价是对体育教学活动结果的总结和评价。这一评价类型主要应用于某一个教学阶段结束后。总结性评价非常重视教师"教"与学生"学"的结果,这一评价方式同样是比较片面的,要结合形成性评价使用才能获得客观的评价结果。

(四)自身评价、相对评价和绝对评价

以评价基准为依据,可以将体育教学评价分为以下三种类型。

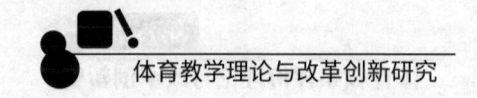

1. 自身评价

自身评价主要是评价者对自身各方面能力做出的评价。通过这一评价，评价者能很好地认识自身情况，从而为制订教学计划提供重要的参考依据。

2. 相对评价

相对评价是指在评价对象的集合或群体中建立一定的基准，进而将各个对象与基准逐一进行比较，从而对群体中每一成员的相对优劣进行对比的评价。

这一评价方式具有一定的优点，同时也有一定的缺点。优点是甄别性强，适用面广；缺点是评价结果不是很客观。

3. 绝对评价

绝对评价是指以体育教学目标为主要依据，对体育教学设计方案、教和学的成果等进行的评价。这一评价方式的优点是评价标准较为客观，通过评价结果学生能掌握自己的真实情况；缺点是对评价者的自身素质要求较高，不便于操作。

综上所述，关于体育教学评价的类型是非常多的，但是没有一种万能的评价方式，在具体的体育教学评价活动中，要综合起来利用，这样才能得出相对客观和真实的评价结果。

三、体育教学评价的基本特征

与一般的文化课不同，体育课程有着鲜明的特点，其教学评价也同样具有与众不同的特色，这些特点主要体现在以下几个方面。

（一）动态性特征

一直以来，我国学校体育教学都比较重视教师和学生的结果性评价，随着时代的不断发展，事实证明这一评价方式欠缺客观，要与教学过程评价结合起来使用。因此，体育教学评价的内容，要包括教学结果评价与教学过程评价两方面的内容，二者要有机地统一起来。在具体的体育教学评价过程中,要看这一过程是否有利于达到预定的教学目的,而在评价结果时还要充分考虑评价过程中的各项因素。

(二)发展性特征

体育教学评价要以体育教学目标为根本出发点和落脚点,这是评价体育教学活动成效的基本依据,因为离开了体育教学评价目标,整个评价活动就会无的放矢。受传统教育观念的影响,体育教学中一切教学活动都是为了帮助学生提高学习成绩和提升运动技能。这种评价方式非常不利于学生的全面发展。在未来的发展中,要关注学生的具体表现,着重于学生的长远发展。

(三)多元性特征

随着学校体育教学的不断发展,教师与学生之间的联系日益紧密,彼此之间的互动越来越频繁。在这两个教学主体共同参与的情况下,能实现良好的评价效果。在具体的体育教学评价中,要重视评价主体的多元化,真实反映教学状况,这样才能得出相对客观和真实的评价结果。

在以往的体育教学评价中,主要采用以管理者为主的单一评价模式,学生在教学评价中处于被动地位,心理面临着一定的压力,出现畏惧评价的心理现象,导致不能及时准确地发现问题,教师难以得到真实的评价结果。由此可见,构建一个由教师、学生、家长、管理者共同参与的多元评价体系是非常重要的,这直接影响到评价的客观性和真实性。

(四)过程性特征

体育教学过程的评价在近些年来受到高度重视。在具体的体育教学评价过程中,全程跟踪学生的学习与表现情况,实时分析学生的优点与缺点,给予学生有针对性的指导,这非常有利于体育教师及时修改与完善教学计划,从而为教学质量的提高奠定良好的基础。

在具体的教学过程中,教师要密切关注学生的学习情况,及时给予相应的评价。可以通过口头评价的方式及时评价学生的学习情况和情意表现,有效激发学生学习体育的兴趣,促进师生之间的良好沟通,帮助学生充分认识到自身的不足,并加以改正。

除此之外,还可以通过记录学生的体育学习过程,帮助学生及时发现自己的缺点和不足,对自己的行为作出合理的评价。另外,还要将学生平时的成绩与期末成绩相结合,不能只关注期末考试成绩,还要重视平时的成绩,这种做法符合当今学校教育的要求,有利于学生的全面发展。

(五)多样性特征

受评价技术、评价方法以及评价主体等多方面因素的限制,每一种评价方法都不是万能的,都存在着一定的弊端,因此这就要求体育教师在具体的评价活动中以实际需要为主要依据,运用多种评价方式进行评价,以保证评价结果的准确性和可靠性。如体育教师可以在平时的教学中细致地观察学生的表现并做好必要的记录,制定成长资料袋,及时了解学生的变化情况。这样非常有利于教学评价活动的顺利进行,从而提高教学质量。

四、体育教学评价的功能

(一)诊断功能

通过体育教学评价,体育教师能很好地了解体育教学的质量,这样才能为后续的体育教学工作提供积极的指导。从某种意义上而言,体育教学评价就是对体育教学现状进行一次诊断,这一诊断工作的意义主要有两方面:一方面,对学生学习成绩的评估能对教学目标的实现产生积极的影响;另一方面,能够为体育教师了解学生的学习情况提供重要的帮助,促进学生的全面发展。

(二)研究功能

在具体的体育教学实践中,要对收集到的相关资料进行细致的分析与测量,这就是体育教学评价的研究功能。这些资料具有一定的参考价值,主要表现在教学方法的衡量、教学课程的改进、学生身心发展评价等方面。

（三）检验功能

检验功能也是体育教学评价的一项非常重要的功能,这主要体现在两个方面:一方面,主要是对体育教师教学水平、学生学习水平、学生全面素质提高等各方面的评价;另一方面,是指通过教学评价,对体育教学质量的提高起重要的推动作用。

（四）激励功能

体育教学评价还具有重要的监督和控制作用,对整个教学活动起到重要的指导作用。通过体育教学评价,无论是教师的教学效果还是学生的学习情况都能很好地反映出来,教师通过评价反馈能清楚地认识到教学的不足以及需要完善的地方,而学生通过评价则能认识到自身哪些地方还需要提高,建立起学习的自信心。一个合理的教学评价体系能为教师和学生带来精神上的鼓舞,能对师生的教学活动产生重要的激励作用。

（五）反馈功能

反馈功能也是体育教学评价的一个重要功能,通过体育教学评价,体育教师能及时了解自己的教学状况,从而为调整教学计划或方案提供重要的事实依据。通过教学评价所得出的评价结果,学生也可以及时发现自己存在的不足,然后加以改进和完善。在具体的教学过程中,体育教师要想方设法激发学生学习的积极性,促进学生的全面发展。

（六）调控功能

体育教学评价能为教师和学生提供重要的反馈信息,教师和学生可以通过这些反馈信息及时调整自身的情况,因此体育教学评价具有重要的调控功能。通过反馈出的各种信息,体育教师能及时有效地调整和修订教学计划,改进体育教学方法;学生则可以适当调整学习策略,提高

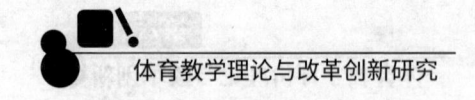

学习效率。可以说,体育教学评价就是一个反馈和调节的可控系统,体育教师和学生能通过这一系统促进教学目标的实现。

五、体育教学评价的内容构成

(一)教师对体育教学过程的评价

教师教学过程的评价可以分为两种形式:一种是教师对自身教学状况的自我评价,另一种是体育教师之间的互评。在体育教学评价中,这两种评价形式都非常重要。为实现体育教学评价的良好效果,二者可以结合起来使用。

在体育教学评价中有不同的评价标准,每一个评价标准都有一定的适用范围。例如,评价体育教师的备课情况时,要看其是否研究了教学内容和学生的具体情况,是否认真研究了教学目标、教学内容和教学方法,是否制订了合理的教学方案。在评价体育教学组织情况时,要看教学活动的完成是否顺利,是否采用了合理的教学手段与方法。

(二)教师对学生学习的评价

在以往的体育教学中,教师对学生学习进行评价很常见,这一评价方式主要有学习过程的评价和学习结果的评价两种,体育教师可以结合具体的教学情况合理采用。

(1)对学生学习过程的评价,主要是评价学生的学习态度、技战术掌握情况、情意表现等。

(2)对学生学习结果的评价,主要是评价学生在某一阶段内的学习成绩或学习效果,或评价学生的技能掌握情况。

在评价学生的学习成绩时,应采用多种方式,以得出相对客观和真实的评价结果。

(三)学生对体育教师教学的评价

学生对体育教师的教学评价也非常重要,主要有以下两种形式。

(1)学生对教师的教学活动做出相应的评价,在这样的情况下,教师能准确把握教学重点和难点,有利于教学活动的开展。

(2)学生的评价活动能反映教师的教学能力和教学表现,有利于教师认清自身的不足,从而促进教学的民主化发展,但这种评价方式也存在一定弊端,需要谨慎使用。

(四)学生对体育学习过程的评价

可以说,学生的学习是一个动态发展的过程,在每一个阶段中,学生的学习情况都是不同的,学生对体育学习过程进行评价,有利于他们深刻认识到自己的不足,培养他们的自主学习能力。通常来说,主要包括学生的自我评价和相互评价两种形式。

(五)其他方面的评价

除上述几种评价形式外,体育教学评价还有专家评价、家长评价、媒体评价等多种形式,这些评价方式各有特点和优点,体育教师要结合具体的教学实际合理选择。

六、体育教学评价的注意事项

(一)兼顾多重教学目标

一般可以将体育教学的目标分成三个方面,分别是知识方面的目标、情感方面的目标和技能方面的目标,在体育教学评价中必须将这三个方面的目标全面考虑进去,不能只评价知识目标而不注重评价情感目标和技能目标。此外,体育教学目标有不同的层次,在体育教学评价中应评价每一层次的目标。例如,知识方面的目标可以分为六个层次,分别是知识、理解、应用、分析、综合和评价,因此在对知识教学结果进行评价时,不能只偏重评价其中的某一层次,而不评价其他层次,评价中要兼顾多方面、多层次的目标,要对多元的目标要素加以考虑,从而提高评价的完整性与科学性。

（二）多次评价

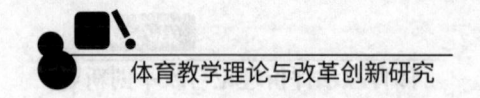

体育教学评价的目的主要是促进体育教学目标的达成，对体育教学进行改善，促进学生学习效果的提高。为了促进体育教学目标的顺利达成，必须进行科学评价，确保评价信息的准确性和评价结果的真实性，这是实现教学目标的主要因素。只有多次评价同一评价对象的样本行为，才能保证获得正确的评价结果。如果只进行一次评价，难以保证评价结果没有误差，评价结果的信度和效度都比较低。多次评价可以减少误差，使评价结果的平均数与真实的结果更加接近，最终获得准确度高、可信度高的评价结果。所以，为了获得正确的评价结果，有必要进行多次重复的评价。

（三）承认学生个体差异

在体育教学发展中，学生居于主体地位。受遗传因素、生存环境及自身努力程度等因素的影响，每位学生都会在发展过程中表现出与其他学生的不同之处，这是客观现象。鉴于不同学生之间存在这样或那样的差异，应在体育教学评价中制定不同的评价标准。

第一，针对不同年级的学生制定不同的评价标准。

第二，针对同一年级不同班级的学生制定不同的评价标准。

第三，针对同一班级的不同学生制定不同的评价标准。

只有针对学生个体差异制定不同标准进行评价，才能达到体育教学评价的目标，才有利于对不同学生的潜能进行挖掘，激励每位学生进步，使所有学生都能够在自己原来的基础上获得新的发展。

（四）正确运用评价结果

将体育教学评价结果充分利用起来能够有效改进体育教学效果，体育教师应在完成体育教学评价后，以体育教学目标或教学内容为依据对学生的学习方法以及兴趣爱好进行分析，对学生学习的优点有所了解，以便有目标、有针对性地对学习辅导策略进行制定，从而提高学生的学习效果。

在体育教学评价中,体育教师应以鼓励式评价为主,使学生充分认识自己的优势,增加学生的自信,使学生保持良好的学习和生活心态。教师鼓励学生体现了教师对学生的信任,这样教师也能够获得学生的信任。教师应善于观察学生,发现学生的潜能与优势,不吝夸赞学生。在体育教学评价中,教师要认真、真诚地评价每位学生,使每一位学生都感觉到自己是被在乎的,是受重视的,教师只有充分肯定学生的优点与进步,才能将学生学习的积极性充分调动起来,进而提高教学效率。

第二节 体育教师教学评价及其改革创新

一、体育教师基本素质的评价

体育教师是教学活动的主导者,在整个体育教学活动中扮演着十分重要的角色。因此,作为一名体育教师,一定要在平时注意提高自己的综合素质。通常来说,这些综合素质主要包括政治素质、能力结构素质、知识结构素质等多个方面,体育教师在平时的教学过程中要不断提高这几项素质。

(一)政治素质

政治素质是体育教师必不可少的一项重要素质,因为体育教师的政治倾向正确与否将直接影响着其日后的发展。一般来说,体育教师政治素质评价的内容主要包括思想道德修养、工作与学习态度、教书育人、遵纪守法、为人师表、文明行为习惯等几个方面。在评价的过程中,要密切结合教师的具体行为和表现来判定。

（二）能力结构素质

体育教师的能力结构素质主要包括体育教学工作能力、组织教学活动的能力、出色的表达能力、优秀的教育管理能力、体育资源的开发和运用能力、体育教学创新能力等。

（三）知识结构素质

作为一名体育教师，要想组织与管理好教学过程，提高教学质量，必须要具备完备的知识结构。一般来说，体育教师知识结构素质的评价内容主要包括：体育专业知识；体育基本常识；体育教育学、运动生理学与心理学理论等学科理论知识；体育教师能否用理论联系实践来组织与管理教学活动。

（四）身心素质

作为一名合格的体育教师，要具备良好的身心素质。体育教师的身心素质主要包括以下两个方面。

1. 身体素质

体育教师的身体素质包括运动能力、体育专项技术领域的能力。体育教师身体素质的好坏对学生的体育学习产生着至关重要的影响。

2. 心理素质

体育教师的心理素质也是非常重要的一个方面，具有良好心理素质的体育教师深深影响着学生的发展。作为一名合格的体育教师，要具备良好的心理稳定性，这样能潜移默化地对学生产生积极的影响。体育教师需要具备的心理素质主要包括敏锐的观察力、缜密的思维能力、良好的教学态度等。

第六章 体育教学评价理论与改革创新

（五）教师自身发展的素质

事物是处于不断变化和发展之中的，体育教育也是如此，为赶上学校教育发展的潮流，一般来说，体育教师自身发展的素质主要包括对运动理论的理解与接受能力、体育教师的学习能力、体育教师的发展潜能、体育教师的创新能力等。

二、体育教师基本教学能力的评价

要想成为一名出色的体育教师，要具备基本的教学能力，体育教师教学能力的强弱对学生学习成果和教学效果有直接的影响。为此，必须全面评价体育教师的能力，发现其中的不足，有针对性地培养与完善教师的专业素质与业务能力。[①]

一般情况下，主要从以下两方面来评价体育教师的教学能力。

（一）讲解示范能力的评价

从传播学的视角来看，体育教学过程也是信息传播与沟通交流的一个过程。大量的研究与事实表明，教师的讲解示范能力将直接影响着学生学习知识的获得程度。另外，教师的教学技能与学生学习成绩的提高直接相关。在体育教师的评价中，不仅要重视教学技能的评价，还要注重职业技能的评价，要将两方面结合起来进行。在体育教师教学技能评价中，关于讲解示范能力的评价应包括以下几个方面。

（1）能否清晰、简洁地传达各种教学信息。
（2）能否做出正确、完美的示范动作。
（3）能否运用富有趣味性的语言激发学生学习的热情。

（二）教法与组织能力的评价

体育教学的效果与体育教师的教学方法、组织能力直接相关，具体

---

① 张振华.体育教学理论与方法[M].北京：北京师范大学出版社，2016.

评价如下。

1. 教师教法的评价

一般从以下几个方面来评价体育教师的教法能力。
（1）教法是否符合教材的规定。
（2）教法是否符合学生的身心规律与特点。
（3）教法是否与教学环境相符。
（4）教法是否有利于教学活动的组织与开展。

2. 教师组织能力的评价

可以从以下几个方面评价体育教师的教学组织能力。
（1）教材内容的组织是否符合教学规律。
（2）教学组织形式之间的匹配是否合理和有效。
（3）教学媒体的利用是否合理，是否与教学内容相符，是否能提高教学效果。
（4）体育课堂教学结构是否合理，是否有利于学生的学习。

三、体育教师课堂教学活动的评价

一般情况下，一个完整的体育课堂教学主要由准备阶段、基本阶段和结束阶段三部分组成，这三个部分的评价内容如下所述。

（一）准备阶段的评价

体育教学的准备阶段以导入学习状态，说明教学目的，创设学习情境、氛围，引起学生兴趣等目的为主。可以从以下几个方面展开评价。
（1）队伍集合是否满足教学要求，能否激发学生学习的兴趣。
（2）能否在教学活动前安排合适的热身活动。
（3）是否达到了"寓导为乐"的教学要求。

（二）基本阶段的评价

体育课堂教学的基本阶段主要以学习新知识、复习旧知识为主要任务。可以从以下方面进行评价。

（1）教学场地器材的安排是否合理。

（2）教材的安排是否与教学顺序相符。

（3）教学活动中教师是否运用了多样化的教学手段与方法。

（4）教师组织的教学活动能否促进学生体质、技能、品德的共同发展。

（三）结束阶段的评价

体育课堂教学的结束阶段以促使学生身心恢复到课前状态为主要任务，主要包括放松活动、小结、布置课外作业、归置器材等内容。具体来说，这一阶段的评价主要体现在以下几个方面。

（1）放松活动的组织安排是否合理，并形成了一种习惯。

（2）"以学生为本"的教学思想是否在课堂中得到了体现。

（3）学生是否养成课后收拾运动器材的习惯。

四、体育教师课堂教学评价量表

（一）体育课教学内容评价量表

体育课教学内容评价量表见表6-1。

表6-1 体育课教学内容评价量表

分类		评价内容	评价标准				得分	备注
教学能力（35）	教学准备（6）	任务明确 教学步骤合理 场地器材妥当	好（6）	较好（5）	一般（4）	差（3）		
	教学方法（8）	教学方法恰当 与教材需要相符 与学习需要相符	好（8）	较好（7）	一般（6）	差（5）		
	教学组织（6）	组织形式合理 教学结构合理 教学程序合理	好（6）	较好（5）	一般（4）	差（3）		

续表

	教态仪表(5)	着装整齐 仪态大方 与教学需要相符	好(5)	较好(4)	一般(3)	差(2)	
	教学辅导(5)	及时提供保护帮助 因材施教 辅导有效	好(5)	较好(4)	一般(3)	差(2)	
	思想教育(5)	教师发挥主导作用 以教材属性为根据 进行教育	好(5)	较好(4)	一般(3)	差(2)	
三基完成程度(20)	新授教材(10)	1/3学生可以较好掌握 1/3学生基本掌握 1/3学生没有完全掌握	好(10)	较好(9)	一般(8)	差(7)	
	复习教材(10)	2/3学生能较好应用 1/3学生可以基本应用	好(10)	较好(9)	一般(8)	差(7)	
学生上课表现(15)	学习态度(6)	积极主动学习 讲纪律、听指挥	好(6)	较好(5)	一般(4)	差(3)	
	意志(6) 情绪(5)	情绪活跃 不怕困难 努力学习	好(5)	较好(4)	一般(3)	差(2)	
	师生关系(4)	师生之间互动 学生之间互动 合作学习	好(4)	较好(3)	一般(2)	差(1)	
生理指标(30)	平均心率(8)	以课的性质为依据 对心率指数进行确定	好(8)	较好(7)	一般(6)	差(5)	
	强度指数(8)	以课的性质为依据 对心率指数进行确定	好(8)	较好(7)	一般(6)	差(5)	
	课的心理曲线(6)	以课的性质为依据 对心理曲线进行确定,有马鞍形、锯齿形、后山峰形等几种类型	好(6)	较好(5)	一般(4)	差(3)	

续表

练习密度(8)	以课的性质为依据对练习密度进行确定	好(8)	较好(7)	一般(6)	差(5)
加分	教学创新				
减分	超时或出现伤害事故				

体育课教学评价等级标准见表6-2。

表6-2 体育课教学评价等级标准

分数	等级
90~100分	优秀
80~59分	良好
70~79分	一般
60~69分	及格
59分及以下	不合格

（二）体育课教学质量评价量表

体育课教学质量评价量表见表6-3。

表6-3 体育课教学质量评价量表

评价指标 优1.0		评价内容	评价等级				加权系数（100）	加权分
			优 1.0	良 0.8	中 0.6	差 0.4		
教学准备（15%）	课前准备	提前15分钟到教学场地 器械已准备好 场地布局合理 环境美观					5	
	教案编写	书写工整规范 明确了教学目的任务 与学生实际相符 合理编排内容、方法、程序、时间					10	

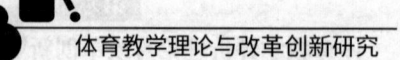

续表

评价指标 优 1.0	评价内容	评价等级 优 1.0	良 0.8	中 0.6	差 0.4	加权系数（100）	加权分
教学过程（55%）	教学组织	合理设计教学组织 合理设计学习组织					15	
	教学方法	合理运用教学方法 与教学需要相符 与学习需要相符					15	
	练习密度	练习密度与课的性质相符 练习密度与学习结构特点相符 练习密度与教学组织特点相符					10	
	生理负荷	生理负荷与课的性质相符 生理负荷与学习结构特点相符 生理负荷与教学组织特点相符					6	
	心理负荷	心理负荷与课的性质相符 心理负荷与学习结构特点相符 心理负荷与教学组织特点相符					5	
	教学创新						4	
教学效果（30%）	技能掌握	新授技术完成率≥75% 复习技术完成率≥85%					12	
	健身意识	学生主动参与锻炼					10	

续表

评价指标优1.0	评价内容	评价等级			加权系数（100）	加权分
		优1.0	良0.8	中0.6 差0.4		
思想教育	在教学中实施思想品德教育				8	

五、体育教师教学评价的弊端与改革创新

（一）体育教师教学评价的弊端

1. 评价目的过于简单

体育教师教学评价的目的在于促使体育教师和体育教学的不断发展。然而，现阶段体育教师教学的评价结果主要是作为教师考核及职称晋升的依据，它主要是对各项指标进行量化处理，以此来对体育教师的教学水平进行甄别。评价的目的只关注甄别及选拔，没有把重点放在体育教育质量的提高上，对教师的专业素质提升更无从谈起。

2. 评价标准过于一致

对体育教师教学的评价必须建立一个完善的评价体系，以对体育教师进行客观公正的评价，并便于在教师之间进行横向比较。但随着体育选项课和体育俱乐部教学的兴起，教师会根据各项目的特点采用不同的教学方法进行教学。在这种情况下，部分学校还用一样的评价标准来对体育教师进行评价，这是不适宜的。

3. 以终结性评价为主

当前对体育教师教学的评价仍然注重结果评价，主要是在学期结束后以同行评价、领导评价为主，不能反映体育教师在每个阶段的进步情况，忽略了体育教师的努力过程。

4. 评价结果反馈不及时

由于体育教师教学评价多为终结性评价，缺乏对教学过程的评价，使得体育教师在教学过程中得不到有效反馈，不能及时进行自我调整，评价结果的导向功能没有得到充分发挥。

(二)体育教师教学评价的改革创新

1. 转变评价观念

对体育教师教学进行评价，主要是为了发现体育教师自身及教学中存在的问题，从而及时解决问题，实现体育教师与体育教学的进步。通过发展性评价来解决现实问题，可以更好地促进体育教学工作的开展，促进体育教师素质的提升。评价不是给体育教师划分等级，所以要多关注发展性评价，引导体育教师在体育教学过程中积极探索，修正不良教学行为，通过评价实现提升体育教师队伍整体素质的目的。

2. 采用多元评价方法

通过体育教师教学评价，要促使体育教师不断发展自我，因此必须建立一套科学有效的评价方法体系。评价主要可以从自我评价、学生评价、同行评价这三个方面进行。

在教师自我评价的设计上应注重有利于教师全面发展的方向，如自我学习、技能发展、人际交往等；学生对教师的评价可通过网络平台进行，也可以设计调查问卷，问卷内容应体现教师的教学能力、学生对教师教学的接受程度等方面，如表6-4所示。学生评价教师的教学过程，向教师及时反馈评价结论，能够有效指导教师改进教学，提高自己的专业素养与执教能力，从而使教学水平上升一个台阶。学生对教师的教学过程进行评价，还能够对学生的正确价值观念和主体意识进行培养；同行评价要避免与利益挂钩，做到坦诚相待。

表 6-4　体育课堂教学学生评价案例

班级_____　任课教师_____　时间_____

问题	答案选项
老师上的这节课你喜欢吗？	A. 非常喜欢 B. 较喜欢 C. 不太喜欢 D 不喜欢
这节课所教的内容你感兴趣吗？	A. 非常感兴趣 B. 较感兴趣 C. 不太感兴趣 D. 不感兴趣
你能听懂老师的讲解吗？	A. 非常好懂 B. 比较好懂 C. 不太好懂 D. 不好懂
这节课的运动知识和技能你掌握了吗？	A. 掌握了 B. 基本掌握了 C. 部分掌握了 D. 没掌握
课堂秩序好吗？	A. 非常好 B. 较好 C. 不太好 D. 不好
老师的示范动作你觉得好吗？	A. 非常好 B. 较好 C. 不太好 D. 不好
同学们在课堂上的表现积极吗？	A. 非常积极 B. 较积极 C. 一般 D. 不积极
这节课中同学们团结合作，相互帮助进行练习的程度怎么样？	A. 非常好 B. 较好 C. 一般 D. 不好
这节课的运动量你觉得适中吗？	A. 适中 B. 比较适中 C. 不太适中 D. 不适中

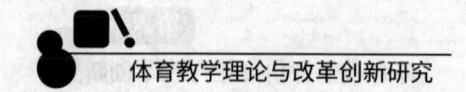

续表

问题	答案选项
当同学在练习中遇到困难时,老师耐心帮助同学吗?	A. 非常耐心 B. 比较耐心 C. 不太耐心 D. 很不耐心

3. 全面反馈评价结果

将有关体育教师教学评价的结果传递给教师,让教师了解自己工作中存在的问题,明确努力方向。教师如果对评价结果存在异议或建议,有权利提出申诉,有关部门汇总建议上报上级部门,给教师一个满意的答复。

第三节 学生学习评价及其改革创新

学生的学习评价内容主要包括体能、健康行为、学习态度、知识与技能、情意表现与合作交往等几个方面。

一、学生体能评价

关于学生体质健康评价的内容非常多,总的来看主要以体能为指标,体能是学生参加运动锻炼以及其他一切活动的基础。一般情况下,主要测评学生的肌肉力量与耐力、柔韧性、心肺功能等几项体能素质。

评价不同的体能素质,选取的评价指标及方法也不同,如分别用引体向上、仰卧起坐来测试男生和女生的肌肉力量,用1000米跑、800米跑分别测试男生与女生的心肺耐力,用坐位体前屈测试学生的柔韧性。

在体能测试与评价中具体可参照《国家学生体质健康测试标准》。

二、学生健康行为评价

学生健康行为评价也是学生学习评价活动的重要一部分。学生的全面健康主要包括身体健康、心理健康和社会适应健康等方面。营养、生活方式、环境、体育锻炼情况等是影响学生身心健康的主要因素。在体育教学中,应在学生掌握各项运动技能的同时开展健康专题教育,将学生的健康行为纳入评价内容体系中,促进学生的健康成长。

在评价学生的健康行为时,主要考虑以下几个方面。
（1）是否注意个人的卫生。
（2）能否维护好公共卫生。
（3）是否有不良生活习惯。
（4）能否自觉遵守作息制度。
（5）运动锻炼的安全是否有保障。

三、学生学习态度评价

在学生学习评价中,还要注意评价学生的学习态度。这主要是看学生是否具有强烈的学习欲望,是否具有高度的学习热情,是否具有较强的专注性,是否具有主动学习的意识和习惯等。这些是学生自信心的表现,良好情绪和意志力的表现以及合作交流的表现等。

四、学生知识与技能的评价

（一）知识评价

一般来说,学生体育知识学习的评价主要包括人体科学知识、体育理论知识、社会学知识、心理学知识和知识认识等方面的内容（表6-5）。

表 6-5　学生体育知识学习的评价

知识类型	从哪些方面评价
人体科学知识评价	（1）人体生理各项变化的基本规律 （2）运动卫生与自我保健 （3）运动适应性与运动处方 （4）体育锻炼对人体的各种影响
体育理论知识评价	（1）能否了解和熟悉世界体育史 （2）能否具备良好的理论知识与运动技能 （3）能否具备一定的体育比赛欣赏能力
社会学知识评价	（1）能否了解体育对人成长的影响 （2）能否了解体育的社会价值与魅力等
心理学知识评价	（1）能够了解体育对心理健康产生的影响 （2）能否了解和掌握心理障碍的调节方法
知识认知评价	能否理解知识对未来生活的重要意义

（二）运动技能评价

学生要想提高自己的身体素质，首先就要具备一定的运动技能，运动技能可以说是学生完成学习任务和运动锻炼的重要载体。关于学生运动技能的评价主要是看掌握运动技能的水平如何。通过运动技能的评价能有效激发学生学习的积极性，从而提升运动技能水平，促进自身全面发展。

五、学生情意表现与合作交往的评价

（一）情意表现的评价

情意表现也是学生学习评价活动的重要内容，这一评价的主要目的在于帮助学生养成积极向上、乐学与好学的好习惯。其中，学生的学习态度评价是重要的一方面，同时还要评价学生能否克服困难，正确面对教师的批评等。

(二)合作交往的评价

对学生进行合作交往评价的主要目的在于让学生正确处理竞争与合作之间的关系,帮助学生解决困难,走出困境,培养学生积极的社会责任感,在毕业后能迅速地适应社会。①

六、学生学习评价的弊端与改革创新

(一)学生学习评价的弊端

1. 对评价目的存在误解

学生学习评价的主要目的是通过检查学生的学习成果,使学生了解自身在某一阶段的学习情况,帮助学生认识到自己的不足和需要改进的方面。但是,在目前的学生学习评价中,对于评价的目的,很多教师都没有准确的认识,常把学生学习评价作为教学的最后一个环节,用考试或考核的方式评价学生的价值。这样很容易影响学生对体育课的兴趣,甚至会对学生未来的发展造成不利影响。不仅如此,这也会对教师教学水平的提高造成限制。

2. 评价内容缺乏全面性

当前,我国大多数学校都是针对考试而设定学生学习评价内容的,对于体育教育的内在意义没有给予太多的关注与重视。在学生学习评价中,只是重点对学生的身体素质、理论知识、体育技能等进行考察,不注重对学生社会性发展能力的考核,对于学生参与体育运动的态度、运动中的合作能力表现、体育思维等非常不重视。虽然教师很难准确测量与评定这些能力,但对这些能力进行评价的意义是不容忽视的,其不但体现了体育教育的内在要求,还有利于学生终身体育锻炼意识的确立和良好体育运动习惯的养成。学校应建立完善的评价机制,对学生进行全面评价,有机结合主、客观评价,推动学生学习评价的发展。

---

① 杨文轩,张细谦,邓星华.学校体育学[M].北京:高等教育出版社,2016.

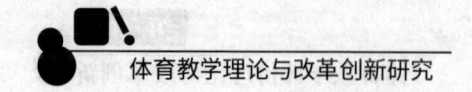

3. 评价方法缺乏科学性

现阶段,很多体育教师都没有深入认识体育教学评价的重要性,所以在评价中采用的方法不是很合理,这就导致重视定量评价、终结性评价等绝对性评价的现象在很多学校的体育教学评价中普遍存在,学校常以那些可测量的指标作为标准,而忽略了学生的自我评价、定性评价、过程评价,以及那些不可测量的内容。体育教师经常采取的评价方法过于片面,缺乏科学性,无法及时精准地反馈学生学习体育知识的过程,因此教师也无法通过评价对学生的学习情况形成正确的认识,很难改进教学策略,难以提升体育教学质量和学生的学习效率。此外,由于学生个体存在很大程度的差异性,而评价的标准和内容却是一概而论的。所以,个别身体素质较差的学生在被评价后往往会丧失自信心,对体育课失去兴趣。

4. 评价主体缺乏多元性

学生是体育教学的受教者,正确评价学生的学习情况可以给体育教师的教学带来直接的、可靠的经验。目前,许多学校在体育教学评价中对学生评价的认识不足,对学生的主体地位不重视,忽视了学生自评与互评,学生在自评与互评中按照自我喜好进行评价。此外,一些学校在体育教学中对学生学习的评价过于形式化,影响了体育教学评价功能的实现。

(二)学生学习评价改革创新的策略

1. 转变评价理念

在体育教学评价中,学校应立足教学目标,对素质教育的主体性、基础性、全面性和个体性予以充分把握,科学构建体育学科的评价机制,并基于此对科学的体育教学评价方法进行设计,同时推动评价内容和指标系统的科学化。可操作性的评价内容能够充分体现评价系统的导向意义。多角度、全方位、多策略、多层次的评价机制不仅要求科学评价学生的学习结果,还要求将学习过程的评价重视起来。在评价中,不仅要评价学生的体育技能和理论知识,还应该评价学生的体育意识,注重学

第六章 体育教学评价理论与改革创新

生的身心发展。

在学生学习过程的评价中,教师可设置学生成长记录袋(表6-6),这是过程评价的重要手段。将不同时间段学生的身体形态、机能、素质及运动技能等发展情况以及学生学习态度和学习行为的变化情况收录在学生的成长记录袋中,对每位学生的成长与学习都给予充分的关注,促进学生健康成长与学习进步。在体育学习评价中,应针对所有学生建立成长记录袋,使教师对学生的成长全过程和学习情况有一个清楚的了解,以便有效实施监控。建立成长记录袋也可以使学生全面认识自己的身体情况及体育学习情况,从而有目标地对自己的学习方法进行调整,实现进一步的发展。

为了更好地发挥这种评价方式的作用,在每学期结束时,教师组织班级成长记录袋交流会,鼓励学生反思自己的学习情况,并建议学生之间互相评价对方的体育学习情况,然后做出学期评定,评定时要以成长记录袋中收集的资料和学生的现实表现为依据进行,将评定结果收入记录袋,使成长记录袋的资料更加完整。

表 6-6 学生成长记录袋

年级____ 姓名____ 性别____ 出生日期____ 入学时间____ 学号____

可测性项目	身体形态	身高	时间						
			成绩						
		体重	时间						
			成绩						
		胸围	时间						
			成绩						
	身体机能	肺活量	时间						
			成绩						
		脉搏	时间						
			成绩						
		视力	时间						
			成绩						

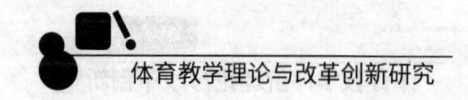

续表

体能	3分台阶试验	时间						
		成绩						
	50米跑	时间						
		成绩						
	引体向上	时间						
		成绩						
	立定跳远	时间						
		成绩						
	立位体前屈	时间						
		成绩						
运动技能		时间						
		成绩						
		时间						
		成绩						
		时间						
		成绩						
		时间						
		成绩						
基础知识成绩		时间						
		成绩						

2.构建综合全面的评价机制

构建综合全面的评价机制需从以下两方面进行。

（1）将形成性评价、判断性评价和全面性评价有机结合起来。现阶段,终结性评价方式在学生学习评价中占主导,这种评价方式简单明了,但比较缺乏信息反馈功能,对于学生体育学习的积极性和兴趣的激发作用不明显,也不能详细反馈学生的学习效果,难以帮助体育教师改进教学方法与模式。鉴于此,需要完善评价机制,对形成性评价、判断性评价和全面性评价相结合的评价机制进行构建,使三种评价方式相互渗透,优化评价效果。

（2）在评价中要考虑结合定量和定性评价。在具体的评价过程中,不稳定和不确定的因素总是不可避免地存在,学生或许不能正常发挥自己的体育技能和优势,最终导致评价不够详细和全面。将定性评价和定量评价有机结合起来更为科学和全面,能够更准确与详细地反映教师的教学情况及学生的学习情况。

3. 重视学生的主体作用

学生是体育学习的主体,也是体育学习评价的主体。在学习和评价过程中,要重视学生自我评价和学生互评的评价形式。高年级的学生已具备一定的鉴别能力和评价能力,能够参与体育教学评价,并提出自己的意见。单一的评价体系不能满足对促进学生全面发展的体育教学评价体系进行构建的需求,需要将体育教师和学生都作为评价主体,通过教师评价、学生自评和小组评价等多种方式来不断促进学习评价体系的完善,使评价系统主体化,如在学生体育与健康成绩评价中,可以将这三种方式结合起来使用,同时要明确各项评价内容的评价标准（表6-7、表6-8）。

表6-7 学生体育与健康成绩评价表

姓名_____ 班级_____

评价时间	评价内容	权重	评价形式			综合评定	学期短评
			自评	小组评	教师评		
第一学期	知识与技能	20%					
	学习态度	20%					
	情意表现与合作精神	20%					
	体能	30%					
	健康行为	10%					
第二学期	知识与技能	30%					
	学习态度	20%					
	情意表现与合作精神	20%					
	体能	20%					
	健康行为	10%					

续表

第三学期	知识与技能	30%				
	学习态度	20%				
	情意表现与合作精神	20%				
	体能	20%				
	健康行为	10%				
第四学期	知识与技能	30%				
	学习态度	20%				
	情意表现与合作精神	20%				
	体能	20%				
	健康行为	10%				
第五学期	知识与技能	20%				
	学习态度	20%				
	情意表现与合作精神	20%				
	体能	30%				
	健康行为	10%				
第六学期	知识与技能	30%				
	学习态度	20%				
	情意表现与合作精神	20%				
	体能	20%				
	健康行为	10%				

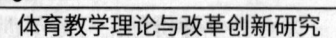

表 6-8 学生体育与健康成绩评价标准

	优秀	良好	及格	不及格
知识与技能（对体育与健康知识的认识；体育与健康知识、技能与方法的掌握和运用情况的了解程度）	了解	比较了解	了解一些	不太了解

续表

	优秀	良好	及格	不及格
学习态度	1. 课堂出勤与学习表现非常好； 2. 可以运用课堂上所学知识和技能参与课外体育活动	1. 课堂出勤与学习表现良好； 2. 基本上可以运用课堂所学知识和技能参与课外体育活动	1. 课堂出勤与学习表现一般； 2. 运用所学知识和技能参与课外体育活动时比较吃力	1. 课堂出勤与学习表现差； 2. 无法运用所学知识和技能参与课外体育活动
情意表现与合作精神	1. 喜欢参加体育活动； 2. 评价他人时公正准确； 3. 与同伴相互信任，合作学习，取得良好的学习效果	1. 喜欢参加各种体育活动； 2. 评价他人比较公正准确； 3. 与同伴相互信任，合作学习，学校效果偶尔良好	1. 能够评价他人； 2. 必要时与同伴共同学习，如果同伴提出请求，会一起参加活动	1. 不喜欢参加体育活动； 2. 不能评价他人； 3. 不喜欢合作学习，成功体验少
体能	90分以上（参照《国家学生体质健康标准》，下同）	75~89分	60~74分	59分以下
健康行为	1. 生活习惯良好； 2. 对个人卫生和公共卫生积极维护	1. 生活习惯良好； 2. 基本可以对个人卫生和公共卫生加以维护	1. 生活习惯较差； 2. 缺乏对个人卫生和公共卫生的维护行为	1. 生活习惯杂乱无章； 2. 个人卫生差，也不维护公共卫生

表6-7所示的学生体育与健康成绩评价完整记录了中学生在整个初中阶段的体育成绩，学生的进步幅度可以从中直观反映出来。构建学生体育成绩评价模式需要经历一个循序渐进的过程，要建立与该模式相适应的目标体系，使整个评价过程更有序、连续，从而充分发挥评价的激励功能。该评价模式对促进学生自主学习意识与能力的提高，对教师、家长进一步了解与监督学生的学习情况都有重要的意义。

传统的学生体育学习成绩评估表中，一般用"优"或"差"等字样来评价学生的成绩，这样的评价太笼统，采用这种评价方式，无法使学生对自己的优势、劣势等有一个完整与清晰的了解，从而也难以使学生发挥自己的优势、纠正自己的不足，这对学生的长远发展非常不利，这样一来，体育教学评价本来的功能与价值就没有得到有效的实现。表6-8

打破了传统评价方式的局限,使学生对自己的"优""差"有清楚的认识,学生只有认识自己,才能明确要朝哪个方向努力,如何努力,努力的目的是什么,从而少走弯路,实现长远的发展。

4. 重视对学生体育意识的评价

培养学生终生体育锻炼意识和能力是体育教学的重要任务,学生进行体育锻炼需要具备良好的身体机能、运动能力、欣赏能力等各个方面的素质,对学生这些能力的评价有助于提升学生的体育认识水平和体育锻炼的主动性,促使学生养成锻炼身体和健康生活的好习惯。所以,新的体育教学要求将体育运动和锻炼更加生活化,将不同的运动形式和日常生活联系起来。对身体素质较差的学生,教师要及时反馈和建议,考核评价时,要考虑他们平时的努力和阶段性进步,并注重对学生体育运动发展状态和方向的分析。

5. 采用个性化评价方法与手段

(1)个性分析法

在正式开始进行体育教学前,让学生自评,然后教师综合考查学生,根据学生的学习能力与起点确定适宜的评价方法。采用个性分析法时,一般用文字描述学生的学习起点。体育教师通过个性分析,可以对学生的个性特征及个体差异有清楚的了解,从而进行个性化教学,使学生在原有的起点基础上明确努力的方向,通过有针对性的学习而取得进步。

(2)契约评价法

体育教师将确定学生学习内容与任务的机会留给学生,使学生自主选择和确定,学生学习一段时间后,教师根据约定评价学生的学习情况和学习任务完成进度。这种评价方法能够使学生发挥自主性,提高学生学习的信心,也能使学生获得成功的体验。

(3)成果展示法

学生对运动技能的掌握情况直接反映了体育教学的成果。因此,可以让学生展示自己的运动技能,从而进行成果评价,以了解学生的运动技能水平,如让学生演练完整的健美操套路动作或武术套路动作,通过组织简易比赛活动来考查学生的技能水平,等等。成果展示评价方法有助于提高学生学习的积极性,也能增强学生的自信心。

第七章

体育教学管理理论与改革创新

体育教学管理是体育教学体系的重要组成部分之一，以体育管理理论和方法、体育教育规律及特点为依据对体育教学的各个环节进行科学管理，做好计划、组织、控制、监督等工作，有助于推动体育教学活动的顺利开展，顺利达成体育教学目标，提高体育教学质量。本章主要就体育教学管理的理论与改革创新进行研究，主要内容包括体育教学管理的基础理论、体育教学活动管理、体育教学资源管理、体育教学风险管理以及体育教学管理改革创新的手段。

第一节 体育教学管理的基础理论

一、体育教学管理的基本原理

（一）人本原理

人是管理活动的核心和主体，人本原理是指一切管理活动均应以调动人的积极性，做好人的工作为根本，要求管理者在管理活动中做到以人为本。

在管理系统中,人不仅是管理的主体,同时也是管理客体中最主要的因素,各项管理措施和管理手段的运用应首先作用于人,不断地满足人们的物质需要和精神需要,然后再通过人来发挥其能动作用,协调与其他管理要素的关系,最终实现全面发展。

人本原理要求体育教学管理者在管理实践中以人为本,重视人的工作态度、工作动力、工作能力的观察和挖掘,使人性得到发展。具体来说,在体育教学管理过程中应遵循以下基本原则。

1. 行为原则

个体的工作态度可以从行为上表现出来,行为是人们思想、感情、动机、思维能力等因素的综合反映。其中,人们的内在行为是意识,外在行为是动作。人的动机支配着人的行为,而人的需要又决定着人的动机。因此,了解人的需要和动机,根据人的行为特点进行管理是十分必要的。贯彻行为原则,必须了解人的心理反应,激发人的动机,提高人的心理适应性,扩大人的心理容量。

2. 动力原则

管理需要一定的动力,动力是决定管理效能的重要因素。如果没有动力,正常的管理秩序就会遭到破坏;如果没有强有力的动力,管理工作的效能就会受到影响,人的积极性就很难得到发挥。因此,管理者必须重视从物质、精神、信息等方面为工作人员提供动力支持。

3. 能级对应原则

在管理活动中,机构、法和人都有一个能量问题,按其能量大小可以分级,分别为高能级办高能级的事、低能级办低能级的事。由于人的能力大小不同,因此,要根据人的能力水平安排工作,以便人尽其才,各显其能。

(二)竞争原理

优胜劣汰是事物发展的一般规律。个人与个人之间、团体与团体之间、国家与国家之间,为了各自的目标和利益相互竞争,以求取胜的理论,就是所谓的竞争原理。

第七章
体育教学管理理论与改革创新

对于体育运动来说,竞争是其非常显著的特点,体育管理中的竞争无时无刻不存在。竞争会相应地产生压力,有压力就需要拼搏。实践表明,竞争原理在现代体育教学管理中有着很多方面的积极作用:通过竞争,能够让组织集体更具活力;可以激发工作热情以及人的进取精神;可以促进内部团结,增强团队的凝聚力。在应用竞争原理时,要注意杜绝不正之风,增进交流、互相提高,同时,还要保证竞争条件的一致性,并采取公正、公平的评价,从而最大限度地促进学生的付出与收获成正比。

(三)效益原理

不断提高效益(经济效益、社会效益、文化效益等)是现代管理追求的重要目标之一,在对各个环节的工作进行管理时,应该以提高效益为中心,合理使用各种资源,尽可能实现效益最大化。效益原理的实质是,一切管理都应该以取得效益为最终目标。

效益是管理的根本目的,因此体育教学管理也应该特别注重社会经济效益的实现,在追求效益的过程中应该树立科学合理的效益观,以提高效益为核心,协调影响管理效益的各因素的关系。

不同的管理者对管理效益的实现有不同的认识,目前,并没有一个准确的标准来定义效益评价,可以从不同的主体和不同的角度去进行。评价标准和方法不同,其结论也不同。通常来说,效益的评价主要分为领导评价、专家评价和群众评价。不同的评价都有它自身的利弊,评价的结果会直接影响组织对效益的追求,因此,有效的管理应综合考虑并运用不同的效益评价。

二、体育教学管理的方法

(一)宣传教育法

在体育教学管理中,宣传教育是较为普遍的一种管理方法。宣传教育方法指的是通过对宣传和教育等方式加以运用,使人们围绕共同目标而采取相应行动的一种管理方法。宣传教育方法的客观依据就是人们对思想活动的发展规律的正确认识。在体育教学管理中,采用灌输、疏导和对比等教育工作方法是使管理目标得以实现的有效方式,这些方法可有效激发行政管理人员、教师和学生的教学热情,是开展各项工作的前提。另外,宣传教育方法对其他管理方法的综合运用起着宣传、解释的优化作用。

(二)经济方法

所谓经济方法,是指以客观经济规律的要求为依据,通过对经济手段的运用,对各种不同经济主体之间的利益关系进行调节,以促进体育教学管理目标实现的一种方法。在体育教学管理过程中,通常采用工资、奖金、罚款等经济方法。

(三)行政方法

行政方法指的是依靠各级管理机构和领导者的权力,运用行政手段,按照行政系统规范进行管理的方法。该方法由上级发布命令,下级要服从上级,上下级之间的关系非常清晰。因此,行政方法的运用应遵循本部门的实际情况和管理活动的规律。同时,行政方法的运用也对上级领导者的领导素质提出了较高要求,不仅要求领导者具备较高的理论政策水平,而且还应具备较强的组织管理能力,以促进体育教学管理质量的提高及管理目标的实现。

三、体育教学管理的决策

(一)体育教学管理决策的含义

"决策"意为"做出决定或选择",管理就是决策,是指通过分析、比较,在若干种可供选择的方案中选定最优方案的过程。在体育教学管理中,体育教学管理决策具体是指通过分析、比较,结合实际情况选定最优体育教学管理方案的动态过程。对于学校体育教学管理而言,一方面,决策是领导者的基本职能,科学地进行决策是保证体育教学活动有效开展的重要条件,也是领导水平的重要标志。另一方面,在学校体育教学管理实践中,会发生各种各样的问题,如政策问题、制度取向等,这些问题都关系到学校体育教学工作的顺利开展、有序运行以及未来的科学发展,因此需要通过科学、合理的决策解决学校体育教学管理中的各种问题。

(二)体育教学管理决策的要求

1. 要重点呈现出体育教学的专业化特征

专业性强是体育教学活动的一个突出特点,这一特点要求体育教学管理人员要全面了解与掌握体育教学机制,加强全面且深入的管理,并对管理效果进行经常性的检查,从而对适应体育教学现状的管理制度与体系进行建立与完善。此外,在体育教学管理中,还应充分发挥体育教师的作用,同时要将其他管理因素严格控制好,并在教学过程中及时反馈有关信息,以此为依据来调整教学活动,改进教学管理,促进体育教学水平的不断提高。

2. 要表现出体育教学管理的特色

当前,在我国体育教学管理实践中已经呈现出了一些鲜明的特色,这些特色是在不断地研究与实践中逐渐形成的,具体表现在以下几个方面。

(1)在体育教学指导思想管理上,充分结合了社会需要与学生需要、学校体育与终身体育。

(2)在体育教学内容管理方面,有机融合了实践性与知识性、民族性与国际性。

(3)在体育教学的宏观控制上,有机结合了行政管理与业务督导、基本评价与特色评价。

(4)在体育教学过程管理方面,充分结合了教师主导性与学生主体性。

以上这些特色都符合我国体育教学管理的总体要求,所以取得了良好的管理效果。

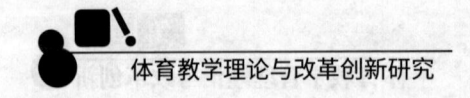

3.要全面管理体育教学质量

促进体育教学质量的提高与优化是加强体育教学管理的最终目的，因此要在体育教学质量上加强全面管理。全面管理要求将管理重点放在体育教学的各个环节上，而不是仅仅针对体育教学活动来进行管理。

四、体育教学管理的计划

现代体育教学组织与管理计划的制订是在充分考虑与协调安排体育教学各相关工作的基础上进行的。所制订的计划必须是可行有效的，能够使各方面的积极性得到全面提高的，能够为体育教学组织与管理的最终目标而服务。下面就现代体育教学组织与管理计划进行具体的分析。

（一）体育教学工作计划

体育教师在体育教学工程中开展工作要以体育教学工作计划为依据，充分按照计划有序开展工作有利于教学目标的顺利实现和教学效率的提高。在对体育教学工作计划进行制订时，需对国家制定的体育教学大纲加以贯彻，这样才能确保制订出来的计划与国家的大方向保持一致。体育教学工作的开展是分阶段的，因此相应的计划也有不同的划分，如针对年度体育教学工作而制订的全年教学工作计划，针对阶段体育教学工作而制订的单元教学计划等。

（二）课外体育工作计划

体育教学工作不仅是指课堂上的教学，还包括课外的一些体育工作，因此也应针对这一方面的工作制订相应的计划。开展课外体育工作针对的对象不同，相应的计划也就不同，如果是针对全校学生开展工作，那么就应该制订全校课外体育工作计划；如果是针对某一班级开展工作，那么就需制订班级体育锻炼计划等。不管是制订何种课外体育工作计划，都应结合学生实际来进行。

第七章 体育教学管理理论与改革创新

(三)业余运动训练计划

在学校体育中,业余运动训练是非常重要的一个组成部分,也是必须完成的一项重要体育任务,积极开展这一方面的工作对学生体质的增强和运动能力的提高具有很重要的影响。业余运动训练计划具体包括个人训练计划、集体训练计划等,对这些计划的制订应充分考虑学生运动员的运动特点。

(四)运动竞赛计划

经过一段时间的体育教学与训练之后,需要对教学与训练的效果进行检查,这就需要开展相关的运动竞赛活动。此外,对优秀运动人才的选拔也离不开这一手段。可见,制订运动竞赛计划具有举足轻重的意义。根据竞赛的不同周期,可以将运动竞赛计划分为年度竞赛计划、学期竞赛计划。在实施这些计划的过程中,要注意合理安排竞赛时间和选择学生感兴趣的竞赛项目,从而促进学生积极参与运动竞赛活动。

(五)教师培训计划

体育教师在任职之后,如果一成不变,不注意更新自己的知识库,就无法适应新时代和新社会的要求,因而就会被社会淘汰。所以,体育教师不管在什么阶段都不能放弃学习,要有意识地提升自己的工作能力。为提高体育教师的业务素质与能力,学校需加强对体育教师队伍的培养,需制订科学有效的教师培训计划。在具体的制订过程中,需对不同教师的业务水平及学校体育的整体发展情况进行综合考虑,在开展培训工作时,尽量不要影响体育教学工作的正常开展。

(六)场馆、器材计划

体育场馆与器材是体育教学工作尤其是实践教学工作开展的基础条件,体育教学所需的体育场馆与器材是否充足,是否存在问题,是否归还到位等,都需要相关人员进行明确与处理,因此要制订相应的场馆器材计划。在制订过程中,要对体育教学的实际需要进行充分的考虑,同时要对学校现有的资源与财力进行考虑,尽可能利用现有资源,避免资源浪费。

第二节 体育教学活动管理

一、体育课教学管理

(一)教学组织管理

体育教学尤其是体育实践课教学是在体育馆或户外运动场上进行的,这是体育课教学与其他学科教学的一个重要区别。学生在运动场上进行身体活动,没有像教室那样狭小空间的束缚,但也不是完全不受控的,这非常考验体育教师的组织能力,体育教师在体育实践课中的组织管理能力直接影响教学活动的顺利开展。体育教师只有精心安排和组织教学,才能使学生即使在室外运动场上也会找到像在室内上课那样的感觉,这并不是要束缚学生,而是要让学生遵守纪律,约束自己的言行举止,将注意力集中到观察示范动作和练习上。

体育教学组织形式还直接影响教学方法的运用效果,体育教师只有以合理的方式组织教学,才能提高教学效率,取得良好的教学效果。体育教师的教学技能水平能够从其设计及运用教学组织形式的过程中体现出来。体育实践课教学中教师采用的组织形式主要有以下几种。

1.集体教学

集体教学的组织形式适用于新内容的教学中,采用集体教学的方式,能够统一传授新内容,并对学生学习中存在的普遍性问题集中进行解决。在集体教学中,队形的设计是非常关键的环节,体育教师不仅要合理设计学生的队形,还要为自己选择适宜的站位。

体育集体教学中教师可设计与运用如下几种队形。

第七章 体育教学管理理论与改革创新

（1）横队队形

横队队形是非常常见的一种队形。如图7-1所示，体育教师将学生分为四列横队，队形整齐，给人带来很好的视觉体验，并为学生成双成对练习提供了方便，这种队形也便于教师集中管理。

这种队形的不足在于后排学生观察教师的示范动作时容易被前排学生挡住视线，所以在示范时要注意调整队形，使每位学生都能看清楚示范。

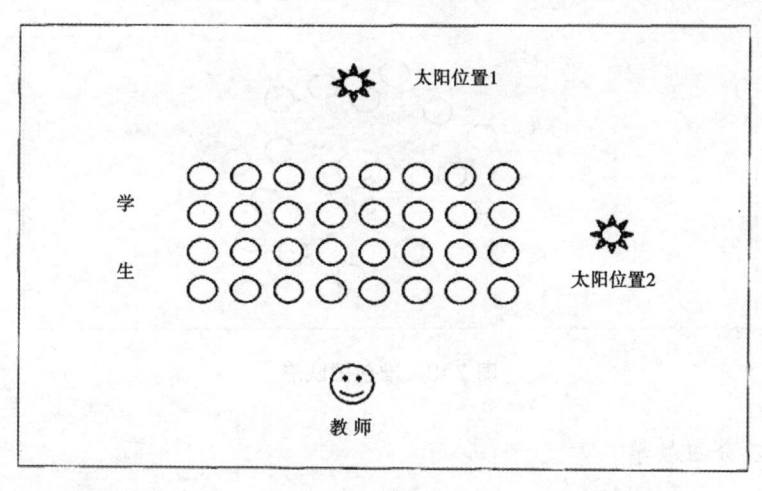

图7-1 横队队形[1]

（2）包围队形

如图7-2所示，学生围成一个大圆形，教师站在圆形中央，学生之间保持一定的距离，以免练习时发生肢体碰撞，影响练习效果。教师也要与学生保持适宜的距离，确保示范动作时不受影响。

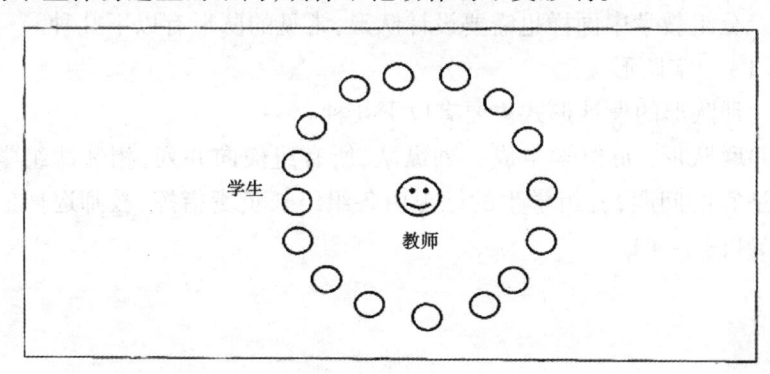

图7-2 包围队形

---

[1] 马定国.高校公共体育管理[M].北京：北京体育大学出版社，2006.

（3）准包围队形

如图 7-3 所示，学生围成一个不规则的圆形，教师依然站在圆形中央。一般在以学生练习为主的教学中采用这种队形。教师站在中间做简单的讲解和示范，然后由学生自由练习，所以学生的站位既要保证能清楚地观察教师的示范动作，又要保证在练习时互不影响。这种队形也便于在课的结束部分迅速集合，节约时间。

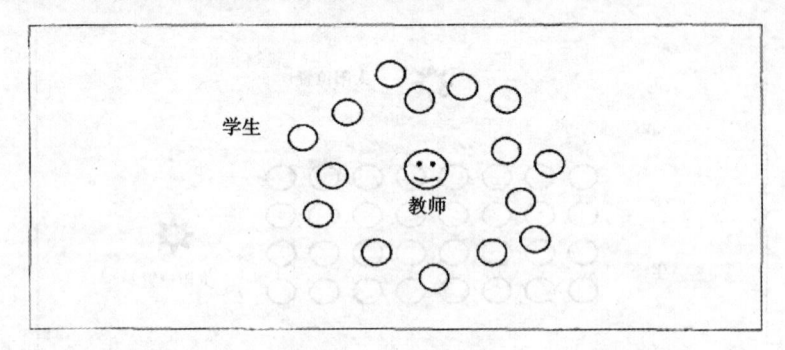

图 7-3 准包围队形

2. 分组教学

分组教学在体育教学中也是很常见的一种组织形式。分组教学的优势在于设计队形比较方便，也节省了集合时间，练习密度大，而且教学的针对性强，教师可以发现各组学生的问题，并进行针对性解决。分组教学是因材施教、个性化教学的主要表现形式，体育教师主要根据学生的身体素质水平和运动能力进行分组，不同组的学生可以相互交流和学习。分组教学中同样也需要设计队形，常见的队形有以下几种。

（1）一字队形

这种队形的设计形式主要有以下几种。

并联队形：每组学生成一列纵队，所有组横向并列，相邻两组学生保持适宜的间距，各组学生的练习由各组组长负责指挥，教师巡回监督与指导（图 7-4）。

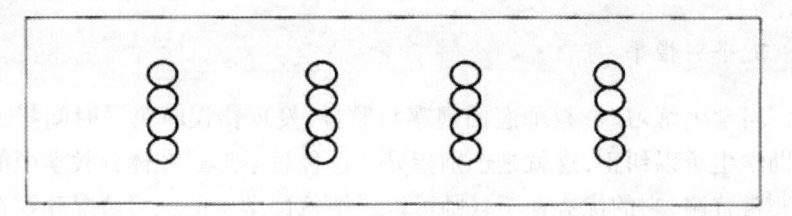

图 7-4　并联队形

串联队形：每组学生成一列横队，所有组排成一字形，相邻两组学生间隔一定的距离，每组学生的练习由该组组长负责指挥，教师巡回监督与指导（图 7-5）。

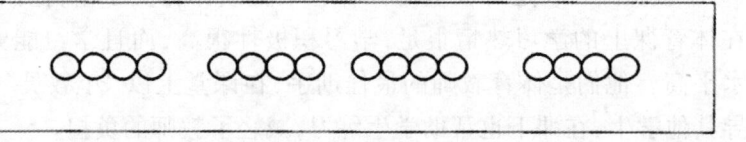

图 7-5　串联队形

糖葫芦队形：每组学生围成一个圆形，所有组站成一排，保持适当的间距，同样由小组长带领自己的组练习，教师负责指导（图 7-6）。

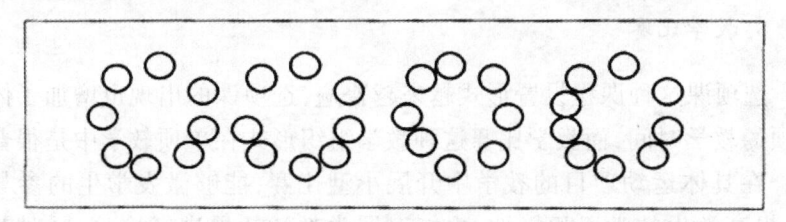

图 7-6　糖葫芦队形

（2）田字队形

如图 7-7 所示，各小组围成一个正方形，所有组排列成一个田字型，由小组长带领自己的组练习，教师负责指导。

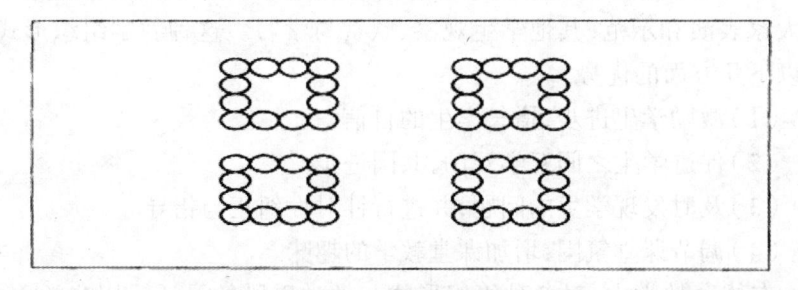

图 7-7　田字队形

3. 个别指导

当学生练习时，教师巡回观察与监督，发现错误时第一时间指出并帮助学生予以纠正，这就是个别指导。这种教学形式在体育教学中的运用非常普遍，它的优势在于教师可以了解每位学生的练习情况和存在的问题，使学生及时纠正错误动作，并可以帮助他们找到适合自己的学练方法，提高练习效率。

4. "小教员"辅导

"小教员"一般是班级里的体育骨干生或体育尖子生，他们的特点是在体育课上的学习热情很足，学习积极性很高，而且学习能力强，运动水平高。他们是体育教师的最佳助手，在课堂上以"小教员"的身份辅导其他学生，在课下也帮助学生练习，减轻了教师的负担。

体育尖子生辅导其他学生的同时也能巩固自己的运动技能，锻炼自己的语言表达能力、动作示范能力以及合作学习能力，同时也能培养集体主义精神和团结精神。

5. 教学比赛

选项课这种课程设置形式越来越普遍，选项课的出现也增加了体育单项的教学时间，而教学比赛这种教学组织形式在单项教学中是很普遍的。在具体运动项目的教学中开展小型比赛，能够激发学生的参与热情，提高学生的学习积极性，也能对课堂教学效果进行检验，同时对培养学生的竞争意识、体育道德、实战能力也是非常有帮助的。

6. 观摩表演

体育课上教师经常会让一些掌握动作快、动作质量高的学生站出来给大家表演和示范，其他学生观察、欣赏与学习。这种教学组织形式具有以下几方面的优势。

（1）激励学生进步，增长学生的自信。
（2）促进学生之间互学互助，共同进步。
（3）及时发现学生的问题，并进行针对性纠正与指导。
（4）调节课堂氛围，增加课堂教学的趣味。

在体育教学中，对各种组织形式和教学手段的灵活运用非常重要，

第七章 体育教学管理理论与改革创新

一般集体教学适用于新内容的教学中；分组教学和个别指导适用于旧内容的复习与巩固中；教学比赛适用于单项教学中；小教员辅导和观摩表演适合用来培养学生的综合素质。各种教学组织形式都有自己的优点和缺陷，因此要根据教学需要将多种教学组织形式与教学手段综合起来运用。在体育教学中，如果学生一整节课都不停地练习，难免会感到枯燥，学习兴趣会下降，学习效率也堪忧，对此，体育教师应在适当的时间采用动作点评、集体纠错、观摩表演、小游戏等教学手段来调节氛围，缓解疲劳，使学生以良好的状态投入后面的练习中。

（二）教学常规管理

体育课堂教学管理是体育课堂教学的主要工作与任务之一，也是影响体育教学效率和质量的关键环节。为了保证体育课堂教学的顺利开展，保证高效实施教学方案，保证按时完成教学任务，取得良好的教学效果，体育教师和学生都要严格遵守课堂教学常规，自觉规范自己的言行，并相互监督，共同维护课堂秩序，共同创建理想的教学环境，共同为实现课堂教学目标而努力。

体育教学常规包括教师上课常规和学生上课常规两个部分，因此要针对教师和学生分别对《体育课教师上课常规》和《体育课学生上课常规》进行制定并不断完善，这是管理人员督促检查体育教学工作的重要依据，也是体育教师管理学生的重要依据，管理人员根据规定对教师的教学行为、学生的学习行为、课堂秩序予以规范和约束，保证教师与学生安全、顺利地完成教学任务和学习任务。一般来说，教师的教学常规主要表现在教案、着装、时间、对场地器材的使用、管理学生、考核等方面；学生的上课常规主要表现在考勤、着装、课堂秩序、使用场地器材、请假等方面。在体育教学常规管理中，一定要重视课堂安全管理，时刻谨记安全第一，在安全的环境下开展教学工作。

（三）教学制度管理

1. 督导制度

督导指的是学校管理部门对学校体育教学工作的监督与管理。由学校管理部门对教学管理制度予以制定,体育教学部执行制度,展开严格的教学管理,提升体育教学部的工作质量,提高体育教学水平。对督导制度的制定必须规范,并不断健全与完善,为体育教学管理提供重要的依据与制度武器。

（1）体育教学督导的目的

学校管理部门督导体育教学工作,主要是为了对体育教学进行检查与规范,解决体育教学中的问题,提高体育教学的科学性、规范性、制度性,最终促进体育教学质量的提升。

（2）体育教学督导的途径

学校管理部门从宏观层面督促与指导体育教学工作,督促与指导的途径有召开座谈会、听课、对教案进行检查等,采取这些方式能对教师的备课和上课情况以及学生的学习情况有一定的了解,总结体育教学工作开展中值得肯定的地方,并指出实际存在的问题,本着提高体育教学质量的宗旨,督促体育部门改进教学工作,解决主要问题。

（3）体育教学督导的执行

学校管理部门对体育教学工作的督导主要有两种执行模式：一种是定期或不定期检查,将督导工作提升到制度层面,形成惯例；另一种是"蹲点",对体育教学的整个过程或体育教学问题发生的来龙去脉进行了解,基于对现实情况的把握而采取有效的方式解决体育教学的问题,促进体育教学系统的高效运作,提高体育教学的质量。

2. 集体备课制度

体育教师集体备课可以相互沟通与交流,互相分享教学理念、教学经验,互相学习,在教学组织形式、教学方法手段上相互切磋,并开动脑筋,积极思考,集思广益,为提高体育教学质量而群策群力。

体育教学考核方法一般是比较统一的,体育教师在集体备课时也能借此机会讨论如何建立一套科学而健全的体育教学考评体系。集体备课的时间一般建议一周一次,时间相对固定,并在制度层面严格规范与落实该计划,使之成为良好的传统。

3. 检查考核制度

检查考核制度是学校教学中的重要制度,体育检查考核制度是学校体育部门的内部制度,管理者检查与考核体育教师的教学能力、教学素养及综合素质,检查其在体育课上的教学工作,进行量化评价,从而进一步规范体育教师的教学工作,提高其教学技能和业务能力。

(1)考核目的

学校教务部门检查与考核体育教师的教学工作,督促体育教师将备课和课堂教学的规范与要求重视起来,使体育课堂教学更规范,符合制度要求,这样才能使教学质量上升一个台阶。

(2)考核内容

对体育课堂教学的检查与考核主要包括教案实施情况、课堂秩序、教学计划实施情况、教学组织形式、教学方法的运用等内容。

(3)考核操作

学校教务部门定期或不定期检查考核体育教学工作的开展情况,如果是定期考核,则明确规定考核时间,要求体育教师在规定时间内将教案、教学报告按时上交给教务部门,便于管理人员第一时间掌握信息。不定期考核的方式是管理人员不定期听课或抽取教案进行检查,对体育教师的日常教学情况有所了解,指出问题,规范日常教学行为。

二、常规课外体育活动管理

(一)群体课外体育活动管理

学生集体参与的课外体育活动应由学校有关部门统一组织与管理,有关部门应定期组织开展丰富多彩的校园体育活动,吸引学生积极参与,使学生的课余生活丰富起来,同时也使学生在参与课外体育活动的过程中巩固运动技能,提高健康水平。通过组织课外体育活动,应使学生发现自己感兴趣的运动项目,并找到适合自己的锻炼方法,使其将参与体育活动作为良好的习惯保持下去,为终身体育锻炼奠定基础。

对群体性课外体育活动的管理要充分发挥学校有关部门及组织的重要作用,集中多方面力量促进课外体育活动的顺利开展,提高课外体育活动的开展质量和学生的参与效果。

1.纳入学校体育工作计划

群体性的学校课外体育活动应受到学校领导的重视,要将此纳入学校体育工作年度计划中,根据学生的需要和体质情况出台具有可行性的组织实施方案,做好周全的计划,采取有效的措施来落实计划。

2. 有关部门加强指导

在群体性课外体育活动的组织管理中,学校体育教学部应发挥专业优势,利用专业资源提供指导,具体执行课外体育活动组织实施计划。在计划实行中要制订详细工作方案,在指导、管理上明确责任,提高指导与管理的效率及效果,保证计划与方案顺利实施。

3. 各院系发挥作用

学校一年一度的运动会是非常盛大的体育活动,各院系的学生都可以报名参加,各院系有关部门要鼓励学生踊跃报名,选拔优秀的选手代表院系参赛,为院系争得荣誉,在参赛过程中传播本院系的文化,使其他院系学生对本院系多一些了解。

4. 学校体育协会发挥作用

学校体育协会是以学生为主的群众性组织,协会组织开展的课外体育活动备受关注。协会中的体育积极生或尖子生在课外体育活动的组织开展方面总是积极的、热情的,他们的参与度很高,而且影响力大,能吸引与带动周围学生参与课外体育活动。学校体育协会在传播体育知识、体育文化方面发挥着重要作用,协会成员参与丰富多彩的体育活动,也会在学校组织的课外体育活动中承担重要工作,发挥自己的组织管理能力,呈现自己的技能水平,展现自己的闪光点,以榜样的身份积极影响广大学生参与课外体育活动。

5. 学生工作处提供协助

学生工作处的工作都与学生息息相关,课外体育活动是面向广大学生组织开展的,因此学生工作处理应主动提供协助与配合,为学校体育工作的顺利开展贡献自己的一份力量。

6. 学生会积极参与

学生会体育部在组织群体性课外体育活动方面应发挥重要作用,并将此作为自己的本职工作,体育部的骨干或管理人员尤其要发挥领导作用,发挥聪明才智,争取将课外体育活动办好。学生会体育部在自主策划课外体育活动计划时,应主动向其他组织寻求支持或帮助,如体育教学部的技术支持,学生处的人力支持,财务部的资金支持,等等。如果是由体育教学部策划课外体育活动,则学生会也应主动提供帮助,参与活动筹备、活动实施以及活动后期总结等各环节的工作,全面参与整个过程,提高课外体育活动的举办质量。

（二）早操、课间操的管理

为了增强学生体质,培养学生良好的运动习惯,使学生劳逸集合,提高学习效率,有关部门明确出台了关于组织早操和课间操活动的相关规定,早操与课间操也成为学校的一大传统。早操与课间操是最常见的课外体育活动形式,也是课外体育活动管理的重要内容,学校要加强这方面的管理,提高学生做早操与课间操的积极性,避免这两项课外体育活动的开展只是流于表面形式。

学生做早操不仅能锻炼身体,还能唤醒大脑,为学习文化课做准备。在上午上课的中间时段安排课间操,可以使学生缓解大脑疲劳,调整状态,保持头脑清醒,上好第三、四节课。

1. 管理方式

体育教师和学校管理人员应共同参与管理学生的早操与课间操活动,但要以一方为主,另一方为辅,具体视实际情况而定。如果学生的宿舍较为分散,不是集中住在一个区域,那么在早操的管理中,管理者就要发挥主要作用,体育教师辅助管理;如果学生的宿舍较为集中,那么在早操管理方面体育教师应发挥主要作用,学校管理人员提供辅助。课间操管理中一般由体育教师发挥主要作用,学校管理人员也要参与督导。

2. 提高活动效率

（1）班主任督促、检查

在早操与课间操管理中,不管是以学校管理人员为主,还是以体育教师为主,班主任都不能完全不参与管理,班主任在学生群体中有很高的威望,所以要多督促学生自觉做操,检查学生的参与情况。

（2）培养学生的好习惯

如果学生晚上入睡时间太晚,第二天早上就会赖床,做不到按时起床,耽误做早操时间,所以必须严格出台作息规定,培养学生良好的作息习惯。班主任或宿管人员要做好这方面的检查,只有作息规律,睡眠时间充足,学生做操时才会积极参与,充分活动身体。

（3）建立健全督查制度

学校早操与课间操活动的缺勤率比较高,学生经常以各种理由请假,针对这种情况,应建立督查制度,制定激励与奖赏、批评与惩罚的机制,奖惩分明,提高参与率。

三、课外体育训练管理

学校要依据科学管理理论来管理课外体育训练,科学组织课外体育训练活动,对训练时间、训练计划、训练负荷进行合理安排,从学生的身体发育情况出发对适宜的训练方法进行设计与运用。

在学校课外体育训练管理中,具体涉及以下几个方面的管理内容。

（一）组织与计划管理

要顺利开展学校课外体育训练活动,首先要加强组织管理,提供组织保证,在管理中要将训练内容确定下来,对运动员加以选拔,完成业余学校运动队的组建。此外,还要根据实际情况制订多年、年度、阶段、周、课时等不同类型的课外体育训练计划,有了合理的训练计划,才能按照计划安排具体的训练工作,最后依据计划对训练效果进行检验。

（二）教练员管理

组建优秀的教练员队伍,对其进行专业培训,使其对现代运动训练的理论知识加以学习并掌握,对课外体育训练方法与手段灵活运用,积累丰富的训练经验,用先进的训练理论指导训练实践,并在训练中发挥主导性,做好对训练效果的考核工作。在教练员管理中,除了进行专业业务能力的管理外,还要关心教练员的工作环境、薪资待遇、进修机会,使教练员能够全身心投入对学生的训练指导中。

(三)运动员管理

作为学校课外体育训练的主体,学生又多了一个运动员的角色,要重视对运动员的培养与管理,包括思想道德管理、文化学习管理、训练管理,提高学生运动员的思想道德水平,使其训练态度积极端正,训练意识提升,养成良好的训练习惯,并能正确处理自己的文化学习与训练关系,主动找老师或同学补落下的功课。在运动员管理中,还要加强饮食管理,营养均衡。另外,安全管理也非常重要,要时刻注意运动员在训练中的安全,预防过度疲劳和运动伤病。

(四)训练质量管理

开展学校课外体育训练,要明确质量要求,确定训练任务与目标,加强质量管理,正确实施训练内容,选择严密的训练组织方式,采用丰富恰当的训练方法,合理安排训练过程,安排适宜的运动负荷,实施个性化训练,并将思想教育融入训练中,加强对训练中突发事件的紧急处理,这样能够有效提高学校课外体育训练的质量。

(五)竞赛管理

体育训练与体育比赛之间有着非常密切的关系,进行体育训练是为了取得良好的比赛成绩,比赛是对训练效果进行检验的重要手段,二者不可分割。因此,在学校课外体育训练管理中,对竞赛的管理也很重要,要将竞赛管理纳入训练管理体系中,重视对训练效果的检验,通过竞赛发现训练中的问题,了解运动员的训练水平,并制订新的训练计划或调整原有训练计划,为取得更好的比赛成绩而不断努力。

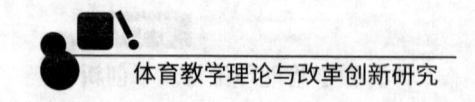

第三节 体育教学资源管理

一、教学主体管理

（一）体育教师管理

1. 体育师资队伍建设

体育教师管理的基础是建立一支业务水平高、作风优良的体育师资队伍。师资队伍建设主要从以下几方面着手。

（1）体育师资编制规划

进行体育师资队伍编制规划需要综合考虑当前学校体育发展状况和未来发展需要，具体考虑因素如下。

①国家政策法规。依据学校体育法规的相关规定（如《学校体育工作条例》）对体育教师进行编制。

②学校体育的基本状况。这里所说的学校体育基本状况主要指学校体育工作职责，如体育教学、课外体育活动、课余体育训练和竞赛等相关工作任务，具体依据教学数量和其他体育活动的开展情况计算工作量。

③学校体育工作发展趋势。根据学校体育工作的开展需求，大体计算所需师资数量，要保证师资数量能够满足学生体质健康测试、课外体育活动、课余运动训练、课外体育赛事等工作开展的基本需求。

（2）选拔引进体育师资

确定体育教师编制后，需调整与优化现有体育教师结构，根据需要招聘新的优秀体育教师，基本程序是公布招聘信息、笔试、面试、试讲、录用、培训等，在招聘过程中，要全面考量体育教师的专业知识与技能、思想素质、业务素质和身体素质等。

2. 结构管理

（1）性别结构

关于不同性别体育教师的配置，要参考上体育课的学生的性别比例。体育理论课不管是男教师还是女教师，都可以面向所有学生授课。在体育实践课中，一些项目适合男教师面向男生授课，女教师面向女生授课，必要时按性别分班授课，所以不同性别体育教师的比例要根据学生性别结构来定，二者要达到一定的匹配度。男女分开上课是为了保护隐私，消除学生的心理障碍，使学生轻松上课，充分展示自己的运动潜能和技术水平。

（2）年龄结构

体育教师的年龄结构也是值得关注的一个问题，不同年龄的教师都有自己的优势，老教师教学经验丰富，年轻教师充满活力，容易接受新事物，中年教师稳重，有威信。因此，学校要合理搭配老、中、青不同年龄的体育教师，使各年龄段体育教师充分发挥自己的优势，同时相互学习，取长补短，不断完善自己。具体来说，老教师要学习一些新知识、新方法，中年教师要更好地把握好体育教学的发展趋向，并不断提升自己，年轻教师要多参与实践活动，积累经验，虚心学习。只有合理搭配，互相学习，才能整体提高体育师资队伍的教学能力。

（3）学历结构

不管是哪个学科，都对教师的学历有严格的要求，而且学历越高的教师越容易受到肯定，教育单位在教师招聘上严格提出学历要求，学历越高，机会越多。现阶段，我国体育教师的学历水平总体上比其他学科教师的学历水平低，这个问题长期存在，所以要尽快改变这种现状，吸纳高学历体育教师人才，尤其是研究生、博士生学历的体育教师，高学历体育教师在整个师资队伍中所占的比例越大越好。

体育教师的教学水平、业务素质、科研能力、训练素养等都能从其真实学历水平中得到一定的体现。学历高的体育教师不管是知识水平、教学能力、科研能力还是训练能力都比较高，而且注重全方位发展。因此，在体育教师管理中要特别重视建设高学历的体育教师队伍，关注在职教师的继续教育，加强对体育教师的在职培训。

（4）职称结构

体育教师的业务素质尤其是科研能力也体现在职称结构中，职称越高的体育教师一般教学经验和科研经验越丰富,越熟练教学技能和科研方法,也形成了自己的教学风格与教学特色。所以,学校要不断加强对体育教师的培训,提高体育教师的综合素养和业务能力,使其有机会在职称评定中获得高职称荣誉,这对低职称体育教师来说也是非常重要的发展机会。一所学校整个体育教师队伍的职称结构反映了这所学校的体育教学能力和体育科研能力。

（5）知识结构

体育教师要掌握丰富的体育知识、专业知识以及相关学科知识、科学知识、文化知识等各种类型的知识,知识结构要完整、充实、合理,只有拥有丰富的知识和熟练的知识运用能力,才能上好体育课。因此,体育教师要养成主动学习的好习惯,不断学习新知识,掌握新技能,提高自己的知识素养。

3. 绩效管理

体育教师的绩效管理从以下几方面展开。

（1）绩效评估

体育教师的绩效评估包括以下两点。

①行为评估。评估体育教师的出勤率、工作完成率等日常工作行为。

②结果评估。评估体育教师所从事的体育工作的效果,如学生的体质健康水平、体育技能水平、体育竞赛成绩等。

（2）绩效反馈

绩效反馈就是在得到评估结果后,向组织和个人反馈评估结果。常见的反馈形式有书面通知、面谈交流等。不管如何传达,都要保证传达的准确性,使体育教师明确自己的工作绩效,及时发现自己在教学工作中的不足,总结经验,不断改善。

（3）绩效提升

绩效反馈是绩效提升的基础,绩效提升涉及以下工作。

第一,体育管理部门通过会谈、会议、培训等方式对体育教师进行绩效指导,使绩效较低的教师掌握提升绩效的好方法。

第二,体育教师总结自己上一阶段的绩效表现,在此基础上探索绩效提升的途径。

第三,加强跟踪管理,积极贯彻落实绩效提升的方法途径。体育管理部门密切关注每位体育教师的绩效行为,以保障绩效提升方法的落实,有效提升教师绩效。

4.薪酬管理

为了更好地对体育教师进行绩效管理,必须实施科学的薪酬管理,对体育教师的薪酬进行管理时,注重责、权、利的对等,激励体育教师努力提高自己的工作绩效。

在薪酬管理中,要建立与健全薪酬制度,考虑体育教师的工作特点和性质,在相关制度下建立相应的薪酬管理制度。通过制定和实施薪酬制度,鼓励体育教师积极参加培训,提高工作绩效和工作质量。[①]

(二)学生管理

1.管理原则

(1)增强体质

在学校体育教学中,对学生进行管理主要从体质健康入手,主要就是看学生的体质水平是否得到了提高。如果学生经过一段时间的体育学习后,体质没有增强,那么体育教师在接下来的教学中就要重点加强对学生健康体质的培养。

(2)普及为主

在学校运动队训练中,教练员对运动员的竞技能力提出了较高的要求,希望将学生运动员培养成为尖子选手,使其在比赛中获取优异的成绩。很多学生都无法承受高训练负荷,面对这一情况,学校需强调学校体育活动应以普及为主,提高学生的体质健康水平才是体育教育工作的根本任务。因此,坚持普及为主的原则可以对运动训练中的矛盾进行处理。

(3)全面发展

在学校体育工作的各个方面都要加强对学生的管理,在不同工作中管理的侧重点不同,但总的目标都是促进学生的全面发展,使学生拥有良好的身体素质,掌握运动技能,具备一定的社交能力和良好的审美能力等。只有将学生的全面发展重视起来,才能提高学校体育工作的

[①] 张瑞林.学校体育管理学[M].北京:高等教育出版社,2014.

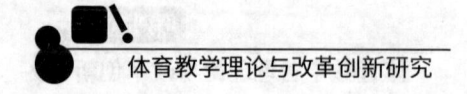

效益。

2. 管理内容

（1）体质健康管理

提高学生体质健康水平，促进学生身心协调发展是学校体育教学的主要任务和目标之一。青少年学生的健康状况反映了中华民族的活力，对民族未来发展有重大影响，因此在体育教学中要高度重视学生的体质健康管理，促进学生健康发展。学校在学生体质健康管理方面应做好以下工作。

①健全学校组织机构。

②建立专门的学生体质健康管理制度。

③加强对学生的健康教育。

④建立学生健康档案。

⑤定期检查评估学生的体质健康状况。

在学生体质健康管理中，要特别抓好体能测试工作，加强体能测试管理，这方面同样可以像学校体育赛事管理一样构建智能化管理系统平台，提高管理效率。学生体能测试管理系统平台的模块设计如图7-8所示。为了保证该系统的顺利运作，学校有关部门应提供资金支持、技术支持和人力支持，选拔懂技术、善管理的体育教师来担任该系统的管理人员。

（2）课堂纪律管理

体育课堂教学中，要加强对学生的纪律管理，这样才能从基础层面保障体育课堂教学效果。严格的体育课堂纪律管理应从如下几方面进行。

①严格要求学生的基本言行规范。

②维护课堂秩序。

③培养学生干部，发挥学生干部的作用。

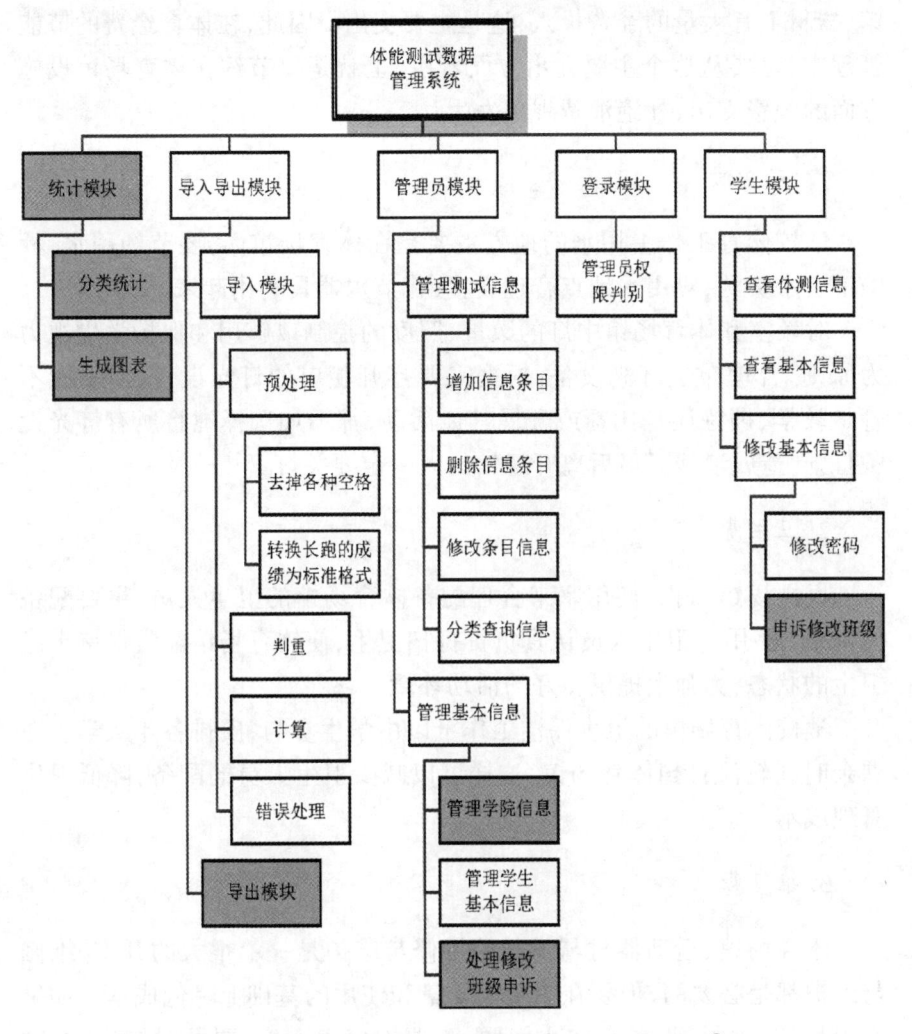

图 7-8　学生体能测试管理系统平台的模块设计[1]

二、教学经费管理

（一）节能管理，杜绝浪费

学校体育经费主要用于体育教学、体育训练和体育比赛，在体育场

---

[1] 司苗杰．智慧校园背景下高校学生体质健康管理研究[D].吉首：吉首大学，2016.

馆、器材上有大量的经费投入,这是主要支出。因此,在体育经费的节能管理中,也要从这个主要支出方面着手,也就是要节约在体育场馆设施方面的经费支出,杜绝浪费现象发生。

1. 水、电费

学校体育工作中用水的地方主要是在体育场馆内,要节约用水,杜绝浪费水资源,对用水地点合理设置,将节水器具利用起来。

对教室和体育场馆中灯的数量、照度的控制以够用和保护学生视力为原则,合理布置灯光设备,根据需要打开相应的灯光设备,而不能不管是教学、训练还是比赛或开展其他活动,都不加选择地将所有灯光设备打开,造成浪费。最后离开场馆的人一定要关灯。

2. 卫生费

根据场馆面积、使用率来合理配备体育场馆的卫生人员,主要配备原则是"够用",卫生人员认真负责打扫卫生,使体育场馆经常保持干净卫生的状态,为师生提供良好的活动环境。

学校体育场馆的卫生保洁工作可以由学生参与,安排各年级学生在课余时间轮流打扫体育场馆,这样可以减少卫生人员的配备,降低卫生管理成本。

3. 维修费

体育场馆、运动器材与设备的维修与维护是一笔很大的开支,维修与维护都是必要的,但要在不影响质量和使用的基础上降低成本。如果发现场馆、器材、设备存在小问题,不要抱侥幸态度,要及时维修,否则等损坏严重的时候,维修费用就会增加很多,而且即使是小问题,也会影响师生的安全与正常使用。

(二)创收管理,增添经费

1. 招商引资

在学校体育经费不足的情况下,可面向社会招商引资,吸引投资与赞助,以满足体育教学、运动训练以及体育赛事等学校体育活动开展的需要。

2. 体育场馆租赁

学校体育经费创收中,体育场馆的有偿租赁是一种很常见的方式,要出台租赁制度,明确规定租赁的时间和租赁费用,如果在租赁使用期间损坏了场馆或器材,需要按要求赔偿。需要注意的是,对外租赁体育场馆与器材设施,要以不影响学校体育课教学、运动训练以及体育赛事活动的正常开展为原则,先保障对内服务,再对外租赁。

3. 体育俱乐部经营

学校体育教学部依托学校体育资源成立体育俱乐部,面向社会开放俱乐部,实行开放式经营管理,这也是将学校体育与社会体育联系起来的一个重要窗口。这样一来,学校体育场馆、器材除了满足学校体育工作的需要外,也可以为社区、社会团体、企事业单位、个人参与体育锻炼、举办体育活动或其他商业活动而提供场地与设施服务,满足更多群体的需要。通过开放式经营获得的收入可以解决学校体育经费的短缺问题。体育俱乐部的经营服务主要有以下几种形式。

(1)创办训练班

学校体育俱乐部可以创办一些热门训练班,如健美训练班、健美操训练班、舞蹈班、球类训练班等,通过招生,吸引感兴趣的学生参与,提供专业的培训服务,收取一定的费用。

(2)承办体育赛事

学校体育俱乐部可充分利用学校体育场馆和体育器材资源承办社会体育赛事,收取服务费,这样既充分利用了学校体育资源,推动了全民健身和社会体育的发展,也实现了可观的创收。

总之,多种形式的学校体育俱乐部经营服务使社会个体或团体对体育的需求得到了满足,这样既能发展社会体育,又能解决学校体育经费问题,一举两得。

三、教学场地设施管理

(一)管理原则

学校体育教学场地设施的管理要遵循以下两项原则。

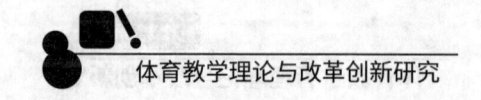

1. 效益最大化

简单来说,坚持效益最大化原则就是要最大化地提高学校体育场馆的利用率,这要从以下两个方面进行贯彻。

第一,最大限度地发挥学校体育设施服务师生的效用,延长体育场馆设施的开放时间,将各种场地综合利用起来,真正实施"一场多用、一馆多用",尽可能使师生的需求得到满足。

第二,在节假日等休息时间,向社会开放体育场馆,使学校体育设施能够为社会大众提供服务。

2. 可持续发展

作为固定资产,体育设施具有一定的使用期限,这就需要在使用过程中想方设法地延长体育设施的使用期限与寿命,真正实现可持续发展,具体从以下两方面进行。

第一,做好体育场馆设施的维护工作。

第二,适度进行对外开放,采取有偿开放政策,提高体育场馆的自我造血能力,使体育场馆得以可持续利用。

(二)管理要求

1. 体育场馆管理

(1)功能齐全,搭配合理

学校体育场馆为学校体育教学、课外体育训练和体育竞赛三大活动的开展提供基本的场地支持与保障,因此对它的功能提出了较高的要求。功能齐全而且各方面合理搭配的运动场馆更能满足学校体育工作之需,满足学生参与各类运动项目的需要。综合运动场馆讲求合理搭配,而专门的篮球馆、足球场、乒乓球馆等场馆场地则强调专馆专用。

(2)器材摆放井然有序

体育场馆内的运动器材与设备类型多样,如果不分类存放,不注重摆放秩序,那么学生上课需要花些时间找器材,这样难免会浪费时间,影响课堂教学进度与效率,同时也会影响师生上课的热情与积极性。一般来说,大型器材的摆放位置相对固定,小型器材要分类存放,这样才能方便学生使用。

（3）环境干净、整洁

学校体育运动场馆是师生上课、训练的重要场所，良好的教学环境与训练环境能够给师生带来美好的体验，也能提高教学与训练效果。因此，保持体育场馆的卫生与整洁非常重要，要努力为师生提供优雅的教学环境。体育场馆应该每天都由专门的卫生人员或学生打扫，保证干净、整洁，并定期检查场馆、器材是否损坏，及时维修，定期维护，保证师生上课与训练的安全。

（4）制度健全，责任明确

体育场馆管理工作比较繁杂，需要认真对待，因此要建立健全相关制度，严格按规定进行管理，明确有关部门及管理人员的职责，提高对场馆器材的管理效果。有关部门要定期检查或不定期抽查管理人员的工作，实行奖惩机制，奖励认真负责的管理人员，对敷衍了事、态度不端正、违反规定、推卸责任的管理人员给予相应的处罚，这样既能约束管理人员的管理行为，又能激发他们的工作热情，使其以正确的态度积极投入管理工作，提高管理质量。

（5）安全第一，严格监管

我国学校体育场馆中发生安全事故与管理服务不到位有直接的关系，这直接影响了学校体育工作的开展以及师生的人身安全。对此，必须做好安全工作，加强安全管理，构建与完善体育场馆安全体系。具体包括安全管理体系、安全操控保证体系和安全维护保证体系三个重要组成部分。

2. 体育器材管理

（1）分类放置

把体育课上常用的器材放一起，不常用的放一起，然后分别对常用器材和不常用器材进行分类，归类摆放，如大器材和小器材分开，金属器材和非金属器材分开，也可以按项目分类。

（2）保持清洁

保洁人员除了要打扫场馆地面、墙面卫生，还要做好器材、设备的卫生工作，定期除尘擦拭，构建一个干净、优美、舒适的教学环境。

（3）规范外借程序

体育教师或学生向管理员借体育器材时，要先向有关部门申请，然后携带准许证明去借,管理员要根据上课人数、运动项目来决定借多少,借什么,不能私自外借。

外借器材时,管理员要当面检查清点,做好记录,归还时,同样要当面检查,除了检查数量外,还要检查是否完好,检查无误后,再摆放到指定位置,方便下一次查找使用。每一次外借都要做好详细的记录,比如借还时间、班级、器材数量、器材名称,等等。

（4）管理员坚守岗位

器材管理员要坚守岗位,不得随意离开岗位,要经常检查器材是否完好,是否归类放置,对于延时归还器材的班级,要督促归还,并做好记录。管理员要了解各个班级的体育课安排情况,提前准备好器材,同时也要灵活应对一些特殊情况,如天气恶劣、教师计划有变导致的体育课无法正常开展等。正因为有体育器材管理员在自己的岗位上兢兢业业,体育课才能顺利开展,他们是促进学校体育发展的幕后人员,默默奉献,应该给予足够的尊重,也要在薪资待遇、日常生活上给予优待、补贴,从而提高其工作的积极性和热情。

（5）及时修理

回收器材后第一时间要清点数量,然后检查是否有破损,哪怕是很小的破损,也要尽可能维修,以免造成更严重的损坏,影响使用寿命。

（三）管理注意事项

1. 效率和公平的问题

对学校体育设施进行管理要严格遵循最大效益的原则,这就要求学校要将体育设施的免费使用机会公平地提供给全体学生;合理有偿地开放体育馆、游泳馆、健身房等数量有限、维护费用高的体育设施资源。这类体育设施属于紧缺型设施,而且容量相对有限,如室内乒乓球场馆正常只能容纳20人左右,如果免费开放,会有上百人涌入,这样乒乓球活动将难以开展,体育设施的使用效益将难以得到保障。

在学校统一安排的体育教学、课外体育活动、运动会等活动中,学生可无偿使用体育设施。就公平性而言,免费向学生开放体育设施是保障学生顺利参与体育锻炼的基础与前提;就效率而言,有偿开放体育设施可避免人满为患,促进体育设施使用效益的提高。

2. 对内和对外关系的问题

体育设施的本质功能就是对内为全体师生提供服务,而将体育设施对外开放体现了学校体育的社会功能,发挥此功能可促进场馆利用率的提高和学校"自我造血"能力的提高。当前,我国学校体育管理者需要重点解决的就是体育设施对内服务和对外服务的矛盾。具体解决措施如下。

（1）合理安排使用时间

在学校课余时间和节假日时间将体育场馆设施对外开放,其余时间以对内开放为主。

（2）进行精细化管理

加强对体育设施信息管理系统的构建,将体育设施的使用状态反馈到该系统中,使用者可网上预约使用时间,校内预约优先,从而使体育设施的使用率有所保障。

（3）实施价格差别化策略

部分场地（主要是室外场地）对学生免费开放,对外适度进行有偿开放;紧缺型体育设施统一实施有偿开放,向学生收取的费用要低一些。

第四节 体育教学风险管理

一、体育教学风险概述

（一）体育教学风险的概念

体育教学风险是指在体育教学过程中,因为一些不确定因素造成的消极影响,使体育教学的实际效果与预期效果发生偏差或不利事件,从而有受到损失的可能性。这里的损失没有严格的标准,可以是对学生身心的不良影响,可以是体育教学费用的支出损失,也可以是体育活动效果的降低。

（二）体育教学风险的特点

1. 无形性

风险与物质实体不同，后者可以被确切地刻画与描绘出来，但风险不可以。尽管风险的无形性使人们对其难以准确认识与把握，但是只要对风险产生的内外因素进行认真分析，对恰当的方法和手段加以应用，就能够对风险进行准确识别与鉴定。

2. 潜在性

风险是客观存在的，它具有不确定性，但也有特定出现的可能性，这种可能性与现实之间还有一段距离，需要其他条件的帮助来使这种可能性变为现实，风险的这一特性就是潜在性。风险的潜在性使人类能够对科学的方法加以利用，对风险做出正确的鉴别，使风险发生的环境条件有所改变，从而使风险带来的损失减少，对风险的负面结果进行合理控制。

3. 突发性

突发事件在爆发之前都有预兆，然而因为人们比较大意，所以不会意识到体育教学活动风险事件的爆发，也就难以及时应付。风险从表面来看，突发性很明显，但如果风险产生的各种决定因素积累到一定量并达到临界值时，只要产生诱发因素，体育教学活动风险就会随之出现。

二、体育教学风险监控

体育教学风险具有突然性，一旦发生风险事故，就会对学生造成身心损害，也可能给学校造成诸多损失，因而必须做好风险监控工作，提高风险决策水平，提高风险管理效果。

第七章 体育教学管理理论与改革创新

（一）建立风险预警系统

在开展体育教学活动的过程中，设立专门的监控组织或岗位，根据相关规定将体育教学风险检查情况定期公示出来，并说明公示内容。在风险检查中要及时干预已识别的风险，同时也要注重检查和预测可能存在的风险，若有相关预兆，要即刻发出信号以示警报，将风险扼杀在摇篮里，杜绝一切发生的可能。建立风险预警系统最典型的工作就是定期组织学生体检，及时发展学生的健康问题，根据学生的体检结果决定其是否可以参加体育活动，防患于未然。

（二）制订风险应急计划

风险应急计划是体育教学风险监控体系中不可缺少的一部分，使风险发生后的损失得到最大程度的降低是制订该计划的主要目的。学校要根据本校实际情况制订风险应急计划，风险处置预案要根据风险的类型有所区别，体现针对性，善于调用一切可利用的资源去应对风险，将学生的损失、学校的损失及其他相关主体的损失都降到最低。

（三）把握风险监控时机

风险监控时机必须是合理的，合理具体体现在经济可行、能起到规避风险的作用等方面。学校不需要时时刻刻都处于风险监控的状态中，否则会付出很大的代价，而且这也是不现实的。风险监控只要找准时机即可，比如课前了解学生的身体情况、检查场地器材是否安全等，以防为主，而不要抱着亡羊补牢的侥幸心理。

（四）健全监督检查机制

学校根据自身条件成立体育教学安全监督检查机构，以实地检查为主，加强对各类体育活动的科学指导、安全指导，并时常听取体育教师、学生的反馈和意见，以便更好地落实各项体育教学政策法规。在实地检查与指导中若发生安全隐患和不合理的现象，即刻要求有关部门整改，并监督整改情况,这样才更有利于达到风险监控的目标。

三、体育教学风险的全面防范

体育教学风险的影响因素主要包括学生因素、学校因素、教师因素等,此外还包括自然与社会环境因素。从学校内部而言,应从学生、学校和教师三个层面着手控制风险,具体分析如下。

(一)学生层面的防范

学生层面的防范主要包括以下几个方面。

第一,青少年学生缺乏风险意识,有些学生在体育课上态度不端正,行为不积极,这些潜在因素都有可能造成运动风险。对此,在体育教学、训练、比赛等各种活动的组织中,要强调学生应树立安全意识和自我保护意识,使其对体育活动中的危险心中有数。

第二,学生上体育课要穿合乎规定的运动服和运动鞋,不要将一些尖锐的东西带在身上。在上课前做好身心准备。

第三,学生在课上要遵守课堂纪律,禁止追逐打闹。在对抗性的体育活动中不要故意碰撞对方或做违背规则的行为。

第四,学生在课上若感到身体不适,及时汇报并暂停运动,不要强撑或勉强自己做力不能及的动作。

第五,学生平时要加强体能锻炼,抓住身体素质发生的敏感期,提高自己的体能水平,这样既能为参加各类体育活动打好身体基础,又能预防受伤。

(二)学校层面的防范

学校层面的防范主要包括以下几个方面。

第一,学校应大力建设标准规范的运动场地,购置合格的体育器材,对运动场地布局加以规范,并做好对硬件设施的定期检查工作,从而为体育教学活动的顺利开展提供良好的环境与条件。

第二,学校要建立健全运动风险管理制度,加强体育教学的安全管理,使体育教学活动中风险发生的概率大幅降低。为减少风险发生后的损失,还要根据条件配备专业的医疗队伍,及时提供医疗救护。

第三,面向教师建立风险管理培训和安全教育培训机制,促进体育教师风险识别、风险控制及安全教育能力的提升。

第四,学校向学生家长普及运动安全常识,促进家长运动风险防范意识的提升,发挥家庭安全教育的作用,时刻对学生进行运动安全教育。

（三）教师层面的防范

教师层面的防范主要包括以下几个方面。

第一,体育教师要自觉提升自己的风险防范与应对能力,认识到运动风险管理是作为一名体育教师的本职所在。

第二,体育教师要在课前完成对场地与器材的检查工作,及时发现安全隐患并进行相应处理。

第三,体育教师在课堂上要检查学生的着装是否规范,是否携带尖锐物品,时刻为学生的安全负责。

第四,体育教师要不断提高自己的教学素养,并能将安全教育、安全管理贯穿于教学始终,能够指导学生以正确的方式参与体育活动,通过精练的讲解与正确的示范使学生掌握正确的动作,并使学生在训练与比赛中以合理的、安全的方式去运用各个技术动作。

第五节 体育教学管理的改革与创新手段

一、加强体育教学管理思路与方法的改革创新

（一）管理思路改革创新

现代体育教学要想实现健康、快速、科学的发展,需要在管理理念和思路上先做出改变,然后在实践中进行尝试。具体来讲,体育教学管理思路的创新可以从发展战略、管理理念、经营策略、经营思路与方式方

法等几个方面着手。

管理思路的创新并非易事,为了确保思路创新的方向正确、效果良好,需要众多教学经验丰富的专业人士艰苦卓绝地钻研与努力,一旦思路正确,就会成为体育教学管理的制胜法宝,甚至会给体育教学的管理工作带来划时代的影响。我国的体育教学管理应根据经济社会发展对体育的需求确立新思路。随着素质教育理念的提出,体育教学发展找到了最佳突破口,这也在无形中给体育教学管理的思路创新带来了契机。

(二)管理方式改革创新

管理方式是落实管理计划的具体手段。对于管理对象来说,管理方式的创新是他们首先能感受到的。体育教学管理方式是对实现体育教学管理目标的方法、手段、措施及对策的总称。现代体育教学已经发展到了一个比较高的层面,其中一个表现是许多新技术和新手段与体育教学有机结合。对此,体育教学管理的方式也要随之创新,它不仅包括对体育运动理论、技术与方法的创新,还包括体育设施、体育器材等方面的创新,使之能够与新型教学技术和手段相得益彰、互相呼应。例如,对学生进行的体质健康监测就需要随着监测指标的更新来购置与之匹配的监测仪器;对体育教学来说就要规划实施新兴体育教学内容所需的场地,并采用科学的训练方法。通过体育教学管理方式创新,可以提高学生的学习兴趣,满足不同学生的学习需要。

二、优化体育教学管理创新的过程

体育教学管理创新过程是指从创新构思产生到创新结果实现,再到创新成果的应用等一系列活动。这一过程需要从体育运动实践中寻找问题,然后根据问题提出构想,再根据构想采取行动。体育教学管理创新的过程可以分为创意形成、创意筛选以及创意验证实施三个阶段。

(一)创意形成阶段

创意形成阶段是体育教学管理创新的基础阶段。体育教学管理的创新通常是从组织的变革以及资源、环境、观念等的转变开始的。多个因素的变化会给体育教学管理本身带来很多改变,如出现新的矛盾。为了解决新矛盾、新问题,就需要想出新的办法,那么此时,创新就开始了。此时的创新可以充分发散思维,任何新思路都可能是解决问题的方法,但最终理想的创新思维的产生却并不容易,它往往受到管理者的素质、管理环境等多种因素的影响和制约。

(二)创意筛选阶段

创意筛选阶段是指在众多思维中根据组织的现实状况、组织外部环境的状况选出最恰当、最具操作性的一个思维的阶段。当在体育教学实践中观察到体育教学过程中出现的新情况和新矛盾后,要认真研究,力争发现造成问题的实际原因,并据此分析和预测未来的发展趋势。在此基础上努力将威胁转化为机会,采用迅速决策等方式解决问题,消除不良现象,使体育教学管理组织的管理行为向更高的水平迈进。对创意的筛选是由组织内部人士完成的,参与这项工作的人往往具有丰富的管理经验、良好的创造潜能以及敏锐的分析判断能力。

(三)创意验证实施阶段

创意验证实施阶段,就是将前面历经筛选而确定的创意通过一系列具体的操作设计,将其真正变为一项有利于管理的方式,而且该方式能够禁得住实践检验,确保其有效性。

这一阶段在整个管理创新过程中也是非常重要的。其原因在于尽管有些好的创意被选出来,但其本身离实际应用还有一段距离,并没有找到可以缩短这段距离的操作设计,从而导致空有一番创意,无法实施。创新的构想只有在不断地尝试中才能逐步完善,只有迅速地行动才能有效地利用机会。

从体育教学管理创新的内在三阶段来看,这是一个周而复始的循环过程。每个阶段的参与者也许会参与整个过程,也许仅仅参与其中某一个阶段。有创意的人、对创意进行筛选的人,如果并未进行创意的操作设计和实施,那么这些人不能被称为管理创新的主体。同样,仅仅进行创意具体操作方案的设计及实施而自己并无创意的人也不能称之为管

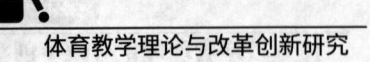

理创新的主体,充其量只能算是参与了管理创新的工作。故而,真正能称得上是管理创新主体的人,应该是那些有自己的创意并成功地将其付诸实施的人。

第八章

多维视角下体育教学的改革创新研究

体育教学的改革与创新既要立足体育教学的现状,把握体育教学的未来发展方向,又要结合先进的教育理念、课程改革热点等进行创造性的改革与创新,从而使体育教学的改革成果更具有现实意义,使体育教学创新与现代教育改革的要求相符。当前,现代信息技术的发展、课程思政的提出以及终身教育理念的完善对体育教学提出了新的要求,本章重点在这几个视角下探讨体育教学的改革与创新思路与策略。

第一节 现代信息技术下体育教学的改革创新

随着现代信息技术的不断发展,体育教学的信息化水平、教学效率与质量不断提升,但也存在信息化教学资源不足、信息化教学建设滞后、信息化教学条件欠缺、师生缺乏良好的信息化素养、信息化教学方法单一、信息化教学平台欠缺等诸多问题。鉴于此,在现代信息技术下进行体育教学的改革创新,就要加强现代信息技术与体育课程的融合,充分利用现代信息技术条件去解决问题,使体育教学在信息化时代能够获得更好更快的发展。下面重点分析现代信息技术背景下体育教学改

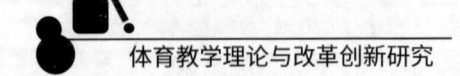

革创新的方向与建议。

一、体育教学改革创新要适应信息化时代的需要

信息化时代为体育教学创造了良好的发展机会，我们应将丰富多彩的信息化教学手段运用于体育课堂教学中，并基于对网络技术、多媒体技术的应用而全方位改革体育教学内容、方法、模式、考评、管理等各个教学要素，大力创新，不断优化与完善信息化体育教学体系，这是信息化时代发展背景对体育教学的要求，也是新时代社会发展对学校培养全面发展型人才的要求。只有利用信息化手段全面进行体育教学改革与创新，才能进一步推动素质教育理念的贯彻落实，实现素质教育的目标，实现良好的体育教学效果和体育人才培养效果。

二、加强体育信息化教学建设

（一）完善教学设施

规划信息化体育教学建设路线，完善设施是最基础的环节。要根据实际需求完善信息化教学设施与设备，多开发具有可靠性、可操作性、安全性、实用性的信息化教学设备，不断更新与补充新的设施，以满足不同学生对信息化体育教学硬件资源的需求。

（二）开发教学资源

要推动信息化体育教学的发展，就要利用信息技术手段开发丰富的教学资源，如数字图书馆、学习资源库、网络教学平台等，从而为体育教师和学生提供便利。

（三）加强师资培训

体育教师的信息化教学素养直接决定了信息化体育教学系统能否充分发挥自身功能，决定了信息化体育教学的开展情况和最终效果。所以，要加强对体育师资队伍的信息化素养的培训，使体育教师具备获取信息化教学资源、运用信息化教学手段以及灵活操作信息化教学设备的能力,从而提高信息化体育教学的效果。

(四)制定相关政策

在体育教学的信息化改革与创新中,教育部门要出台相关政策来为学校信息化体育教学的改革与实施提供政策依据与法律保障,为学校信息化体育教学的发展提供方向与指引,通过对相关奖惩政策、管理政策等配套政策的制定与完善,加大政策支持力度,保障学校信息化体育教学的顺利开展与长远发展。

三、改善信息化体育教学条件

要顺利实施信息化教学,就需要学校有相应的基础设施和资源环境作保障。良好的基础设施和资源环境是开展信息化体育教学的基础条件。若不具备基本的硬件设施条件,则难以实现真正意义上的教育信息化。在学校体育教学中普及信息化教育,需要投入大量的财力和物力,加强硬件建设是要解决的首要问题。政府与教育行政部门应该采取一系列措施来拓展教育经费的筹集渠道,从而为学校基础设施和资源环境的建设提供保障。

学校应积极向上级政府争取专项补助资金,也可在办学经费中根据学校实际情况将一些专项资金用于信息化教育方面的基础设施建设,还可以发动社会各界捐资助学。目前,很多学校已经配置了多媒体投影仪设备,为学校开展信息化体育教学奠定了基础。但是一些学校也存在资源浪费的现象,如多媒体设施出现故障后就搁置不用。基于此,要增强师生对多媒体设备的保护意识,及时维修和更新设备,提高资源的利用率。

四、促进体育教学内容和教学方法的数字化发展

教育信息化促进了教育数字化发展。当前,体育教育的数字化发展进程不断加快,这在教学内容和教学方法的数字化中得到了充分体现。教学内容与方法实现了数字化后,体育教学过程越来越快捷、便利和高效。不管是对体育教师来说，还是对体育教学的授课对象即学生来说，体育教学的数字化发展使得他们的教与学都越来越轻松、有效。在数字化发展的趋势下，体育教师和学生查阅资料、分享资料以及获取信息化知识的速度越来越快。体育教师利用信息化技术对技术动作进行数字化处理后，学生观看动作不再受时空限制，能够对技术动作的要领和细节有更直观、深刻的体会和领悟。在技术动作的呈现中引进 VR 技术，使技术动作看起来更逼真。体育教学内容也因为动画、视频等多种元素的融入而越来越丰富、直观、形象、生动，便于理解和掌握。总之，体育教学内容与方法的数字化大大提高了体育教学的快捷性和实效性，因此要进一步加强对体育教学内容与教学方法的数字化改革，促进体育教学的发展。

五、大力开发信息化体育教学资源

（一）常见的信息化教学资源

信息化教学资源是非常重要的信息化教学材料，教育价值非常突出。信息化教学资源包含各种数字化教学软件、数字化素材等。信息化教学资源丰富多样，以下几种是学校运用较多且重点开发的信息化教学资源。

1. 教学素材

在信息化教学中对教学信息进行传播的文本素材、音视频素材、图形动画素材等就是信息化教学素材。

2. 教学课件

教学课件是以多种媒体表现的一种软件，在相关科学教育理论的指导下，从教学需要出发，将教学课件的制作作为教学设计的一环，课件应具备结构合理、满足教学需要的条件。

3. 网络课件

网络课件是指对一个或几个知识点实施相对完整教学的软件，根据运行平台可分为网络版的课件和单机运行的课件。

4. 教学案例

教学案例指的是由丰富的媒体元素组合表现的代表性现象或事件，其往往具有重要的教育意义和现实指导意义。教学案例的完整性主要体现在其包含 4 个重要的组成部分，分别是教学设计方案、教学课件、课堂教学视频以及教学反思。

5. 网络课程

在某学科教学中利用计算机网络开展教学活动、呈现教学内容，这是建设网络课程的基本方式。网络课程主要由下列两个部分组成。

第一，通过计算机网络呈现的教学内容，这是以教学目标为依据、运用一定教学策略组织起来的。

第二，在网络教学平台实施的教学活动，这是网络教学支撑环境的核心内容。

6. 文献资料

和教育相关的政策、制度、条例、数字图书、重要文章及重大事件记录等都属于文献资料的范畴。

7. 学习网站

学习网站指的是具有网络教学功能和提供相关服务的网站，从学科教学目标出发，运用 Web 技术对丰富的数字学习资源进行整合，并在学习网站中系统展示，以供学生参考。

8. 试题库

试题库是基于数学模型而开发的一种教育测评工具，它是在教育测量理论的指导下开发的，将某个学科的题目整合到计算机系统中，从而便于对学生的测试。

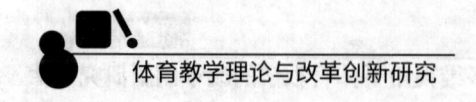

（二）信息化体育教学资源的开发原则

1. 科学性原则

开发信息化体育教学资源要遵循科学性原则，杜绝低级趣味，在科学的基础上追求生动性和趣味性，具体要做到以下几点。

（1）在开发信息化体育教学资源的过程中，必须准确、规范地进行各个环节的操作。

（2）必须选用符合科学规律的材料、例证和逻辑推理。

（3）按照科学要求来表现真实的内容，包括图像、色彩、声音都要真实，不能以牺牲内容的真实性为代价而过分突出艳丽的色彩、生动的画面以及悦耳的声音。

2. 教育性原则

遵循教育性原则指的是要根据教育教学规律开发信息化体育教学资源，具体要做到以下几点。

（1）教学资源要与学生的认知水平、学习规律相符。

（2）从教学需要出发，依照教学大纲要求开发能够使教学需要得到满足的教学资源。

（3）呈现信息化教学资源的内容时，要做到简明扼要、条理清晰、重点突出。

（4）将教学内容用恰当的媒体元素呈现出来。

3. 技术性原则

开发者要熟练掌握现代教育技术和教学资源的开发技术，根据技术质量标准来开发信息化体育教学资源，具体要达到以下标准。

（1）音质好、色彩明朗、图像清晰。

（2）操作快捷。

（3）运行稳定、灵活。

（4）交互性强、容错性好。

（5）导航合理。

4. 开放性原则

开发信息化体育教学资源要充分贯彻开放性原则,开放性具体表现在以下三个方面。

（1）结构体系的开放性

开发的信息化体育教学资源要具有系统性、立体性,及时补充和完善教学资源,实现教学资源的开放与共享。

（2）资源内容的开放性

教学资源要能够满足学校教育和社会教育、正式教育和非正式教育的需要,要满足各种学生的需要。

（3）开发人员的开放性

开发信息化体育教学资源的主体主要是教师,但不限于教师,学科专家、教育专家、教育学者、有经验的学生以及愿意为教育事业做贡献的社会人士等都可以开发教学资源。

5. 艺术性原则

开发信息化体育教学资源还要遵循艺术性原则,具体要做到下列几点。

（1）资源内容力求反映生活中的真、善、美。

（2）构图清晰匀称,变换连贯。

（3）声音顿挫有力,避免噪声。

（4）光线与色彩明暗适度、调配恰当。

6. 经济性原则

开发信息化体育教学资源要坚持经济性原则,具体要求如下。

（1）制订周密的资源开发计划。

（2）争取以较少的资源投入开发出丰富多样的、高质量的资源。

（3）切忌盲目、重复开发,注意适当改造和充分利用现有资源,提高资源的循环利用率。

7. 创新性原则

开发信息化体育教学资源必须与时俱进,紧跟时代潮流。信息化教学资源开发的创新主要体现在开发理念、理论、内容、技术、模式以及形

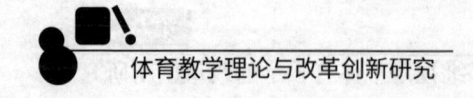

式等方面的创新中。

（三）信息化体育教学资源的开发途径

随着信息技术的迅猛发展及其在体育教育教学中的广泛应用，师生对信息化教学资源的需求越来越大，信息化教学资源的开发自然越来越受重视。科学开发丰富的信息化体育教学资源，应该重点从以下两个方面着手。

1. 数字化改造教学资源

教师在长期的教学实践中保存了大量的信息化教学资源，如录音、图片、文稿、视频等，这些教学资源的教学价值较高，采用数字化方式来改造这些资源，可以使其教育价值提升，并得到更好的利用。例如，利用扫描仪等数码设备将文稿、图片转化为能够在计算机上加工的数据，然后在教学中加以利用，这样不仅节约了教育成本，也使有重要教育价值的教学资源得到了充分利用。

2. 建设体育教学资源库

对体育教学资源库的建设与充实要从以下几方面着手。

第一，对多媒体素材进行收集与整理，主要方式有扫描、网络共享、专业制作等。

第二，从教学需要出发，将教学研发工具或多媒体制作工具利用起来去编辑素材，加工整理，发挥体育教学资源的重要功能。

第三，各种类型的教学应用软件积累到一定程度时，要实行专人管理制度，对体育教学资源库进行管理与维护。

六、建立与拓展网络教育平台，推动网络课程教学设计

对信息化体育教学网络资源平台的建立与完善也是推动信息化体育教学发展的一个重要举措，这个工作需要教育部门的大力支持与全力帮助。学校发挥教育资源优势，在政府部门的引导与帮助下建设与拓展专门的网络化教育平台，设立教学专栏，传播体育信息化教学理念，宣传信息化教学的基本知识，并上传关于信息化教学设备运用的基本常识,也可以就体育教学中存在的问题进行线上交流与讨论,提高解决效率。同时,还可以在教育平台上上传优质课件或教学效果良好的教学视频,为体育教师开展信息化教学和学生在线学习提供参考和帮助。总之,网络资源共享能够为信息化体育教学的组织与实施提供便利,提高课堂教学效率。

网络课程是一种开放式的课程模式,与传统课程教学的封闭模式不同。作为信息技术与课程融合的产物,网络课程为提高教学质量和效果开辟了有效的手段和渠道。设计网络课程必然要以网络为平台,以实现学生自主学习为主要目的。下面重点说明网络体育课程教学设计的原则与要求。

(一)网络体育课程教学设计的原则

网络教学有其自身的特征,有不同于传统教学的独特性,因此进行网络体育课程教学设计自然与传统体育课程教学设计有区别。在网络体育课程设计中,体育教师应遵循教育学原理和心理学原理,并依据传播理论进行创新设计,具体在设计中要贯彻以下几条重要原则。

1. 自主性原则

网络体育课程学习活动是在师生分离的情况下开展的,学生作为网络课程学习的主体,主要学习形式是利用网络资源自学,所以要重视学生的主体地位和作用,体现学生个性化学习的特点,给予学生自主学习的权利,发挥学生的首创精神,如提供灵活多样的检索方式、实现学习路径的自动选择和记录功能、设计供学生随堂使用的电子笔记本、让学生进行自我评价等。

2. 交互性原则

在网络体育课程教学中,师生不会面对面互动,师生处于分离状态,在此前提下进行网络教学。为了方便师生交流,使师生互动的效果不限于面对面互动,在网络体育课程教学设计中要将网络技术的功能和优势充分利用起来,对虚拟教学环境进行创设,营造良好的网络教学氛围,为师生进行线上交流和讨论问题提供良好的条件。

3. 开放性原则

随着现代信息科技的迅猛发展,尤其是信息存储技术、传输技术的发展与渗透,使得人人都能遨游于知识的海洋中,每个人身边都有巨大的知识库,这充分体现了网络资源的开放性。利用网络的开放性进行网络体育课程教学设计,为学生提供丰富的体育学习资料,从多个角度描述与解释学习内容,从而提高学生的思维能力和分析能力。

4. 多媒体化原则

不同的学生因为个人学习习惯的不同,在获取信息的渠道方面也有所差异,有的学生喜欢通过听来获取自己需要的信息,我们将其称为听觉性的学生;有的学生喜欢通过观看图像、文字来获取和保留信息,我们称其为视觉性学生;等等。随着现代网络课程中计算机技术的深入渗透,使网络课程中的学习内容具有图、文、声、像并茂的特征,这对提高知识信息的传播效率和效果具有重要意义。

在网络体育课程教学设计中,应该从学生的学习习惯、学习风格出发,以学习内容为中心,将知识信息以丰富的形式呈现与传播,使现代教学媒体的优势得到充分发挥,促进学生体育学习效率的提升和学习效果的改善。

(二)网络体育课程教学设计的要求

在网络体育课程教学设计中,为保证设计的科学性和实用性,要对以下几方面的问题加以注意。

1. 注重教育理论的科学指导

在传统体育课程教学中,师生面对面互动,教师可以根据实际情况实时调整教学过程。在网络体育课程教学中,师生分离,教师难以根据学生的学习情况第一时间调整教学活动。为了弥补网络课程教学的这一不足,防止不断出现意外情况,在网络体育课程教学设计中要坚持现代教育理论的科学指导,使课程设计与学生的特征、需要高度相符。

在网络体育课程教学设计中,建构主义学习理论、认知主义学习理论、行为主义学习理论等都是非常值得参照的现代教育理论,这些理论的不断发展与成熟对网络课程教学设计与实践起到了重要作用,除了参考这些教育理论外,在教学设计中引进心理学领域的新观念也是非常必要的,这对完善教学设计具有重要意义。

2. 按照网络的特点进行设计

随着现代远程教育的不断发展,网络课程作为一种新的课程形式在高校教育中渐渐得到普及与推广。网络课程的特点是以网络为教学媒体,教学活动中以呈现学习内容为主。

有学者指出,任何学科的教学过程的结构要素都可以概括为6个方面,分别是教学目标、教学内容、教学媒体、教学方法、社会文化的先决条件(多指社会意识形态、政策、环境等)以及个体的先决条件(多指学生的个人情况)等。不管是传统课程还是网络课程,在教学过程中涉及的内在结构要素不外乎就是这几个方面,但传统课程与网络课程毕竟是两种不同的课程形式,它们的结构因素也存在本质上的区别,课程设计者着手网络体育课程教学设计时,必须按照网络的特征去设计,发挥网络的优势,体现各个结构要素的网络化特征。

3. 清楚学生的特点和需要

网络体育课程教学在培养学生综合素质方面具有重要作用。在网络课程教学中,学生作为学习主体利用网络资源进行自主学习,这是主要学习方式。认知心理学理论指出,简单地从外界接收知识并不意味着就获得了知识,当面对复杂的外界知识时,学生若能够自主选择信息,主动理解信息,才能实现意义学习,才能真正获得知识。学生的认知结构是其进行意义学习的基础,学生先获得的知识会影响其之后对其他外界知识的学习与获得。从这一原理来看,在网络体育课程教学设计中,教师对学生的学习特征、学习需要进行分析是非常必要的。

教师必须基于对学生特征与需要的了解来设计网络课程教学,网络课程的教学起点应该放在学生原有的知识水平和认知结构上,在此基础上考虑网络知识结构与学生认知结构是否协调、适应,从而保证学生更好地接收与理解新知识,完善原有的认知结构,并在获得新知识的同时建立新的认知结构。

总之,在网络体育课程教学设计中,必须从学生的学习特征、学习需要出发对课程内容、学习活动、学习评价方式进行设计与确定,从而更好地保证学生通过自主学习而顺利达到学习目标。

4. 多方合作

网络课程的教学过程主要包括设计和开发学习资源、学习支持这两个阶段。其中,设计与开发学习资源需要多方合作才能实现。在这一阶段,设计者要先全面了解学生的学习特点、学习需要,然后科学合理地设计学习内容,并邀请经验丰富的优秀教师筛选学习内容。在现有网络环境下,教师设计的网络课程能否顺利实施,选择的媒体能否充分发挥作用,课程开发的成本是否在预算范围内,等等,这些都需要相关专家的参与才能达到令人满意的效果。可见,在网络体育课程教学设计中必须重视多方合作,发挥有关领域专业人士的优势。

七、提高体育教师的信息化教学能力

如何运用好计算机是解决信息技术在体育教学中应用问题的前提条件,而体育教师计算机水平的高低是决定性因素,提高体育教师的计算机水平是体育教师培养中迫在眉睫的重要任务。由于体育教师的计算机水平参差不齐,所以在培养前首先应了解教师的实际水平,然后再制定培养目标和设计培训计划。在培训中,应注重对计算机操作技能的培训,尤其要注重基础知识与基本技能的培养,注重培训的可持续性,促进体育教师信息化智能结构的完善和信息化教学能力的提升,以适应信息技术的发展变化与信息化时代体育教学的改革需要。

八、培养学生运用信息技术学习的能力

在传统体育教学模式下,学生的学习是被动的,缺乏自主性、主动性,也没有体现出个性化。而信息化教学打破了这个局面,在体育教学中应用信息化教学手段,学生不再像以前一样被动接受教师灌输的知识,也不再只是从教材中获取知识。依托信息技术和计算机技术而建立的互联网学习平台为学生提供了丰富的学习资源,学生可以根据自己的学习需要而搜索资料,获取学习资源,直接或经过加工后加以利用。互联网上的各种交流软件也为师生之间和生生之间的在线交流、讨论提供了良好的平台,学生可以通过在线答疑模块解决自己的学习问题,不需

要再像以前那样要等到下一次上课才能提出和解决问题,实时答疑和解决问题提高了学生的学习效率,也增加了师生互动的机会。互联网学习资源拓展了学生的学习空间,使学生从课堂教学的时空限制中走出来,随时随地学习、交流,逐渐养成良好的信息化学习习惯。

在信息化体育教学的改革与创新中要重视对学生信息化学习能力的培养,使学生有意识地将信息技术运用到日常学习中,培养良好的自主学习习惯,提升学习效率,同时提升自己的信息化素养,适应信息时代社会发展的要求。学生不仅要学会从现有的网络学习资源中获取对自己有用的资源,还要尝试自主开发学习资源,建设学习资源库,上传学习资源,分享给其他学生,从而提升自己的探索能力、创新能力。

有人指出,培养学生的信息化学习能力应该是信息课程教学的任务,而不是体育教学的任务。这是一种片面的认识,培养学生的信息化素养当然主要应依靠信息技术类课程教学,但也不能否认其他课程教学在这方面的作用,不能完全将这一培养任务从其他课程的教学中分割出去。因为学生的信息化学习能力是体现在不同学科的学习中的,学生对信息技术的运用是在各个学科的教学中体现出来的,因此要结合学科特点来培养学生的信息化学习能力,使学生善于运用信息技术来进行高效率的学习。因此,在体育课程教学中要根据学校办学条件和信息化条件建立体育网络教学资源平台,创建良好的网络学习环境,培养学生运用信息技术进行学习的意识和习惯。

第二节 课程思政视角下体育教学的改革创新

一、课程思政的内涵

课程思政是指以构建全员、全程、全课程育人格局的形式,将各类课程与思想政治理论课相结合,形成协同效应,把"立德树人"作为教育的根本任务的一种综合教育理念。

2016年12月,全国高校思想政治工作会议召开,习近平总书记发表重要讲话:"高校思想政治工作关系高校培养什么样的人、如何培养人以及为谁培养人这个根本问题。要坚持把立德树人作为中心环节，把思想政治工作贯穿教育教学全过程，实现全程育人、全方位育人，努力开创我国高等教育事业发展新局面。"2017年底，中共中央、国务院发布《关于加强和改进新形势下高校思想政治工作的意见》，指出要充分发掘和运用各学科蕴含的思想政治教育资源。2020年6月，教育部印发《高等学校课程思政建设指导纲要》，全面推进高校课程思政建设。可见，我国高校课程思政建设已得到政府的高度重视。

"课程思政"的价值在于将各类课程中所含有的思政元素充分挖掘出来，将其嵌入课程教学中，以潜移默化的方式融入教学过程的各个环节中，从而使非思政课程的育人价值得以强化和实现，最终在传递知识的同时达到育人的功效和目的。

二、将课程思政理念融入体育教学的必要性

（一）课程思政具有深刻的教育内涵

1. 课程思政是一种创新教学理念

课程思政是对传统教学理念的一种颠覆，它提供了一种全新的教学思路。课程思政转变了传统的依赖专业的思政课程进行教学的思政教育模式，将思政教学的任务下发到每一个学科教师的手中，促进专业知识的显性教育和思政教育的隐性教育相结合，构建思想政治理论课、综合素养课、专业课三位一体的高校思想政治教育课程体系和思政课教师、专业教师、校内外专家协同联动的育人体系，促进从"思政课程"主渠道育人向"课程思政"立体化育人的创造性转化。

课程思政这一教学理念的提出，不仅能够有效解决传统思政课程教育效果不佳的问题，更是对我国的教学体系进行了一次有力的冲击，为我国教学模式的发展提供了全新的思路，有利于促进我国教学新模式的形成。

2. 课程思政对改善教学效果具有重要作用

课程思政教学从教育本身的角度上来说对于改善教学效果具有重要的意义。课程思政教学是将专业知识教学和思政教育结合在一起，一

方面发掘专业课知识中的思政教学资源,另一方面引导学生将思政课程的内容融入专业课的知识中。教师在上课的过程中会带领学生不断进行知识之间的切换和融合,引导学生发现知识之间的联系,这样做不仅能够锻炼学生的思维转换能力,还能锻炼学生的知识运用能力,加深学生对专业知识的理解和掌握,培养学生的思政觉悟,最终实现提升专业课和思政课双课堂教学效果的目的。

(二)课程思政具有重要价值

课程思政是对我国教学模式的一次重要突破,弥补了我国传统教学模式在思政教育上的不足。在传统教学模式中,各个学科和思政教育之间是相互独立的关系,这种关系导致在很长一段时间内,教育的"教书"和"育人"两个功能难以同时实现。课程思政实现了专业课教学和思政教育之间的联合,在专业课教学中有针对性地加入思政教育的内容,一方面丰富了专业课的内容,另一方面也借助专业课课堂达到了思政教育的目的,真正发挥了教育的"教书育人"功能。同时,这种通过串联的方式实现双重目的、提升教学效果的新颖教学模式的成功,为我国接下来的教学模式改革提供了灵感,有助于促进我国的教学模式向着更加科学、高效的方向发展。

课程思政的重要价值是我们将其融入体育教学的原因之一,下面将从学校层面、教师层面和课程层面对课程思政的重要价值进行具体解读。

1. 学校层面

学校是对青少年进行教育的最主要场所,高校教育是学校教育的重要环节。当前,在社会快速发展变化的背景下,校园面临着各种思潮和文化的相互碰撞,对高校教育来说,这既是一种机遇,同时也是一种挑战,关键在于高校自身的抉择和做法。课程思政的提出无疑为学校指明了思想教育的发展方向,从顶层设计上实现了道德教育和知识教育的统一,使得高校在思潮变化的风口之下坚持了自己"教书育人"的任务。

2. 教师层面

从教师层面来说，课程思政为他们提出了"三真"的要求，要求他们真学、真做、真信。其中，"真学"是指教师的学习不应该只集中在专业知识上面，而应该实现跨学科学习，同时增加对社会现实的关注，在精通本专业知识的基础上促进自身的全面发展。"真做"是指本着"以人为本"的教学理念，对学生负责，不断提高自己的教学水平，钻研课程思政的有效教学方法，坚持进行创新突破，将思政教育无声地融合到专业课堂上，对学生产生潜移默化的影响。"真信"指的是教师本人应该具备高尚的思想道德，严格要求自身，时刻注意自己的言行，通过言传身教实现对学生的教育。

"三真"对教师提出了学习、行动和思想上的要求，在提升教师队伍的整体素质上具有非常重要的价值。

3. 课程方面

从课程层面上来看，课程思政并不是将专业课课程和思政课简单相加，而是根据专业课的特点，一方面在其中发掘思政教学的资源，另一方面根据专业课的特点将思政课程的内容有机地融合到专业课中。这样做的目的是将思政教育全过程、全方位地融入课堂中，使学生在学习专业知识的同时又得到思想上的"洗礼"。课程思政不仅实现了课程教育中"智育"和"德育"的结合，还开创性地实现了不同学科之间的有效融合，为我国教育模式的创新发展提供了全新的灵感。

（三）将课程思政融入体育教学具有重要意义

1. 摆脱思政教育孤掌难鸣的困境

传统的思政教育主要依赖思想政治教育理论课和团日活动进行，存在教学途径单一、教学效果不佳的问题。从思政课堂上来说，教学形式单一、教学内容枯燥、教学课时集中，很难吸引学生的兴趣，大部分学生是抱着"混学分"，应付教师的心理来上课的，自然达不到理想的教学效果。从团日活动上说，一般党委和辅导员将举办任务下发给班级学生干部，而学生干部经验不足，对活动意义认识不深刻，导致学生不愿意配合,团日活动流于表面,大部分班级是为了完成教师交代的任务开展活动,不仅达不到教育效果,还无形中浪费了学生的时间,增加了学生的负担。将思政教育融入体育教学中,一方面能拓宽思政教育的教学途径,改变了传统的单一教学模式,另一方面也能发挥学生在课堂上的主体作用,激发学生的能动性和积极性,提升思政教学的效果。

2. 弘扬和传承体育精神

体育精神是指体育运动中所蕴含的对人的发展具有启迪和影响作用的有价值的思想作风和意识,在一定程度上,体育精神的培养和思政教育之间相互重合、相互联系。将思政教育融入体育教学中,实际上是在原有的注重体育技能教育的基础上增加对学生思想上的教育和引导,为学生感悟体育精神、传承体育精神创造了有利的条件。比如,借助竞技活动对学生开展思政教育,有利于培养学生的竞争意识,帮助学生形成正确看待成败的价值观念;在教学过程中向学生介绍国家体育强国的发展战略,有利于增强学生的爱国意识,帮助学生树立体育报国的远大理想,等等。将思政教育融入体育教学中,能够通过思想政治和体育精神之间的共通性,促进学生思想政治觉悟的提高,促进体育精神的弘扬和传承。

三、体育课程思政的内涵与重要性

(一)体育课程思政的内涵

体育课程思政指的是以体育课程为载体,将思政教育元素融入课程教学中,构建融体育知识传递、体育能力培养和思政教育于一体的体育教育实践活动。体育课程思政要求在体育教学的全过程中都贯穿思政教育,在向学生传播体育知识、培养学生运动能力的同时引导学生树立正确的世界观、人生观和价值观,潜移默化地立德树人,对思政价值观的引领作用予以强调,在教学过程中渗透社会主义核心价值观,达到体育教育和思政教育的双重效果,实现促进学生全方位发展和提升的目标。

体育课程思政在发挥思政教育价值方面主要是通过显性教育和隐性教育两种方式实现的,其中显性教育作为主要教育方式发挥了巨大的作用,隐性教育作为辅助方式也发挥了一定的作用,这两种教育方式相辅相成,都是不可或缺的。在体育课程思政的显性教育中,体育教学作为主要载体形式,以比较简单、直接的手段对学生进行思政教育,对学生正确的社会主义核心价值观进行培养。

(二)体育课程思政推动体育课程改革

体育教学的任务不仅是将体育知识与技能传授给学生,培养学生的终身体育锻炼习惯,促进学生体质的增强,而且还要对学生的意志品质、思想道德品质、体育精神进行培养,促进学生人格的健全和各方面素质的全面发展。将体育课程与思政课程融于一体的体育思政课程既有体育教育的内容,也有思政教育的内容,结合两方面的优势教学内容构建体育思政育人体系,有利于促进体育教学过程的创新,包括教学内容、教学方法与模式、教学评价等多方面的创新,从而进一步深化体育教学改革,提升体育课程质量。

体育课程思政以思政教育元素为内核,这是落实"立德树人"任务的基本要求。将思政教育元素融入体育课程任务中,对学生的优秀体育品质、良好道德行为进行培育,促进学生思想政治核心素养的提升。在体育课程教学中,确立"立德树人"的任务,在体育教学的整个过程中有机融入思政教育元素,促进体育教育目标和思政教育目标的实现。例如,将民族传统体育项目纳入体育课程教学内容体系中,对学生的文化自信进行培养;将思想道德评价指标纳入体育课程评价指标体系中,准确评估体育课程思政教育实施的效果。

四、课程思政视角下进行体育教学改革创新的策略

(一)更新教育理念,注重德育

教育理念是开展教学活动的依据,能够体现教学实践的风格和特点。将课程思政融入体育教学课程中,首先应该更新教育理念,注重德育。在树立教学理念的过程中要充分肯定课程思政的重要性,将课程思政融入学生培养方案之中,从教学目标、课程设置、教学方法、考核评价等各个环节,从行政到教学、从教师到学生、从活动到课堂等各个方

第八章
多维视角下体育教学的改革创新研究

面提高对课程思政的重视程度。课程思政的目标是对学生进行思想政治教育,培养学生的高尚品格,健全学生的人格,因此要在新的教育理念中突出"德育"的重要性,让教师认识到自己"教书育人"的根本任务。高校要响应国家的号召,根据党和国家关于课程思政的要求,积极更新教育理念,重视德育,发挥高校为国家培养全面发展的优秀人才的作用。

(二)改革教学模式,创新教学方法

课程思政进入体育教学需要转变传统的教学模式,改变传统的教学方式。从教学模式上说,传统的体育课程注重对学生运动技能的培养,但是几乎不存在对学生思想政治的教育,而课程思政要求将思想政治教育融入各个专业课的课堂,在专业课内容中发掘课程思政的教学资源,有针对性地将思政教育的内容融入专业课程教育中。在这种要求下,教师需要转变传统的教学模式,在运动技能教学中加入思政教育的内容,实现两者的有机结合。从教学方法上来说,思政教育进入专业课程的课堂对教师来说将会是一个全新的挑战,教师需要认真钻研教学方法,采用丰富的教学形式,巧妙地将两者结合,激发学生的学习兴趣,使学生在体育课堂上不仅能获得运动技能,还能接受思想和价值观念的正确引导,提升自身的思想觉悟。

(三)提升教师的综合素质,增强德育能力

教师是课程思政改革中非常重要的一个因素,教师自身的思想道德素质和教师实行课程思政教学的能力都会影响教学效果,关系到课程思政的教学目标能否实现。因此,在推行课程思政的过程中一定要非常关注教师的发展,注重提升教师的综合素质,增强教师的德育能力。

首先,教师对学生起到榜样的作用,教师自身的言行举止都会在潜移默化中对学生产生影响,所以教师一定要注意提高自己的思政水平,提升自己的人格魅力,使学生形成对教师的敬佩感和信服感。学校要加强师德、师风建设,提倡教师在课余时间参加思政教育,也可以组织相关的活动和设置培训课程,将教师集中起来进行培训。

其次,教师要提高思想觉悟,认识到对学生进行思政教育是一项艰

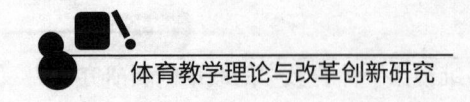

巨但是光荣的使命,主动承担起德育的责任,引导学生树立正确的思想价值观念。教师要积极探索推进思政教育进入课堂的有效办法,不断创新教学方法和教学模式,促进思政教育和体育教学的有机结合,不断提高自己的教学水平和教学质量。

(四)建设体育课程思政评价机制

在体育教学评价中,传统的评价机制常常受到惯性逻辑思维的限制,导致评价方式单一,而在课程思政视域下,要对学生的体育学习成果进行多维度评价,包括知识、技能、道德品质等多方面的评价,从而判断体育课程的全面育人效果。此外,对体育教师的评价也要改革升级,有必要建设体育课程思政评价机制。

第一,建立科学的学生评价机制,除了评价学生的体育知识素养、运动技能水平外,还要对其思想品质、社会意识、集体主义精神等素养进行综合评价和考量。

第二,建立科学的教师评价机制,除了评价体育教师对体育知识、运动技能的传授能力外,还要评价其思政教育能力、将思政元素融入教学过程的课程设计能力以及全方位育人能力。

第三,建立健全师生综合评价机制,在内容方面体现责任、修养、情感、适应度等,真正实现从知识、技能向人文核心素养的延伸,最后内化为师生的一种综合素质。

第三节 终身体育视角下体育教学的改革创新

一、终身体育的内涵

(一)终身体育的含义

终身体育指的是一个人终身进行身体锻炼和接受体育指导及教育,其包括以下两方面的内容。

(1)通过对终身体育锻炼的正确理解,形成人的内在需求,以强烈的锻炼意识促使人们自愿参与体育锻炼,并逐步形成终身体育锻炼的意识。

(2)在人的整个生命过程中长期坚持身体锻炼。

(二)终身体育的结构体系

终身体育的结构体系庞大而复杂,其主要包括以下几个要素。

1. 构成人群

终身体育系统的构成人群主要包括广大教师、学生、家长及管理人员等,首先管理者要采取有效的方法为这些人群提供锻炼的空间与机会,使他们在基本条件得到保障的基础上参与体育锻炼,提高锻炼能力,这是终身体育发展的前提。

2. 构成空间

在人类的漫长发展历史中,每个人都离不开家庭、学校和社会等成长与发展空间,这些空间对个体终身体育锻炼习惯的养成产生了不同程度的影响。其中,学校教育时期是个体成长的关键阶段,在学校接受体育教育,学生的身心会得到健康发展,这对家庭发展和社会进步具有一定的促进作用。

3. 习惯养成

终身体育中的习惯养成具体是指体育观念、体育兴趣和体育氛围,培养体育观念和兴趣,营造良好的体育氛围是形成体育锻炼习惯和发展终身体育的重要保障。

4. 锻炼能力

体育锻炼能力也是终身体育的主要构成因素之一。体育锻炼能力是由知识、技术、技能和智力等基本要素构成的,可见体育锻炼能力是包含一个人身心品质的综合体。人们在体育锻炼过程中,需根据条件的变化来选用相应的身体练习方法,合理安排锻炼时间,灵活调整运动负荷,并进行自我医务监督,对锻炼效果进行自我评价,从而不断提高锻炼效果,终生获益。

二、终身体育教育

(一)终身体育教育的目标

终身教育的目的是适应社会经济发展的需要,满足未来社会对人的需求。终身体育教育是终身教育的重要组成部分,其目标表现为以下几点。

1. 培养体育意识

终身体育锻炼习惯的养成是以自我体育意识的形成为基础的,只有学生树立了自我体育意识,具备了体育锻炼能力,才能更好地传播体育文化,并进一步适应社会发展的需要。学生通过自主锻炼来促进自我体育意识的增强。

2. 培养体育兴趣

体育兴趣是学生终身参与体育锻炼的基础与前提,因此培养学生的体育兴趣是体育教学和终身体育教育的重要目标,其对学生今后长期参与体育锻炼的自觉积极性和独立性具有决定性影响。

3. 养成体育习惯

体育习惯是指人们在不断的健身实践中逐渐形成的,是能够满足"主体需要"的一种自觉的、经常的、稳定的行为。要让学生积极参与体育锻炼,首先要培养学生良好的体育习惯。

4. 培养体育能力

体育能力指的是一个人在学习掌握体育知识和体育技能的基础上,运用各种方法和手段,对自身的体育实践活动起稳定调节作用的个性心理品质,是运用体育知识、体育技术、体育技能有效地完成体育活动的生理、心理特征。学生是否能够达到预期的体育锻炼效果,关键看体育能力的高低。

(二)终身体育教育的内容

终身体育教育的内容具体包括以下几个方面。

1. 健身运动

健身运动有利于发展人体内脏器官的功能,特别是促进人体心血管系统和呼吸系统功能的提高,而且能够促进人运动素质(如力量、速度、耐力、柔韧、灵敏等)和工作学习效率的提高,促进业余生活的丰富与生活质量的提高。

健身运动一般多以有氧代谢为主,要求合理控制运动量。由于参加者的年龄、性别和健康状况不同,所以锻炼内容与方法也有所不同,但锻炼形式一般都是以自我锻炼为主。青少年常参加体操、田径、游泳、球类、滑冰等运动,中老年人常参加走(散)步、做操、慢跑、健身球、太极拳等项目。

2. 娱乐体育

娱乐体育能够锻炼人的身体,改善人的身心,陶冶人的情操,适合不同年龄段的人。

活动性游戏、球类游戏、季节性娱乐体育、游园、旅游、民族形式的活动和观看体育比赛等都是娱乐体育的内容。这些内容依据参加活动时的身体状态又被分为三种类型,见表8-1。

表8-1 娱乐体育活动分类

类型	内容
相对安静状态的活动	垂钓、棋牌、用纸和笔进行的活动
运动性的活动	命中类:如射门、射击、击木、投篮、地滚球、台球等项目
	眩晕类:如游艺场上的滑动、起伏、旋转、上升、下降、腾空、碰撞等各种游艺项目
	自然类:如野营、野炊、篝火、越野、登山、旅行等活动
	游戏竞争类:如各类竞技性活动
观赏性活动	观看体育竞赛

3. 探险运动

探险运动的主要内容有利用气球或简易的手段越洋、越江与爬山洞或从高处向下飘落、徒步或骑车环球旅行、赴南极考察、攀登高峰、穿越沙漠等。总之,人类为显示自己的能力去征服某个天险而进行的各种探险活动都可作为探险运动的内容。

参与探险项目锻炼,一定要做好充分的准备,要量力而行,不能超越自身的能力去乱闯,以免发生危险。青少年选择探险项目时一定要做好安全措施。

4. 格斗性体育

格斗性体育是为了提高防身自卫和抗击应变能力而进行的身体锻炼,主要内容有散打、擒拿、拳击、推手、武术对练和军事体育中的刺杀、射击等。这种锻炼的健身与实用价值很强,能满足日常生活与军事需要,能够提高对抗能力和自我保护能力。在选择格斗性体育内容时应明确锻炼目的,采取安全防护措施,以免发生危险。

5. 医疗与矫正体育

医疗与矫正体育是为了治疗某些疾病而参加的,或某些身体有缺陷、功能有障碍的人参加的一类专门体育活动。针对人体存在的某些疾病与障碍,采用体育的手段治疗疾病、纠正某方面的缺陷,使其恢复,但必须在医生或专门人员的指导下进行这种身体锻炼。对于相对简单、基本上没有危险的锻炼内容,可根据自己的情况自行参与锻炼。

三、终身体育视角下体育教学的改革创新建议

(一)合理选择终身体育内容与方法

学生坚持身体锻炼,能否实现锻炼目的,关键要看是否可以正确选择锻炼内容与方法。如果选择得好,可以激发学生体育锻炼的兴趣,巩固和提高学生的积极性,提高学生体育锻炼的效果。学生在选择锻炼内容与锻炼方法时,既要遵循身体锻炼的原则,也要考虑自身的实际条件。具体要从以下几个方面来考虑对终身体育内容与方法的选择。

第八章 多维视角下体育教学的改革创新研究

1. 明确目的

学生选择锻炼内容的主要依据是明确的体育锻炼目标,所以在选择前要先确定锻炼目的。终身体育锻炼有阶段性目的和长远目的,有间接目的和直接目的,学生要根据自身的实际确定锻炼目的,然后选择锻炼内容与方法来促进目的的实现。锻炼目的应具体明确,不能太抽象,否则选择锻炼内容就有很大的随意性,并导致项目选择无所适从,在确定目标时,应该考虑在健康的前提下想着重发展哪一方面的素质,总之要非常具体,这样选择锻炼内容与确定锻炼方法就能有的放矢。

2. 适时为宜

一年四季的气候变化会影响学生对锻炼内容的选择,因此应随季节的变化选择合适的身体锻炼内容,做出相应的安排,如夏季游泳、冬季滑冰。根据季节条件选定的锻炼内容可先试行一段时间,然后根据效果再考虑是否要调整或变更。

3. 符合实际,有可行性

学生必须从实际出发来选择锻炼内容与锻炼方法,要坚持客观性原则。确保自己选择的内容与方法符合自己的实际,可行性强,如锻炼时间以不影响学习为宜,练习场地以安全为宜,锻炼内容以能够达到锻炼目的为宜。如果要求太高,会影响锻炼的积极性和自信心,从而导致体育锻炼很难坚持下去。

4. 讲究实效

学生参与体育锻炼要讲究实效,在实践中要注意选择适合自己的锻炼项目,要对项目的特点、作用和实际价值作综合考虑,力求少而精,使自己能在用时较少的情况下达到预期的锻炼目的。

(二)建立多样化、特色化的学校体育组织形式

学校体育组织形式是指根据一定的指导思想、体育活动目的和教材内容以及主客观条件组织安排体育教学活动和锻炼的方式。[1]学校体

---

[1] 张丽荣.体育教学的价值回归探索[M].北京:中国纺织出版社,2017.

育的组织形式主要有三种,分别是集体教学、分组教学和个别教学。学校体育组织形式不是固定不变的,应该是多样化和特色化的。教师应根据不同的教学内容、教学资源以及学生的实际情况选择合理的教学组织形式,并能灵活转换。

高校体育课以选修课程的形式为主来进行开设,学校要根据学生的兴趣、身体素质等特点将选择的运动项目适当扩大,让学生自由选择,培养自己的兴趣,发现自己的特长,让学生能够积极参与自己所喜欢的运动项目,从而使不同性别、爱好、身体素质的学生的体育要求得到满足,使每位学生都能够掌握所学运动项目的知识技能和健身原理等。所以,高校要采取丰富多样的体育组织形式,在开设选修课、必修课的基础上实施俱乐部体育教育、特殊体育教育,构建课内外一体化体系。

(三)改善教学条件,加大宣传力度,开展形式多样的课外体育活动

学生进行终身体育锻炼,必须在一定的场地和器材条件下进行。因此,应当完善体育器材和场地的管理制度,以学校的办学规模为依据确定体育场地、器材配备标准,为学生进行锻炼提供充足的硬件设施和创造有利条件。利用如广播、校报、校刊、校园网、墙报等学校的宣传工具,或定期开展讲座,引导学生参与俱乐部活动,由此来宣传体育与健康基本知识、国内外的体育赛事等,激发学生的体育兴趣。

(四)注重对学生体育能力的培养

培养学生的体育能力是体育教学改革的重要内容和工作。体育能力是适应生活和生存需要的技能,具体指学生对体育活动的适应能力和对自身学习行为的心理调节能力。结合当今社会的时代特征和体育教育自身特点,应注意培养以下几个方面的能力。

(1)自觉锻炼能力,学生能够熟练地运用已经掌握的体育知识、技能,形成体育锻炼的自觉性,养成终身体育锻炼的习惯。

(2)自我评价、自我设计、自我组织、自我管理和自我监督的能力,让学生对自己的身体状况、动作姿势有正确的认识和评价,及时进行自我调整和改变练习方法。

(3)对自然环境和社会环境的适应能力,增强学生对疾病的抵抗力

和免疫力,使学生拥有可持续发展的体能。

(五)发挥终身体育理念在体育教学中的引领作用

1. 观念引领

人们参与运动并长期坚持从事体育锻炼,首先应该对体育锻炼的好处有一个正确的认识,这也是树立终身体育观念的重要环节。从终身体育锻炼能够带来的好处来讲,坚持体育锻炼能够使骨骼变粗,肌肉变得更结实,能够促进血液循环,增强呼吸系统功能,从而使机体的综合免疫力得到有效提高。另外,适当的体育活动有利于促进观察力、记忆力、想象力和思维力的提高与改善,有利于心智的开发。当今社会,竞争越来越激烈,现实越来越残酷,如果身体状况不理想,很难应对学习、生活和工作中的问题,即便可以勉强应对,也不会过上高质量的生活。终身体育锻炼可以使这种社会压力得到缓解,从而使社会上的亚健康人群减少。体育认知与体育情感共同决定着体育行为意向,只有较高的体育认知和较强的体育情感,才会做出有意义的体育行为。

正确的健康消费观是"对体育投入得多,对医疗投入的就少",所以人们应该崇尚体育运动,树立正确的终身体育观。对此,我国应加大对终身体育的宣传力度,使人们真正体会"生命在于运动"的含义,正确认识终身体育。在宣传过程中,需将电视、多媒体、互联网等现代化手段充分利用起来,构建宣传网络体系,促进体育教育环境的优化,对积极的体育气氛进行营造。此外,广泛宣传《全民健身计划纲要》和终身体育政策,使人们深入理解体育在促进个人成长、社会进步和国家富强等方面所具有的重要作用,从而积极参与体育运动实践,成为真正的体育参与者。

人类生命活动的核心是意识,意识代表着心理发展的最高水平,也是反映心理发展水平的最高形式。作为意识的一个重要组成部分,体育意识指的是人们对体育的认识及在体育实践中表现出来的思想观念。体育行为是以体育意识为基本前提的。体育意识的内涵包括体育认识、体育情感和体育意志三个方面。一个人形成良好体育锻炼习惯的一个重要基础就是树立高度的体育意识。学校体育教学要注重对学生体育兴趣的培养,积极引导学生树立正确的体育观念。

2. 课程引领

（1）课程设置

在体育课程设置方面，不能一味传授运动技能，而要重点关注学生的身心健康，加强对学生终身体育意识与运动能力的培养，并以此为核心来对体育课程进行多功能和综合性的开发。在体育课程内容设置方面应多选择一些能够提高学生体育兴趣、展现学生个性的内容。

（2）课程目标

课程效果的出发点在于课程目标。在整个课程教育过程中，确立具体明确的课程目标是至关重要的。在设置课程目标时，要客观评估学生体能、身体素质及其对体育知识和技能的掌握情况。在实施目标教学前，教师需先以教学目标及学生的特点为依据对自己能够把握的教学方式及内容进行设计，同时在具体教学中以课程目标为导向组织教学。需要注意的是，对合理有效的目标进行制定的前提是充分了解与分析学生的现状，否则课程目标的设置是没有实际意义的。

（3）课程内容

在课程内容安排上，将休闲体育项目、时尚体育项目积极引进，开展能够激发学生体育兴趣和潜能，调动学生体育积极性和创造性的新兴项目，如健美操、瑜伽、体育舞蹈、网球、跆拳道等，使学生在轻松愉悦的氛围中提高运动能力。

（4）课程评价

课程评价方面，要将过程与结果、显性与隐性等评价方式结合起来运用，构建一个合理的评价体系。终身体育思想突破了以往只重视对运动技术、运动能力进行评价的评价模式，强调综合评价学生的体育态度、兴趣及终身体育意识、习惯和能力，建议构建新的有机融合显性与隐性评价方式的评价模式，从而切实提高学生体育学习的积极性。

3. 主体引领

教育直接关系到民族兴亡，青少年是祖国的未来，所以体育教师需时刻考虑，如何将祖国的希望——学生培养成全面发展的新型人才。教师最基本和最核心的工作就是教学，教学质量的高低受教师教学能力高低的影响，因此教师需自觉通过提高自身的教学能力来提高教学质量。在体育课程教学过程中,如果遇到一些特殊的或事先没有考虑到的情况,就要稍微调整教学内容,这在体育课中是常见的。教师不能将提前设计好的教学方案定格,将它视为一成不变的模式,而应用动态的、变化的眼光来对课程方案进行实施。所以,教师需时刻注意以具体的教育情况为依据对原有的课程设计方案进行合理的调整,以便使课程方案更好地服务于学生的体育学习和锻炼。此外,应有意识地减轻学生的负担,加强对学生体育能力和综合素质的培养。否则,即便学校体育工作做得再多,学生也很难在体育课堂教学、课外体育活动中养成终身体育锻炼的意识与习惯。

体育教师需不断适应时代发展的需求,不断进行自我更新和完善,树立新的教育观念,采取科学有效的、创新的教学方法来开展教学工作。体育教师应在教学过程中注重采用多元化的教法,争取每节课都取得良好的成效,能够以不同学龄段学生的情况为依据有针对性地教学,通过阶段性的考核来对教学成效进行检验。只有教师和学生共同努力,才能活跃课堂气氛,才会使学生在欢乐气氛中产生学习兴趣。教师要注重对学生自学、自练、自评等能力进行培养,让学生对体育锻炼的方法加以掌握,使其能够以自身的实际情况为根据设计适合自己的锻炼计划,对于他们在运动中出现的问题,教师应及时指导或纠正。此外,教师还应对学生的自我锻炼能力进行培养,使学生在体育锻炼中感受快乐,树立自信,增强体育意识,使其乐于主动参与体育运动锻炼。

体育教师应在体育教学中采用以学生为主体的目标教学模式进行教学,采用与之匹配的一套教学方法,循循善诱,引发学生思考。这需要教师对学生的个体情况有充分的了解,对学生的现有学习情况进行分析,并在此基础上对阻碍学生进步的因素进行分析,采取相应的方法来避免这些因素对学生的阻碍,从而全面提高学生的认知能力、技能水平,使学生获得良好的情感体验,感受成功的乐趣。

此外,体育课内外教学相结合对于终身体育思想的发展也是有积极意义的,高校开设体育选修课可以让学生选择自己感兴趣的体育项目,从而发挥自己的体育特长,养成良好的体育习惯,为终身体育锻炼习惯的形成打下坚实的基础。学校也可举办体育文化节,营造良好的体育文化氛围,并积极宣传体育文化节,有意识地对学生的体育行为进行引领,提供导向。通过开展课外活动,师生的关系会更加融洽,教师对学生会有更深的了解,学生对教师会更尊重,这样体育教学与体育锻炼相互促进的良性循环机制就会逐渐形成。

第九章

体育教学改革创新视域下体育教师的创新发展

体育学科具有极强的综合性,体育教学不仅是为了增强学生体质,同时也是为了开发学生的智力,塑造学生的价值取向和能力素质,加快学生的社会化过程,培养全面发展的人才。要实现体育教学改革目标和人才培养目标,关键要依靠体育教师的创新教学能力。当前,创新能力已成为衡量体育教师是否合格的重要标准之一,因此要特别重视对体育教师创新素质的培养。本章主要在体育教学改革创新视域下探讨体育教师的创新发展,主要内容包括体育教师培养现状与策略、体育教师教学技能训练以及体育教师创新能力素质的培养。

第一节 体育教师的培养现状分析

作为体育教育发展的第一资源,体育教师在体育教育中发挥着举足轻重和不可替代的作用。体育师资队伍建设水平和质量对国家体育教育事业的发展水平具有决定性影响。在新时期,社会发展及体育教育的深入改革使得学生对优质体育教育资源的需求量不断增加,其中自然包括对优秀体育教师的大量需求。当前,体育教师背负的不仅仅是学校体育的责任,更是民族的责任,中华民族伟大复兴及社会主义现代化建设对新时代体育教师的综合素养提出了更多、更高及更新的要求。高校是培养体育教师的重要基地,高校体育教育专业的课程质量及教学水平直接决定了体育师资的培养质量。本节主要从高校体育教育专业的人才培养和体育教师的职业培训两方面来分析我国体育教师的培养现状。

一、培养目标不明晰

社会对体育教师职业的需求是随着时代的发展而不断变化的,体育教师的培养目标和模式应该随着社会需求的不断变化而有所调整,因为原有的培养目标和方式无法满足现实的需要。目前来看,我国开设体育教育专业的高等院校在体育教师培养方面存在培养目标模糊、培养方案落后的现状,人才培养的理论与实践体系之间缺乏密切的联系。高校缺乏根据时代需要和社会需求而完善体育教师人才培养方案的意识与行动,导致人才培养目标与现实需要不符,缺乏时代性。

二、培养模式落后

当今社会需要的是个性化人才、全面型人才、多元化人才,这是高校在体育师资培养中制订培养方案以及不断完善培养方案的重要依据。这要求高校不断更新人才培养观念,根据现实需要对培养方案进行调整,构建新的人才培养模式,从而培养出能够在中小学体育教学中真正发挥作用和做出成绩的优秀师资人才。

目前来看,一些高校在培养体育师资人才方面缺乏先进的理念,如在课程设置中以专业理论课程为主,忽视了岗位实践的重要性。此外,人才培养模式也较为落后,如培养方式单一、培养内容片面、忽视了对实践能力及创新能力的培养等。

三、课程设置不合理

高校体育教育专业的课程设置及专业教学质量直接决定着对体育教师人才的培养质量。现阶段,部分高校的体育教育专业在课程设置上存在以下两个方面的问题。

第一，公共必修课程与专业课程的课时分配不合理，主要问题是公共课程的课时占了一定的比例，导致专业课程的课时不足，难以完成专业教学任务。一些学校为了完成预期的人才培养方案，对专业课程进行删减，从而对人才培养质量造成了影响，导致培养出来的体育教师缺乏良好的专业素养。

第二，高校体育教育专业的课程主要有学校体育学、体育课程与教学论、中小学体育与健康教学、体育教学技能实践等。课程看似丰富、全面，但细分发现这些课程中有些内容是重复的，这势必会影响人才培养的效率和最终的质量。

四、脱离社会发展需求

高校体育教育专业学生毕业后能否顺利就业，成功进入中小学成为合格的体育教师，关键要看其是否满足社会对体育教师这一岗位提出的专业要求，也就是这些毕业生的实际能力和现实需要之间的契合度是否足够高。满足社会岗位需求的毕业生容易在竞争激烈的就业市场中脱颖而出。所以说，高校应培养满足体育教师岗位需求且综合素质较高的体育教师人才，促使毕业生与工作岗位完美对接。

有学者在调查中了解到，中小学体育教师在上岗前不了解或不太了解岗位需求的情况很常见，而且部分教师上岗前不了解中小学基础体育教育的改革情况。还有一部分中小学体育教师认为自己在高校学习的专业知识在教学实践中利用率不高，而且由于在高校期间实习机会少，导致进入岗位后不能很快适应教学工作。由此可见，高校在培养体育教师时尚未充分了解新时代体育教师的岗位特征和发展趋势，导致体育教育专业的学生毕业后就业难以及入职后适应慢，难以快速胜任本职工作。

五、职业培训不理想

体育教师的职后培训与职前培养同样重要。很多中小学体育教师对专业培训的需求比较强烈，也有参加继续教育的意识和打算，并深刻认识到专业培训、继续教育对自身长远发展以及对中小学体育发展的重要性。但现实中他们的需求并未得到充分的满足,因为学校不重视在职教师的培训与继续教育,没有提供足够的机会,也没有从政策、资金等方面提供支持。社会上的培训机构资质良莠不齐,培训内容落后,培养方法单一,培训者专业素养差,培养质量得不到保证。此外,中小学体育教师往往要负责几个班级的体育课,而且还要完成运动训练、社会体育等相关工作,工作量大,任务繁重,余暇时间不多,所以没有足够的时间去充实与完善自我。

第二节 体育教师的培养策略探索

一、明确培养目标

培养目标是高校培养人才的基石,对人才培养方向起到决定性影响。新时期学校体育教育对体育人才的需求随着社会进步和时代发展而发生了变化,这种变化主要表现为多层次需求、多规格需求、综合性需求以及创新性需求等,这就要求高校不断适应新时代对体育人才提出的新需求,从现实需求出发,结合高校办学条件而优化人才培养方案,明确人才培养目标,为人才培养工作的开展提供正确的方向与指引。

需要注意的是,不同高校因为办学历程、办学条件、办学环境、师资水平等各方面都存在不同程度的差异,所以培养体育人才的目标定位也有区别,体现了学校的办学特色和人才培养特色。培养优秀的体育师资人才是一个长远的过程,在不同的培养阶段应该提出不同的培养要求,细化各个阶段的培养目标,从而促进培养对象一步步成长为优秀的体育教师。虽然不同高校在体育教师人才培养方面各有特色,但总的来看,培养目标都应满足以下几项要求,或者说培养出来的人才应达到如下要求。

第一,全面贯彻党的方针,适应社会发展和体育事业发展的需求。

第二,具备积极从教的激情与职业情感,并把自身激情投入教学工作中。

第三,精通体育专业基础学科知识,掌握各项专业技能和教学方法,能力多面,一专多能,且有深厚的学术水平。

第四,教育理念先进,熟练掌握教学技能,综合素质较高,符合基础教育要求。[①]

二、设计科学培养方案

高校对体育教师人才进行培养,要先立足实际,结合社会需要和办学条件设计与确定一个较为科学完备的培养方案,从而根据方案有序开展培养工作,并在培养过程中根据现实需要灵活调整方案,以不断完善方案,提高人才培养的效率及培养质量。培养体育教师是高等院校的主要职责,在培养过程中需要地方政府的支持,也需要高校与中学建立合作机制,为体育教育专业学生争取实习岗位和机会。基于此,可构建高校、政府及中学有机结合的"三位一体"体育教师培养方案,如图9-1所示。

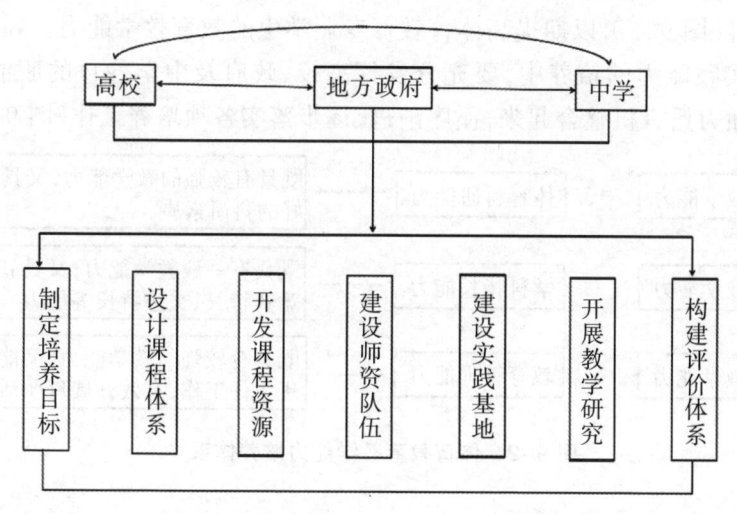

图9-1 高校、政府及中学"三位一体"体育教师培养方案[②]

---

① 马亚男.安徽省高校卓越体育教师培养现状与对策研究[D].淮北:淮北师范大学,2015.
② 崔文晶.卓越中学体育教师"三位一体"培养方案设计研究[D].太原:山西师范大学,2016.

在图9-1所示的人才培养方案中,高校居于"主体"地位,其作为主体的主要职责是将三方联系起来,协调三方的利益关系,保障最终的培养质量。在人才培养的整个过程中,尤其是人才培养课程的整个实施过程中,高校要落实各个具体细节的工作。该方案中地方政府居于"主导"地位,主要职责是统筹整体规划,领导相关部门的工作,提供资金保障,优化资源配置。政府从宏观上对高校和中学的合作加以引导和调控,并制定相关政策来予以扶持,提供保障。中学是高校体育教育专业学生实习的重要基地,其主要职责是响应地方政府的政策,接受高校体育教育专业学生来校实习,积极配合政府与高校的工作,做好基础性实习实训的管理工作。

在"三位一体"的体育教师培养方案中,要特别重视对体育教育专业学生体育教育教学能力和体育教育实践能力的培养,并针对这些重点培养内容构建专门的培养体系。例如,在体育教育教学能力培养体系中纳入体育教学能力、体育科研能力、学科特长能力及教育管理能力等相关内容(图9-2),以期提高体育教育专业学生的教育教学能力。在体育教育实践能力的培养中,要充分发挥高校、政府及中学各自的职能,将各方面力量有机整合起来,循序渐进,逐步落实各项培养工作(图9-3)。

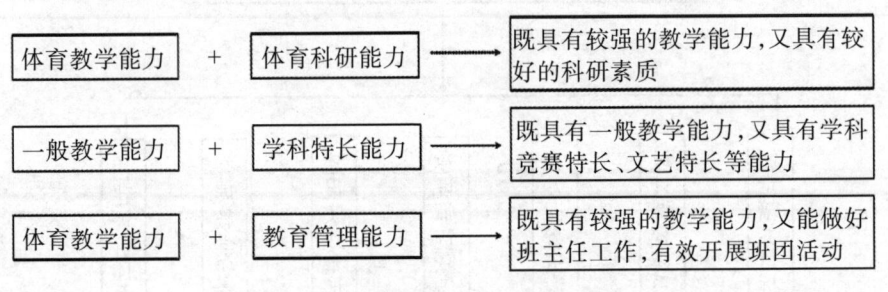

体育教学能力 + 体育科研能力	既具有较强的教学能力,又具有较好的科研素质
一般教学能力 + 学科特长能力	既具有一般教学能力,又具有学科竞赛特长、文艺特长等能力
体育教学能力 + 教育管理能力	既具有较强的教学能力,又能做好班主任工作,有效开展班团活动

图9-2 体育教育教学能力培养体系[①]

---

① 崔文晶.卓越中学体育教师"三位一体"培养方案设计研究[D].太原:山西师范大学,2016.

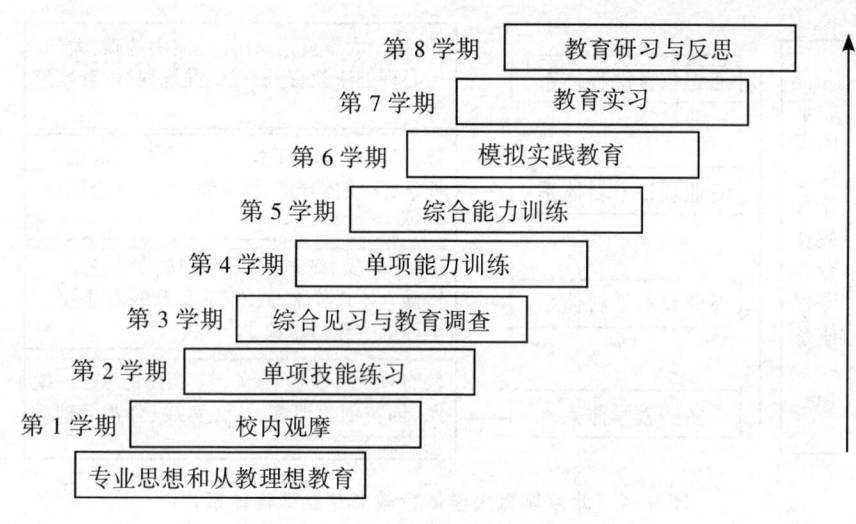

第九章
体育教学改革创新视域下体育教师的创新发展

```
第 8 学期    教育研习与反思
  第 7 学期    教育实习
   第 6 学期   模拟实践教育
    第 5 学期   综合能力训练
     第 4 学期  单项能力训练
      第 3 学期  综合见习与教育调查
       第 2 学期 单项技能练习
        第 1 学期 校内观摩
                 专业思想和从教理想教育
```

图 9-3　体育教育实践能力培养体系[①]

三、完善课程设置

　　体育教育专业的课程设置是围绕体育教师专业人才培养目标与规格，从课程内容、内在联系、专业支撑作用、时间顺序等方面进行统整，科学分解专业思想、专业知识、专业技能、综合素质等方面的培养任务，将知识节点有机分拆渗入每门课程中。师范类高校在培养体育师资的过程中，不能片面追求复合型体育人才而忽视了师范性特色，而要在坚持人才培养的师范性的基础上兼顾人才培养的复合性，在课程设置中主要安排师范类课程，适当安排非师范类课程，以适应我国体育教育改革发展对体育教师人才的多方面需求。在这方面，北京体育大学体育教育专业做了很好的示范，其在课程设置方面构建了比较健全的课程结构体系，如图 9-4 所示。这一课程体系既保留了示范性，也兼顾了复合性，对其他高校体育教育专业的课程设置具有重要借鉴意义。

[①] 崔文晶.卓越中学体育教师"三位一体"培养方案设计研究[D].太原：山西师范大学，2016.

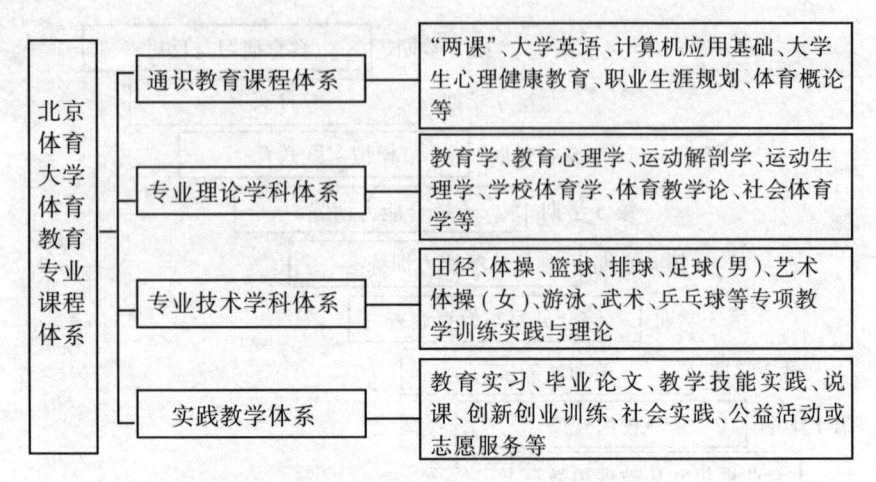

北京体育大学体育教育专业课程体系	通识教育课程体系	"两课"、大学英语、计算机应用基础、大学生心理健康教育、职业生涯规划、体育概论等
	专业理论学科体系	教育学、教育心理学、运动解剖学、运动生理学、学校体育学、体育教学论、社会体育学等
	专业技术学科体系	田径、体操、篮球、排球、足球（男）、艺术体操（女）、游泳、武术、乒乓球等专项教学训练实践与理论
	实践教学体系	教育实习、毕业论文、教学技能实践、说课、创新创业训练、社会实践、公益活动或志愿服务等

图9-4　北京体育大学体育教育专业课程体系[①]

四、加强入职教育

　　被中小学招聘的教师也就是初任教师在进入中小学正式上岗前所接受的培训和教育就是所谓的入职教育。之所以要对初任教师进行入职教育，主要是为了提高初任教师的业务能力，使其尽快熟悉学校环境，适应岗位工作，在体育教学中发挥自己的专长，提高教学质量。此外，开展入职教育也是为了稳定体育教师队伍，避免教师因适应能力差而逃避岗位。

　　地方政府要高度重视教师的入职教育，从制度、政策等方面予以保障，肯定教师的社会地位，关注教师的职业成长和发展，将相关单位及社会组织在教师入职教育中应履行的义务及肩负的责任确定下来，完善各项规划与细节，提高教师入职教育的质量。为保证初任教师能顺利接受入职教育，用人单位要适当减少新入职教师的工作量，使其有时间参与培训。需要注意的是，面向广大初任教师开展入职教育，并不仅仅是为了解决入职教师的适应能力问题，还是为了促进教师的长远发展，对其职业素养、综合素质进行全方位培养，提高其教育教学能力，使其在体育教师工作岗位上保持持久的战斗力，发挥自己的价值。

---

① 舒宗礼.中学卓越体育教师成长研究[D].北京：北京体育大学，2016.

五、注重职后培训

为进一步提升体育教师的专业素质,培养师德高尚、业务精湛、结构合理的高素质专业化体育教师队伍,对在职教师进行专业培训很有必要。在职培训要做好以下工作。

第一,完善培训制度,使培训与教师职称、学历学位、课题研究挂钩,强调培训过程和结果考核,从而使体育老师积极争取培训机会并认真对待。

第二,以体育教师的需求为导向,明确合理的培训目标、培训内容与培训方式。在具体实施中要体现出区域差异,如面向中西部农村体育教师培训时,选择培训内容和培训方式尽量"非城市化",要"接地气",深入开发本土特色培训课程,提高培训的针对性和实效性。

第三节 体育教师教学技能的专门训练

一、体育教师教学技能概述

(一)体育教学技能的概念

体育教学技能指的是体育教师为了实现预期的体育教学目标而采用的有效教学活动方式。体育教学技能包括初级技能和高级技能。

(1)体育教学初级技能指的是体育教师在一定教学理论的指导下,经过反复练习而形成的技能。

(2)体育教学高级技能指的是体育教师经过反复练习而达到的自动化技能。

(二)体育教学技能的分类

对体育教学技能进行科学合理的分类,有助于使体育教师对教学技能有一个深刻的认知,促进体育教师专业教学技能的形成,从而促进教学质量的提高。

我国对体育教学技能的分类有传统分类和新分类两种,具体分析如下。

1. 传统分类

我国很少有学者研究体育教学技能的分类,从现有的研究成果来看,学者大都是在结合体育教学特点的基础上对其进行分类的(表9-1)。

表9-1 体育教学技能的传统分类

分类依据	技能分类
体育课程教学特性	组织教学技能
	语言运用技能
	动作演示技能
	纠正错误技能
	活动创编技能
	测量评价技能
体育教学的行为方式和特点	教学组织技能
	导入技能
	讲解技能
	动作示范技能
	肢体语言技能
	诊断与纠正错误技能
	教学设计技能
	教学结束技能
教学工作需要	体育教学计划编制技能
	体育课堂教学实施技能
	说课与模拟上课技能
	体育教学反思技能

从传统体育教学技能分类的依据来看,有的分类突出的是体育教学的特点,有的突出的是体育教学的过程和行为方式,有的是在实践需要的基础上进行的分类。但不管是参考什么标准进行分类,都要保证分类标准的具体化,要避免分类子项相互交叉,这对于之后的学习和运用都是有好处的。

2. 重新分类

我国有关学者在现有体育教学技能分类的基础上,贯彻分类原则,借鉴国外经验,取长补短,对体育教学技能进行了新的分类,新分类更具科学性,避免了分类子项的交叉,而且新分类的实践指导功能更突出。

对体育教学技能的新分类是以体育课教学活动即教师指导、学生练习、教学组织、观察休息、保护与帮助5大部分为依据而进行的(表9-2)。这几种教学活动相互独立,避免了分类后的交叉混乱现象。新的体育教学技能分类更具实践价值,更能够发挥在体育教学活动中的指导作用。

表 9-2 体育教学技能的新分类

分类	主要子类
教学的内容编制技能	教学内容选择技能
	教学内容改编技能
	教学内容安排技能
教学的活动组织技能	课堂常规贯彻技能
	活动分组实施技能
	队列队形调动技能
	场地器材使用技能
教学的学习指导技能	内容讲解技能
	身体示范技能
	活动提示技能
	媒介展示技能
	问题导引技能
	效果评价技能

续表

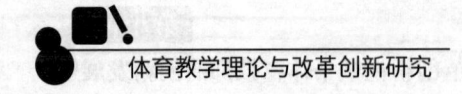

分类	主要子类
教学的保护帮助技能	助力完成动作技能
	安全措施落实技能
	技巧摆脱危险技能
	外部手段运用技能
教学的负荷调控技能	练习疲劳判定技能
	心率水平预计技能
	练习强度调控技能
	练习密度调整技能

二、体育教师教学技能训练的基本模式

（一）情境训练模式

对训练情境进行创设，通过角色扮演，经过主体选择、加工和诠释，使技能知识转化为教学实践的训练过程范式就是情境训练模式。

1. 情境训练模式的实施过程

（1）设计训练情境

对训练情境进行创设，要以训练目标、训练内容和训练要求为依据，对体育教学技能内容之间的内在联系和训练规律进行深入的挖掘与提炼，引导练习者从具有典型代表性的训练情境中受到启发，使练习者以最快的速度学习体育教学技能。

语言描绘情境、以模拟课堂展现情境、以微格训练再现情境等是创设训练情境的几种手段。

（2）寻找合作伙伴

在体验训练前，要对合作伙伴进行选择，同伴组合方式一般有两种，一种是同质型组合，一种是异质型组合，练习者可根据训练目标、训练内容，选择与自己知识和技能水平相当的同伴，有助于相互比较、促进；也可选择与自己的性格、技能水平有明显差异的同伴，可促进互补。

第九章 体育教学改革创新视域下体育教师的创新发展

（3）鼓励同伴交流

合作伙伴之间的协作有助于提升双方的认知能力，同伴之间可以互相讨论、总结，互相分享、反馈，交流心得，从而更深入地理解情境训练模式，这对练习者表达能力、协作能力的提高都有非常重要的促进作用。

（4）信息意义建构

信息的意义建构是内外行为共同作用的结果，建构信息的意义需要对训练内容的内涵有一个非常深刻的理解。在体育教学技能训练的高级阶段，训练方法主要采用发现学习法、情境学习法以及合作学习法等，训练的具体途径主要有设计教案、集体备课、模拟上课等，以主动建构体育教学技能应用情境为基础，宏观把握整体的体育教学技能。例如，练习者作为研究者，采取一课两讲或三讲的形式对同一内容的不同教学方式进行解构，有助于提升练习者对体育教学技能的理解能力。

（5）制定评价标准

通过评价练习者的组织能力、决策能力和思维能力，可以使个体对情境训练模式的认识更加深入。在情境训练模式中，自我评价、定性评价以及形成性评价等是常见的几种评价方式，在评价过程中，要鼓励练习者积极思考，对研究报告、论文进行撰写，做好经验总结，或在校本课程教材的编写中积极参与等。

（6）反馈调节

情境训练模式中的反馈方法主要有案例分析、学术研讨以及行动研究等，在反馈中对训练的进步与失误进行探析，对情境训练模式的情境布局进行调整，促进寻找合作伙伴、信息意义建构等关键环节的改进。

2. 情境训练模式的实施要求

（1）创设情境，模拟真实

创设的训练情境要具体、真实，避免设计抽象的训练情境，训练情境要与体育教学现实情况相符，使练习者在真实的情境中充分感受体育教师的角色，吸引练习者的注意力，从而使其产生相应的情感体验，如热爱、满意、愉悦、悲伤等。情感体验不是越积极越好，适当的消极体验对练习者也有一定的作用，能够使练习者在真实体育教学中从容面对各种问题。

（2）方法混搭，反思改进

在运用情境训练模式的同时，要注重多种训练方式、方法的结合使用，以达到更好的训练效果。教育情境的不确定性、非线性和混沌性，决定了教学没有固定的模式和技能技巧可以套用，因此，在体育教学技能训练中，练习者必须凭借自己对教学技术的理解和领悟，做出自主判断，选择适当的训练方法，不断地对训练过程进行调整，改进训练细节。

（3）基础扎实，体验创新

良好的基础知识和基本的体育教学技能是应用情境训练模式的基本要求，这样练习者才能够在创设的情境中灵活应用已有技能，全情投入其中，将心智方面的提升作为训练的重心，充分体验学习、挑战、交流和创造的乐趣。

在情境训练模式的实施中，体验学习和思维的过程是训练重点，练习者在模仿体育教学实践的过程中，要对教学原则和方法形成深刻的理解，对适合该情境的内容进行筛选，避免体验无效或低效。

（4）合作完成，群体相容

体育教学中的许多练习都需要师生或生生相互配合才能完成，这也是体育教学的特殊性，这方面的特点有助于培养学生的社会能力。

在体育教学技能训练中，同伴之间要相互协作和沟通，竞争对手之间要相互尊重和学习，发挥群体的力量，这样学生不仅可以掌握技能，还可以学会与他人交往互动，在群体之中融洽相处，提升社会适应能力。

（二）探究训练模式

以体育教学技能中的某项技能为目标，在技能训练相关原理的指导下，主动发现问题、寻找答案，进行探索和研究性活动的训练过程范式就是所谓的探究训练模式。

1. 探究训练模式的实施过程

（1）对训练目标进行制定

在训练开始时就要清楚地制定训练目标，这样才能有针对性地进行探究活动，高效完成训练任务。

(2)设计训练路径

采取任务分析法把目标技能分解为几个要素,整合这些分解后的要素,并将其设计为系统的训练路径。设计探究训练模式的训练路径时,对难易程度和顺序没有严格的要求,但必须确保路径上的标志性指示是准确清晰、相互连接、逐层推进的,以便使体育教师在这些指示的指引下及时发现问题,找到问题的答案。

(3)主观意识参与

主观意识参与训练必然要经历这样一个连贯的过程,即发现问题—分析问题—解决问题。体育教师在训练路径的指引下,有意识地参与训练,这有助于促进体育教师心智技能及决策能力的提高。在主观意识参与中,参与者的常见心理活动主要有感知、认知、识记、分析、对比、想象等。

(4)确定训练方法

一般在体育教学技能训练的中级阶段适合采用探究训练模式,选用该模式时,可采取的具体训练方法一般有自主学习法、探究式学习法、讨论法、小群体学习法等。此外,师徒结对、同行交流、案例解析、成果汇报等方法也非常适合在该模式中采用。采用这些方法时,需要进行模拟上课、跟岗实习以及微格训练,但采用这些方法与途径的前提是积极主动、自觉参与,这样体育教师才能全面系统地了解与掌握某一方面的体育教学技能。

(5)研定评价标准

探究训练模式对个体理解与掌握知识的情况、个体在训练中的行为表现都非常重视。所以,定性评价、形成性评价、相对性评价等是该模式的主要评价方式。在评价过程中,主要参考指标是参与者在训练过程的努力程度和独立思考程度。因为我们很难明确测定心智提高程度和情感体验等指标,所以,在解读学生的心理训练过程时,需要将其读书笔记、反思材料以及教学心得等作为参考依据。

(6)反馈调节

目标训练模式的反馈是通过对目标达成度和学生的认识能力、理解能力、判断能力及执行能力等进行评价,反思训练的难易程度、环节安排和训练时效性等情况,对训练的目标设定、环节连接和推进过程等进行科学调控。

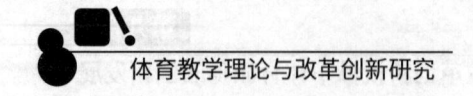

2.探究训练模式的实施要求

（1）积极内化，激发动机

探究训练模式的实施过程是积极主动的,该模式可以促进个体内在动机的强化,可以促进个体心智技能的有效提升。但是,探究训练模式并未重视需要、兴趣、性格、情感以及意志等非智力因素的训练,所以会对训练目标的达成产生影响,只有注重对训练动机的培养和调节,促进个体内部强化,将智力因素与非智力因素的训练同时重视起来,才能提高训练效果。

（2）充分准备，独立思考

对训练中的个体准备状态给予一定的关注,在训练之前,对自己的状态、技能基础以及认知水平要有清楚的了解,因为不仅是外部刺激和个体主观努力会影响训练结果,一个人已有的知识水平、认知结构、非认知因素等都会对训练结果产生决定性影响。任何有意义的训练都要以基础准备为前提。学生要在已有认知经验的基础上独立思考,不断掌握体育教学技能,提高自己的专业水平。

（3）问题明确，任务具体

在正式开始进行体育教学技能训练前,就将探究的目标问题（核心技能）、训练的目的明确提出来,因为探究训练活动的开展主要是为了掌握技能,达到预期训练目标。以目标问题为核心,要明确设计相关任务,从而使学生循序渐进地完成训练任务。

（4）不断尝试，顿悟渐悟

探究训练模式对个体技能形成的体验过程非常重视,提倡学生独立发现、研究并解决问题,在这个过程中,学生需要不断探索,直到寻找到正确的答案,这有助于学生判断和决策能力的提高,有助于将探究教学法更好地运用于以后的体育教学中。

（三）展演训练模式

为了提升体育教学技能水平,以展示技能训练成果或完成某项教学任务为基本方式的训练过程范式就是展演训练。

1. 展演训练模式的实施过程

（1）制订展演方案

以展演内容为依据，在对训练个体的情况形成基本了解的前提下，对练习者的训练积极性进行培养，使其个体创造性充分发挥出来，将练习者对展演内容的构想和预计充分显示出来，合理搭配体育教学技能，将展演训练模式不拘一格的独特性呈现出来，从而促进个体的成长。

（2）确定训练方法

一般在体育教学技能训练的终极阶段适合采用展演训练模式，在该模式的实施中，差别练习法、分层练习法、成功练习法等都是可以采取的体育教学技能训练方法。

除以上训练方法外，实战演练方法也很有效，如开展行动研究、教学评比等活动，在这些活动的开展过程中，通过说课、示范课评比等途径可以将体育教学技能训练成果反映出来。

（3）意义训练

在已形成的技能基础上，融合个体对训练内容的解读，将展演内容灵活自如地呈现出来，将个体对体育教学技能的熟练程度展示出来，从而进一步学习新知识，掌握新技术，形成新的体育教学技能，并更加熟练地运用该技能。

（4）自我实现

在展演训练中，个体会深刻地体会到自我满足的价值感，包括成功彰显个性的存在感、掌握体育教学技能的满足感、未来可以从事教师职业的认同感等。展演训练模式强调对个体创造潜能的挖掘，同时对个体的高级心理活动也很关注，引导个体在结合自我认知和经验的基础上积极肯定自我，实现自我价值，形成自己的教学风格，彰显自己的个性。

（5）评价反馈

训练能否使自己的需要得到满足，能否帮助自己明确原来不甚清楚的地方，这些问题只有练习者自己最清楚。所以，在该模式的实施中，主要采用自我评价、个体内差异评价以及发展性评价等评价方法。练习者通过评价可以形成正确的自我认识，可以使自己的观察能力和感受更敏锐，这对于提升其个人教学技能和塑造个人教学风格都有积极的作用。

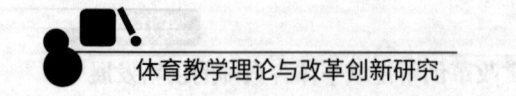

2.展演训练模式的实施要求

（1）气氛宽松，张弛有度

展演训练模式提倡在宽松、和谐的氛围中进行训练，使练习者在充足的空间中自由展示自己的技能，发挥自己的特长。但自由并不是毫无节制，练习者必须遵守相关规章制度，这样才能更好地发挥所学技能的作用。展演训练模式对开发练习者的潜能有重要的作用，但对其原有水平和独特性不能一味迁就。

（2）自我提升，协同促进

展演训练模式强调练习者在训练中要实施自我评价反馈，强调练习者的自我修炼与自我肯定。在展演训练模式中，练习者提升自己能力品味的关键是展示自我，但在展示自我的同时要将社会、学校、家庭教育的协同作用全面重视起来。学校与社会文化环境的互动非常密切，能够使个体的教育目标、方针与办学模式发生改变，会在很多方面影响练习者，使练习者成为一个既具有社会普遍性，又具有独特个性的人。

（3）彰显个性，全面发展

从模仿到独立再到创新、稳定是任何一种教学风格的形成都要经历的过程。在展演训练中，练习者能体会到体育教学的乐趣，能获得成功的满足感。该训练模式能够有效激发练习者的认知与情感，练习者个体的认知、情感、动机、创造能力等心理品质会直接影响个体行为，或制约，或促进，从而全身心投入训练，形成自己独特的风格，并在人格、态度、行为等方面实现协调发展。

在展演训练模式的实施中，教授者对练习者体育教学技能的形成，对其内心世界的全面发展都要给予一定的关注与重视。

（4）完整展示，积极反思

展演训练模式要求练习者将训练过程和结果完整展现出来，充分发挥自己所掌握的体育教学技能。

反思是总结与纠正错误的训练行为，通过深刻审视展演过程，使练习者对自己在技能训练中的认知、行动、感悟的经过再次回顾和思考，从而对训练计划进行调整，使计划更加完善，促进训练效率和自我教学水平的提高。

三、体育教师教学技能训练的路径

体育教师教学技能训练的实施途径主要有体育教学观摩、体育教学技能大赛、示范评比课、跟岗培训等，下面主要就最后两种训练途径的实施进行分析与研究。

(一)示范评比课

体育教师对一定教学理念、教学艺术、教学风格等的追求可以通过示范评比课充分反映出来，从而供观摩者评议、学习或者效仿，这有利于在开放的研究氛围中使体育教师获得多元评价，从而促进课堂教学思维的深化，进而有效提高体育课堂教学研究水平和体育教学技能水平。

1. 示范评比课的过程

示范评比课的过程一般包括以下几个环节。

(1)准备

体育教师在接到示范评比课的任务后，需要从以下几方面来做准备。

第一，对授课年级、班级及班内学生的基本情况进行了解，分析学情。

第二，对教学场地设施的基本情况加以了解，分析场地器材条件。

第三，初步了解体育教学内容，做好体育教学方案的设计。

(2)自演

做好上述准备工作后，要以比赛的具体时间和要求为依据，结合初步设计的教案进行自演训练，在这一环节，要明确将要用到的教学方法、合理分配时间、安排好各环节的衔接。

教师可以先采取"三段式"的方式来自演，如准备部分、基本部分和放松部分，在不同部分安排不同的教学内容，采取不同的教学形式，然后结合自演情况合理调整教学方案。此外，体育教师要做好讲解的自演，将讲解内容与学生理解水平的关系处理好，将语言的风格、语速、音量把握好。要做好技术动作的自演，将技术动作的幅度，如力量大小、速度快慢等掌握好。

（3）预演

在反复自演后，应在不同班级反复进行磨课，也就是反复预演。在这一环节，参考正式比赛的标准对自己严格要求，请组内同事和校外专家观摩并点评自己的表现，如语言的讲解、时间的把握、队形的调动、课堂的气氛等，并听取专家与同行的建议。

（4）比赛

①课前。

第一，课前将服装搭配好，教师只有衣着端庄，才能身正为范。

第二，将自己的情绪调整好，充满热情活力，更好地感染学生、鼓励学生。

第三，仔细检查场地器材。

②课中。

第一，体育教师要密切关注学情，及时调整教学策略。因为课堂中总是会有一些不可预知的新情况出现，所以要对即时学情密切关注，对学生的练习情况进行仔细观察，捕捉教学信息，及时调整教学策略，变化教学方法和手段，适度拓展教学目标。

第二，及时将课堂教学中出现的问题变成教学资源，这样才能使课堂教学更加精彩和高效。

③课后。

第一，课后及时与观摩人员交流，认真听取专家与同事的点评和建议。

第二，做好总结工作。

2. 体育教学技能训练的要求

目前，大多数人都认为示范评比课只是一种比赛课，对这类课在训练体育教学技能方面的作用没有给予关注和重视，这无疑会影响示范评比课的作用的发挥。高度认识示范评比课在训练体育教学技能中的作用，将体育教学技能训练的要求把握好，能够促进体育教师教学技能的提高。具体来说，在示范评比课中，要提高体育教学技能，需做到以下几点要求。

（1）教师要对评比规程十分熟悉，积极备赛。

（2）正确把握评分标准，完善课的设计。

（3）全面了解学生，加强对教师学情分析能力的训练。

（4）强化预演环节的训练，促进教师活动组织技能的提升。

第九章 体育教学改革创新视域下体育教师的创新发展

（5）在评比中展现特色，注重设计教学亮点。
（6）熟练运用现代化技术来提升示范评比课的效用。

（二）跟岗培训

体育教师在教学实践中只有经过严格的训练，才能在教学活动中表现出精妙娴熟的教学技能，而且也只有在教学实践中不断磨砺、锤炼，教师才能深入理解教学技能的意义、组成要素、操作程序与运用要领，并逐渐将其转化为自己的教学经验。由此可以看出，在体育教学技能训练中，实践训练非常重要，而跟岗培训是实践训练的一种常见形式，通过跟岗培训，能够综合训练体育教师的体育教学技能。

1. 跟岗培训的过程

跟岗培训一般要经历以下几个环节。
（1）准备阶段

跟岗培训能否顺利进行，能否取得好的效果，与前期准备工作是否认真而扎实、细致而充分有直接的关系。在跟岗培训中，充分做好前期的准备工作，有助于将体育教学技能跟岗培训任务顺利、圆满地完成，有助于培训质量的提高。总之，在跟岗培训中，前期准备环节必不可少。

一般来说，在跟岗培训的准备阶段中，需要做好以下几个方面的准备。

第一，思想准备和心理准备。
第二，体育教学技能知识及能力的准备。
第三，跟岗培训装备的准备。
第四，对跟岗学校基本情况的了解与熟悉。
（2）实施阶段

在跟岗培训中，实施阶段是主体阶段，也是非常重要的中心环节，它对培训的效果与成败有直接的影响，这一阶段具体包括以下几个环节。

第一，见习。
第二，集体议课、备课。
第三，编写教案。
第四，开展教学实践活动。
第五，听课、评课等。

（3）考核阶段

考核指的是培训机构以培养目标的达成程度为依据，科学而全面地检测跟岗学员。考核不仅可以检验培训效果，而且能够保障体育教学技能的提高，能够及时反馈学员的问题，并及时妥善地进行处理与解决。对跟岗培训任务的完成情况进行考核与评定，可促进学员体育教学技能的有效提高。

（4）总结阶段

跟岗学员在培训结束后，要总结自己的整个培训过程，写出书面总结。通过总结来回顾自己在这一过程中的得与失，重点是总结自己掌握的教学技能，并对合理的建议进行梳理。跟岗培训的总结形式有很多种，常见的有跟岗日志、诊断报告、专题总结等。

2.体育教学技能训练的要求

跟岗培训能够使体育教师的综合教学技能得到有效提高，但要注意以下几个要点。

（1）转换角色，正确进行自我定位。

（2）遵守基地学校的制度。

（3）带着问题参加培训。

（4）做好跟岗学习记录。

（5）撰写跟岗总结。

第四节 体育教师创新能力素质及其培养路径研究

一、体育教师创新能力素质的构成

（一）体育教师创新能力素质的基本构成

体育教师的创新能力素质包括教育教学能力、运动训练能力及其他能力，这些能力的发挥建立在健全丰富的知识结构基础上，因此将体育教师的知识结构也纳入创新能力素质中。这样一来，体育教师的创新能力素质不仅包括能力结构，也包括知识结构。

第九章 体育教学改革创新视域下体育教师的创新发展

1. 知识结构

在创新教育理论下,体育教师要不断更新教学理念,树立科学而先进的教学思想,如开放性教学思想、动态化教学思想等,从而在体育教学中将相关知识融合起来,促进知识的相互整合与渗透,将教学知识综合地呈现出来,提高教学的效率。

体育教师的知识结构直接影响体育教学效果和体育教学质量。体育教师要深刻认识到自身知识结构的重要性,不断吸收新知识,扩大自己的知识面,增加自己的知识储备量,同时要更新与深化对已掌握的专业知识的认识与理解,从而能够在教学实践中合理地、综合性地运用丰富的知识去教书育人。在体育教育深入改革发展的今天,体育教师应具备的知识结构见表9-3。

表9-3 体育教师的知识结构[1]

层次	方面	具体内容
普通基础理论	基础学科	思想政治 哲学 政治经济学 数学 计算机 外语等
专业基础理论	基础理论	人体解剖学 运动生理学 体育心理学 学校体育学 运动生物力学 运动生物化学 运动健身学等
	运动技术	田径技术 球类技术 体操技术 武术技术 健美操技术 其他健身项目技术等

---

[1] 贺红. 中学体育教师创新能力现状及影响因素研究[D].南京:南京师范大学,2011.

续表

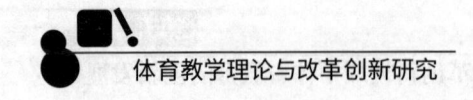

层次	方面	具体内容
教育学科理论	教育与体育教育理论	教育教学论 体育教育学 体育方法论 普通心理学 现代科学技术理论 创新教育学等

表 9-3 所列的创新型体育教师应掌握的各类知识在体育教师知识结构中的地位不同，作用也不同，其中普通基础理论知识居于基础地位，是体育教师教书育人的前提；专业基础理论知识是知识结构的重心，对体育教师教学、训练、科研能力的高低有重要影响；教育学科理论知识是体育教师能力形成与发展的基础指导性理论，发挥重要的指导作用。

2. 能力结构

在体育教学中对创新人才进行培养，首先要对创新型体育教师进行培养，只有具有创新思维和创新教学能力的体育教师才能在充满创造性的教学过程中对学生产生持久而深刻的影响，才能塑造创新之才。作为创新教学活动的直接组织者和实践者，体育教师除了要储备丰富的知识和建立全面的知识结构外，还要具备必要的创新能力，见表 9-4。

表 9-4 体育教师的创新能力结构[1]

创新能力	具体内容
教育教学能力	教育基础学科理论知识运用能力 教学计划编制能力 课堂教学组织能力 语言表达能力 动作示范能力 保护与帮助能力 电化教学能力等

---

[1] 贺红.中学体育教师创新能力现状及影响因素研究[D].南京：南京师范大学，2011.

续表

运动训练能力	选材能力 制订和实施训练计划的能力 运动训练管理能力 组织比赛和执行裁判工作的能力等
组织、社交能力	课外体育活动组织能力 运动竞赛组织能力 社区体育活动组织能力 社会交际协作能力等
保健能力	医务监督能力 运动损伤急救能力 体质测量评价能力等
科研能力	创新思维能力 论文撰写能力等
计算机应用能力	计算机实际操作能力 多媒体课件制作能力等

表9-4中各项创新能力缺一不可，体育教师的创新素质主要从其教育教学能力中体现出来，教育教学能力的高低在很大程度上决定了创新能力水平的高低。体育教师的创新发展离不开运动训练能力、组织社交能力和体育保健能力。体育教师创新能力素质的提高要以科研能力和现代教育技术运用能力作为根本保证。

(二)创新型体育教师创新能力的构成

创新型体育教师的创新能力包括以下几个要素。

1. 创新意识

创新意识是创造性思维和创造力的前提。创新意识总是代表着一定社会主体奋斗的明确目标和价值指向性，成为一定主体产生稳定、持久创新需要、价值追求和思维定式以及理性自觉的推动力量，成为唤醒、激励和发挥人所蕴含的潜在本质的重要精神力量。

2. 创新思维

体育教师在自己知识结构的基础上打破传统教学常规，探求新的知识和技能，这种思维活动就是创新思维。在创新能力结构中，创新思维是核心要素。从本质上来说,创新思维是一种心理活动,而且是高级的、复杂的心理活动,具有探索性、综合性、开创性和求新性。培养这种复杂思维,要求体育教师具备良好的感知力、思考力、理解力、联想力和记忆力。

3. 创新技能

在体育教师的创新理想与创新成果之间,创新技能作为"桥梁"和"中介"起到举足轻重的作用。要实现理想转化为成果,就必须具备良好的创新技能,包括对信息的创造性加工技能、对创新技法的熟练运用技能、对创新成果的充分表达和广泛传播技能以及将创新成果付诸实践的技能等。

4. 创新人格

创新人格是指受社会环境及生活条件影响而形成的特别的、不易改变的、具有一定创新意向性和动力性的多种心理因素的总和。创新人格的特征表现如下。

（1）高度的独立性。

（2）质疑一切的怀疑精神。

（3）旺盛的求知欲。

（4）强烈的好奇心。

（5）丰富的想象力和联想力。

（6）长时间的专注力。

（7）坚强的意志力。

（8）超强的心理承受能力等。

二、体育教师创新能力素质的有效培养途径

（一）创设有利于体育教师创新能力发展的优良环境

1. 创设优良的创新教学环境和学术环境

对体育教师来说,自身创新能力的培养与提高应该在一个优良的环境下实现,包括宽松的教学环境与和谐的学术环境,这个环境是对培养

第九章 体育教学改革创新视域下体育教师的创新发展

教师创新能力以及让教师发挥创新能力有利的环境。有利于体育教师创新能力发展和发挥的环境应该是民主的、宽松的、高效的,应该充满浓郁的创新氛围。

2. 创设优良的政策环境

体育教师只有发挥能动性、创新性,积极投身创新实践活动,才能强化自己的创新意识,锻炼自己的创新思维,不断提高与巩固创新能力,而这是需要有良好政策环境支持的。

有关部门要出台有利于体育教师创新能力发展的政策和文件,为体育教师创新能力的发展提供良好的政策保障,将体育教师的创造积极性、能动性激发出来。定期对创新型体育教师的创新活动进行评价,给予相应的奖励和进一步的激励,推广有应用价值的创新成果,满足体育教师的成就感,让体育教师深刻感受到自己努力创造的成果没有白费,有"用武之地",有发挥价值的地方,这样也能消除体育教师担心创新结果可能不会被采纳的后顾之忧,让体育教师全身心专注于教学和创新,心无杂念,提高科研创造效率,这也是激发体育教师创新热情和积极性的重要方式。

3. 创建创新型队伍

学校要组建创新型领导队伍和科研队伍,指引广大教育工作者的创新教学和科研工作。领导队伍的创新精神能够感染广大教师,广大教师也会被科研队伍的辛勤付出感化,并在这些队伍的示范和引导中开展创新工作,如此能够活跃整个学校的创新氛围。

科研是创新的重要途径。体育科研对体育教师及科研人员的知识储备、逻辑能力、创新思维、实验技能、走访沟通能力等均提出了较高的要求。在这些方面达不到要求的体育教师容易在科研工作中出现不良现象,如功利化行为倾向、缺乏实在性的研究、缺乏与时俱进的精神等,这是体育科研成果如体育学科论文、学术著作等质量差的主要原因。针对这些问题,学校尤其是高校一定要重视建设一支优秀的、专业的、综合素质高的科研型教师队伍,并为了支持科研队伍的创新工作而建立健全创新机制与管理制度,从而规范队伍的行为,提高科研队伍的科研工作效率。

此外,高校也要特别重视对学术梯队的建立,发挥学术带头人的榜样作用和示范作用,通过"传、帮、带"方式培育新人,从而不断培育新的科研人才,使其充实到教学创新和科研攻关的创新型队伍中,为体育教学事业和体育科研事业贡献自己的力量。

(二)鼓励体育教师自觉提升创新能力

1. 不断学习,提升自己

创新与突破是相辅相成的,要创新,就必须先突破,而要突破,必须要创新。创新是在继承科学知识和技能、吸取前人经验教训的基础上的创造性活动。创新并非一定要创造出新的东西,在已有观念、理论的基础上对旧的知识和技能进行组合、调整、优化等,从而改善原来的知识与技能,使之对社会更有价值,这也是一种创新。

创新与人的知识、个性、智力有密切的关系,只要学习和掌握了一定的知识与技能,智力达到一定水平,形成了自己的个性,才具备了创新的基础条件。因此,体育教师要提升自己的创新素养,必须先过知识关和技能关,对已掌握的知识与技能加以巩固,并不断补充新知识,学习新技能,使自己的知识面不断拓展,技能面越来越广。

在信息时代,知识飞速更新,技能层出不穷,如果体育教师不知上进,故步自封,那么终将会被淘汰。只有不断学习新知识、新技术,才有可能形成创新能力,提高创新素养。

在互联网时代,体育教师的学习渠道非常多,体育教师可以通过查阅互联网资料、继续教育、参加培训、参加讲座与交流活动等多种途径给自己"充电",为自我创新发展做好准备。总之,丰富的知识、熟练的技能是体育教师形成与提升创新素质的坚实基础,体育教师必须从知识和技能入手来提升自我、完善自我。

2. 努力探索,展示个性

体育教师的创新能力也与其自身个性有直接的关系,塑造良好的个性,并展示个性,这也是体育教师提高自身创新能力的重要切入点。体育教师要从以下几个方面来努力塑造自己的个性。

(1)具备人的共性

"立人"是"立业"的基础与前提,不管是普通体育教师,还是创新型体育教师,他们首先都是一个人,是一名知识分子,因此要具备普通人和普通知识分子都应该具备的素质和品质,在共性的基础上培养个性,培养优秀的素质和品质,成为优秀的人和优秀的知识分子。

（2）追求独立人格

创新型体育教师要有独立的人格精神,强烈的主体意识是体育教师追求独立人格的基础。体育教师的主体意识从其主观能动性、自主性、主动性、创新性等方面体现出来。对独立人格的追求和对人生目标、对理想的追求一样,都必须经过长期刻苦的努力,要主动投入实践活动,在活动中发挥主动性,体验作为活动主体在实践活动中的快乐与辛苦,争取成为自觉主动、人格独立的创新主体。

（3）发挥优势

不同体育教师的知识结构、兴趣爱好、业务能力、教学专长、教学风格都是有差异的,这说明体育教师的综合素质存在个体差异。但任何一名体育教师都是既有长处也有短处的,体育教师要非常清楚自己的优势是什么,应该在哪些教学工作中发挥自己的优势和特长,应该如何通过发挥优势来提高工作效果,应该如何在实践中强化这种优势,并将优势转化为创新能力。只有清楚了这些问题,体育教师才能以突出的优势和鲜明的个性特征进行创造性的教学活动。

（4）展现自我

体育教师自我优势的发挥也是个性的发挥,是个性中比较突出的某一点的展示。体育教师要不断完善自己的个性和健全自己的人格,从而全面展现自我,实现自我价值。从本质上来看,个性是丰富多样的,它是由多个元素构成的一个系统,这个系统中有密切相关的元素,相互作用的元素,也有相互矛盾的元素,是一个复杂的系统。个性作为一个多素质构成的系统而存在于人这个有机整体中,了解这一点后,体育教师就要运用多维方法去思考问题,探索答案,发挥个性中的多项素质而建立因果联系、逻辑联系,从而探索出解决问题的方法,而且是创造性的方法。

体育教学具有开放性、探索性、研究性和创新性,体育教学过程是不断探索、创新和推陈出新的过程。体育教师要树立开放教学观,要有探索精神、自主研究意识和创新思想,敢于打破传统,主动变革,实现体育教学和体育科研的不断更新。

3. 勇于实践,不断创新

体育教师要在实践中培养和提升自己的创新能力,并将创新品质充分发挥出来。实践路径主要包括教学路径和科研路径。

(1)在体育教学实践中创新

体育学科本身就具有很强的实践性。体育教学过程是体育教师先确定好教学目标,设计好教学方案,然后面向学生实施教学方案,向学生传授知识与技能,以实现预期教学效果,完成预期教学目标的实践活动过程。这个过程中既有固定的要素,也有动态的要素,如教学目标、教学内容是固定的,而教师的知识、技能、教学能力以及学生的学习情况存在个体差异,而且不固定,面对这样的教学情况,体育教师要将自己的优势充分发挥出来,根据学生的实际情况将教学方法手段整合起来,以优化教学过程,提高教学效率,在现有条件下达到教学效果的最优化,而这个创造最优化教学效果的过程也是体育教师创新教学的过程。

(2)在体育科研中创新

体育科研也是体育教师的一项工作任务。体育教师要从体育教学规律、学校体育教学现状出发,调动自己的知识结构、智力和思维能力去对体育教学未来发展中可能出现的现象、发展走向和结果进行预测。体育教师在科研中的预测能力对其选题方向和研究思路有决定性影响,科研中的调查、实验、设计等工作对体育教师的调查和实验能力提出了一定的要求,体育教师调查和实验能力的高低对科研结果有重要影响。体育教师一定要勇敢探索、勇于创新,将创新思维运用到科研工作中,创造更多有价值的科研成果,为体育科研事业的发展做出贡献。

(三)建立与完善创新能力培养的保障制度

1. 明确权利和义务

创新保障制度和所有制度一样都具有严格的约束性和正确的规范引导性。创新保障制度不仅规定了教师在创新活动中应该贯彻的原则和遵循的要求,也规定了学校管理部门应该在学校创新教育中履行哪些义务,承担哪些责任,这样一来,不管是教师这个创新主体,还是管理者

第九章
体育教学改革创新视域下体育教师的创新发展

这个管理主体,都可以按规章办事,规范自己的行为,约束不良行为。创新保障制度中提出的各项权利、义务、责任必须是透明的、清晰的,从而有助于将教师的自主创造性激发出来,提高管理部门的工作效率。

2. 加强专业培训保障

完善体育教师在职培训机制、继续教育机制以及学术交流机制,保护体育教师的再教育权利,创造有利于体育教师创新能力发展的学术交流机会和专业培训机会。对体育教师进行专业培训,在培训内容、方法、途径及环境等方面都要有所创新。

3. 提供内在激励保障

体育教师缺乏工作热情、工作成就感低以及缺乏创新动力,与其工资待遇差、社会地位较低、工作量大且得不到广泛认可等有直接的关系。我们必须充分认识到这些现状对体育教师教学创新与科研工作的制约和影响,从而有针对性地解决这些问题,扫除障碍,使体育教师自觉、自愿、积极投身于体育教育和科研事业中,在工作中充满激情,发挥创新力和战斗力,这就需要为体育教师的创新活动提供内在激励保障。

学校要建立与完善内部激励机制,提高体育教师尤其是科研型和创新型教师的待遇水平,将体育教师的创新素养及各项因素纳入考核指标体系,赏罚分明,肯定体育教师的创新成果,并建立推广机制,将优秀成果与有需要的人共享,同时要注意保护知识产权,打击侵权。

此外,对体育教师的精神激励也很重要,要适当减少体育教师的工作量,延长其职业生涯,从而促进体育教师情感发展,使其切实体会教师工作的乐趣,获得较高层次的精神愉悦。适度的精神激励可以使体育教师的创新热情充分迸发。

第十章

体育教学改革创新的实证研究

体育运动项目分类多,内容广,因而学校开设的体育课程也丰富多样。在不同体育课程的教学中,因为受诸多方面的影响,都或多或少存在一些弊端与不足,需要加快改革与加大创新力度,解决教学问题,提高教学成果。体育教学改革创新的基本思路、原理等能够为具体课程的改革创新提供方向与指导,但在实践操作中要具体问题具体分析,有针对性地进行改革创新。本章特选取目前学校普及面较广、开设较多的球类课程、健美操课程、游泳课程以及民族传统体育课程等进行实证研究,以促进这些体育课程教学的优化与不断发展。

第一节 球类课程教学的改革创新

一、球类课程教学内容的改革与优化

(一)球类课程教学内容的现状

当前,我国球类运动课程教学内容存在下列几方面的问题。

第一,球类课程内容多且复杂,重点模糊,普遍存在内容重复的现

象,不便于教师整理与选用。

第二,为了保持教材的系统性,一些球类项目的多个技术被设置为独立的章节或分布在独立的模块中,这不利于衔接各项技术,影响了学生对球类运动技术的整体认知与学习。

第三,教材内容陈旧,关于一些技术和战术的描述没有随着项目的发展而更新,教材内容没有将球类运动的发展新动态和新形势体现出来,对一些前沿性研究成果的描述也很简单,整体而言教材内容不够新。

第四,教材内容过于系统化和程序化,虽然为有序教学提供了方便,但是偏模式化和套路化,忽视了对相关教学内容的有机组合与连贯衔接,缺乏创造性和灵活转化的可能性。

(二)球类课程教学内容改革的思考

对球类课程教学内容进行调整,优化现有内容体系,有助于充分发挥球类运动促进学生体能发展的健康价值。调整与改革球类运动教材内容需要经过一个循序渐进的过程,要与球类运动的发展趋势结合起来,体现出教材的时代性,同时也要考虑学校的教育条件和学生的实际情况。球类课程教学内容调整与优化的思路如下。

1. 择优选用

改革与优化球类运动教学内容,要遵循择优选用的原则,所选内容要能够将球类运动的本质体现出来,要与学生现实情况和需要相符,要有实用价值,要对学生健康成长有利。

2. 归纳

为了突显球类运动教材内容的针对性和相关内容的联系性,要做好对教材内容的归纳整理,具体包括以下两方面。

(1)归类合并性质与作用相近的同类内容。

(2)在教学内容的实施中恰当整合联系密切的内容,可以纵向组合,也可以横向组合。

3. 创新

在球类教材中引进具有时代性和前沿性的新内容,如软式排球、三人制篮球等,结合学校教学条件和学生实际情况对新内容进行调整,可以调整形式,也可以调整难度,突出教材的现代化,提升学生的学习兴趣。

二、球类课程教学方法的创新

为了提高球类课程的教学质量,使学生在轻松的环境中更快、更好地掌握技术技能和提高身体素质,应采用新颖有效的练习方法,使原本枯燥无味的运动练习变得生动有趣,提高学生上球类课的兴趣,使学生积极主动地学习运动技能,达到良好的教学效果。

(一)成功教学法

要想使学生产生活动兴趣,就必须设法使他们获得成功。在球类教学中,我们要积极地肯定学生,使他们处处都能够感受到自己的成功。任何一种体育活动都是有目的的行动。因此,我们在球类教学中可设置一些学习目标来激发学生的兴致,使其在成功完成学习任务以后,产生一种无与伦比的成就感。学生初学排球时,发出的球经常会不上旋,垫球总是垫飞;初学足球时,颠球次数寥寥无几,这自然会影响学生学习的自信心。对此,教师首先要讲解"成功是过程,不是结果",增强学生的自信心;其次,指导学生从基础做起,待其获得成就感后逐渐提高要求和加大难度,树立明确的学习目标,激励学生不断进行自我挑战,从而使学生在自觉练习阶段能运用已学到的知识去分析和解决学习中遇到的实际问题。

(二)比赛教学法

比赛教学法是指在比赛条件下,按统一的比赛规则,以最大强度来完成练习。该方法具有鲜明的竞争性,能使学生在紧张状态下精神高度集中,最大限度地表现出自己的能力,能调动学生参加球类运动的主动性和积极性，挖掘学生的潜力，不但有利于培养学生坚毅、勇敢、顽强的意志品质和团结协作的集体主义精神，而且有利于培养学生的组织、领导能力，促进学生全面发展。球类教学比赛要具有简易性。比如，在篮球教学中，刚开始可以进行"运球接力比赛"，待学生运球技术和投篮技术提高后，可以举行"运球投篮接力比赛"。

在球类运动教学中，应根据学生的技术掌握程度来确定运用比赛法的时机。因为学生技术水平处于低级阶段时，如果安排规则比较系统的比赛，会显得杂乱无章。随着学生运动技术水平的逐渐提高而不断举行正规比赛，这样既可满足学生参与比赛的愿望，又融理论教学于比赛实践中，从而能够收到良好的教学效果。

（三）游戏教学法

体育游戏与球类教学有着密切的联系。体育游戏以身体练习为基本手段，以增强体质、娱乐身心、陶冶情操为目的，是一种有意识的、创造性的体育活动。在球类教学中合理运用体育游戏，能有效提高教学质量和学生学习的积极性。例如，在排球技术教学中，可采用"鲤鱼跳龙门""越网传球"等游戏；在篮球技术教学中，可使用"三角传球"等游戏；在乒乓球教学中，可使用"连续坐庄"等游戏。

三、球类课程教学改革创新的案例——高校乒乓球课程教学改革与创新

（一）高校乒乓球课程教学存在的问题

乒乓球是高校重要体育课程之一，无论是专项课，还是选修课，近年来都获得了较快的发展，高校乒乓球越来越普及，参与者众多，但在教学中也存在一些问题，具体表现在以下几方面。

1. 教学设施的问题

在现代社会中，经济问题是我国体育发展面临的首要问题，同样，经济问题也是高校体育教育面临的首要问题，这主要体现在体育场馆建设上。经济的转型对高校体育场馆的产业化造成了一定的冲击，高校投入的资金与建设和维护体育场馆的资金需求相比还有一定差距,更比不上发达国家高校对体育场馆的投资力度,造成这一问题的原因主要有以下几点。

(1)高校缺少体育经费,所以在场馆建设方面的投入也就少了,现有的设备陈旧,年久失修,场馆与学生人数比例严重不协调,对高校日常体育教学的开展造成了严重的影响。

(2)高校扩招增加了在校生人数,此时体育教育资源缺乏的问题就更加突出了。校园活动场地本来就少,扩招更是加剧了这一问题的严重性。即使体育经费投入较多,但学校整体面积基本固定,所以场地少的问题很难在短期内得到解决。

(3)高校体育场馆规格低、规模小、设施单一,存在重复建设、缺少附属设施等问题,因此师生的体育需求得不到满足,现有场馆设施的利用率难以提高。很多场馆应有的价值和功能得不到真正发挥,对高校乒乓球运动的发展造成了影响。

2. 教学内容缺乏针对性

从普通高校乒乓球选修课开展的情况来看,大部分学生对乒乓球运动是有兴趣的,他们有学习乒乓球的欲望和需求。因为高校面向全国招生,学生来自各个地区,他们的家庭条件、生活环境、身体素质水平、基本活动能力等是存在差异的,所以在乒乓球运动水平上也是有差距的,一个班里的学生,其乒乓球运动水平可能分布在高、中、低不同层次上,而且学生的个性差异客观存在,性格、能力都有不同,所以在乒乓球教学中要注意因材施教和区别对待。

高校乒乓球选修课的教学内容包含基本知识和技术两大类,教师一般是按教学大纲和教科书要求选择教学内容的,这样的教学具有系统性、广泛性等优势,但缺乏针对性。每个班级学生的水平基本呈正态分布,教师应该选择适合大部分学生的教学内容,而在应试教育的影响下,高校教师在乒乓球教学中长期按照教学大纲对教学内容和教学进度统一进行安排,对运动负荷的安排也比较死板,使运动水平高的学生"吃不饱",运动水平低和接受能力差的学生"消化不了",从而导致教学效果达不到预期。此外,高校乒乓球教学以技战术教学为主,实践教学占了很大比重,而理论和考核所占的比重比较少,理论课与实践课的教学内容也不是很合理,这些都会影响乒乓球教学质量的提高。

3. 教学模式单一,方法单调

在当前教育体制下,高校的体育教学模式主要是以教师为中心的组织形式,包括开始部分、准备部分、基本部分和结束部分的四段式的教学程序多年来一直在体育课堂上延续至今,教学程序基本不变,固定化的教学模式影响了教学效果。

目前,在我国高校乒乓球课堂上,教师只注重传授运动技术,采用"一刀切"的教学形式开展教学工作,对学生的个人兴趣爱好、特长培养不够关注,使学生的个性被压抑,学生的主体作用得不到发挥,过于程式化的乒乓球教学使学生的学习热情减弱。再加上教学方法单一,学生对乒乓球课提不起兴趣,这给教师的教学带来了不便。

4. 师资方面的问题

(1)乒乓球教师的学历层次不合理,高学历教师较少。
(2)乒乓球教师的职称比例不合理,高级职称教师所占的比例小。
(3)乒乓球教师中专业教师少,整体专业水平较低。
(4)乒乓球教师的进修和培训机会少,对乒乓球教学质量造成了严重影响。
(5)乒乓球教师和选修乒乓球课的学生比例不合理,学生人数过多,教师工作量大。

(二)高校乒乓球课程教学改革的思路

1. 改善乒乓球场地设施条件

高校对体育场地与设施进行合理设计,有助于促进学校体育目标的完成和大学生校园体育生活的丰富,有助于保持良好的教学秩序,并促进校园环境的美化以及师生的身心健康。在高校乒乓球馆的设计上应做到以下几点要求。

(1)将"以人为本"和以学生为主体的教学思想充分体现出来,以对学生的综合素质进行培养。
(2)因地制宜设计场馆,对学校空地进行合理开发利用。
(3)合理布局,避免体育设施距离学生的生活区太远而造成场馆使用率低下。

现在很多高校的体育场馆设施逐渐开始向社会开放,因此高校必须设置专门进行体育场馆设施管理的职能部门,只有科学管理和严格维护,才能保障场馆设施的利用率和使用寿命。在场馆设施的管理中要特别注意维护与保养体育设备,对设备的日常维护非常关键。

2. 改革教学内容

在高校乒乓球教学中,教师所选的教学内容应具有科学性、实用性,难度不能太大,要能激发学生的学习兴趣,能够使学生经过努力后掌握。下面主要就乒乓球理论课与技术课教学内容的改革优化建议进行分析。

在高校乒乓球理论课教学中,教师要适当讲解乒乓球竞赛规则及其他竞赛知识,并从学生的实际情况出发把握教学内容的深度与难度,使学生对乒乓球运动的竞赛规则知识充分了解和掌握。在教学中,要重视学生主观能动性的发挥,为学生提供发表自己想法的机会,使学生在讨论中掌握乒乓球知识并获得乐趣。教师也可以利用多媒体设备组织学生观看经典乒乓球比赛视频,激发学生的兴趣,使学生受到鼓舞,从而主动学习乒乓球理论知识。

作为一项技能类运动项目,乒乓球运动技术动作较为复杂,所以在选择技术类教学内容时,要重点选择实用价值高的基本技战术。在教学中为了活跃气氛,创建积极的教学环境,可向学生提出一个能够达到的目标,增加一些规定时间,对其所打板数进行记录,这样可以使学生以放松的心理状态参与到学习中,在掌握技能的同时缓解压力。

此外,在技术课教学内容的选择中,应适当传授组合技术和基本战术及其运用方法,基本技术教学在前,组合技术和战术教学在后,使学生在扎实掌握基础技术的前提下学习其他技术动作,提高其运用技战术的能力。

3. 改进教学方法

在高校乒乓球教学中,教师要从教学目标和学生的实际情况出发对教学方法进行科学合理的选择与运用,可以使用单个教学方法,也可以根据需要将单个教学方法组合起来运用,从而优化乒乓球教学效果。乒乓球教学方式应该多元、新颖,为学生的自主练习提供更多的时间与空间。

在乒乓球课堂上,建议采取分层教学方法,适应不同学生的接受能力,让每位学生都能有所收获,取得进步,共同发展。高校应对每个选修班的学生人数进行控制,同时保证教学时数可以满足教学需求,要改变传统的"传习型"教学组织形式,设计新的教学方法,发挥学生的自主性,提高学生的探索能力。

4. 完善乒乓球考核制度

高校乒乓球教学应对一些不合适的考核制度进行改革,从学生自身情况出发进行客观真实的评价,评价方法要多样化,对科学、公正、合理的评价体系进行构建。例如,根据学生的真实水平,将技评、达标的标准适当提高或降低,而不是以一套固定的标准考核学生。不同的学生存在个体差异,如先天条件、身体素质、学习能力等,在考核过程中要做到区别对待,可以先进行摸底测试,对学生的实际水平有所了解,然后从实际出发组织教学工作。在期末考试时,将学生的进步幅度纳入评价指标体系中,肯定学生的努力过程与取得的进步,消除学生考试紧张甚至恐惧的不良心理。

5. 加强乒乓球师资队伍建设

高校乒乓球教师中,中青年教师比较多,但他们的教学经验较少,职称级别也不高,而教学经验丰富的高职称教师又面临退休,所以在鼓励青年教师充分发挥自身优势,鼓励其不断学习,提高个人教学能力的同时,还要鼓励"老带新",让年轻教师在老教师的带领和指导下能够很好地胜任承前启后的职责,承担起教学重任,并从事科研工作,成为新一批骨干,为高校乒乓球教学的发展做出贡献。

高校乒乓球教师必须不断参与继续教育,在这一过程中不断转变教学观念,更新知识结构,提高教学能力,以满足教学改革发展的需要。高校有必要对乒乓球教师的培训与进修提供经费支持。

高校除了要培训在职乒乓球教师外,还应将高学历、专业对口的教师引进师资队伍,从而壮大师资队伍。

(三)高校乒乓球课程教学方法创新设计

高校乒乓球教学方法的创新对激发学生的学习兴趣和提升教学效果具有重要意义,下面主要分析乒乓球程序教学法和分层升降教学法的创新设计与应用。

1. 程序教学法及应用

程序教学法指的是教师根据技战术的要求,先采用系统方法将技术编制成若干步子,然后要求学生先学习前一步的技术,等达到规定的技术标准后,再学习下一步的技术,最终将技术教学任务高质量地完成。

有学者根据程序教学法的要求,编制出了乒乓球基本技术的教学程序(表10-1)。

表10-1 乒乓球技术教学程序[①]

序号	基本内容	辅助练习	发球	步法	达标
1	握拍和基本姿势	熟识球性			一次课完成
2	平挡球	熟识球性	平挡发球	单步	一个回合20板
3	推挡球	熟识球性		跨步	一个回合20板(斜线)
4	正手快抽	徒手练习	正手发上旋球	跳步	同推挡球
5	左推右攻	徒手练习	反手发上旋急球	跨跳结合	一个回合左右结合10组
6	搓球	徒手练习	发下旋球		一个回合20板
7	正手拉球	徒手练习		侧身步	多球1分钟20板
8	正手扣球	徒手练习	发侧旋球	交叉步	板数同拉球
9	搓、拉、扣结合	徒手练习			多球1分钟10组

---

① 于泓野.普通高校乒乓球教学方法改革研究[J].科技展望,2016,26(32):166-167.

续表

序号	基本内容	辅助练习	发球	步法	达标
10	发球与接发球	徒手练习	侧上、下旋与长短球		一次课完成
11	全面练习	徒手练习			两次课
12	计分比赛	徒手练习			一次课

上述乒乓球技术的教学程序能够为教师和学生循序渐进地教与学提供指导。在乒乓球教学中运用程序教学法的具体步骤如下。

（1）在乒乓球教学的开始阶段，鉴于不同学生的乒乓球运动经历和基础水平不同，所以要先组织一次针对所有学生的测验，记录测验结果，以便与以后的成绩作对比，从而了解学生的进步情况和学习接受能力。初始测验主要包括以下内容。

①发球。看学生是否可以按规则发球和掌握正确发球方式。

②推挡球（有三个回合，统计各回合板数）。

③正手攻球（有三个回合，统计各回合板数）。

④搓球。看学生是否能够将弧线控制好，同时要统计板数。

（2）要求所有学生一次课完成第一个程序内容，以传统教学为主，教师先讲解、示范，然后学生练习，教师巡回辅导。第一程序内容不需要学生在台上练习，所以很容易掌握。

（3）第二个程序开始，教师先示范，然后学生进行台上练习，此时就会显示出不同学生的水平差别。教师进行个别指导，对学生掌握技术的程度进行观察，适时对学得快的学生进行测验，学生达标后，教师指导其学习和练习下一步内容。

（4）让学得好、学习进度快的学生指导学得慢的学生练习新的内容，教师提供辅助。

（5）在每节课开始时，教师对处于不同学习进度的学生，从低到高进行配对安排，将本次课要重点解决的技术问题、易犯错误及纠正方法明确提出，并对不同学生提出不同的要求，使他们清楚自己的目标与方向，也便于对自己的练习效果做到心中有数。教师在课堂上选择适当时机组织升级达标测验，让学生逐步完成每个步子的练习。

（6）在教室张贴学生的学习进度表，并在学生学习进度表上详细登记每位学生完成每一步子学习内容所用的时间，以对全体学生的学习过程加以全面掌握。

（7）对学生的学习进度表进行观察，在合适的时间讲授乒乓球技术理论知识，使学生将理论知识运用到练习中，更好地指导实践，提高学习效率。

2. 分层升降法与应用

分层升降教学法是在分层教学法的基础上调整教学层次的新兴教学方法。乒乓球运动的技术性很强，将分层升降教学法运用到乒乓球课程教学中，可根据不同学生的实际情况设定不同层次的目标，充分调动学生学习的积极性。

分层升降教学法强调学生的主体地位，体现了因材施教的教学理念，可提升乒乓球教学质量，全面提高学生的个人素质，促进学生成长与成才。该方法对教师提出了更高的要求，具体表现在以下三个方面。

第一，教师需要详细了解每位学生的个人特点、学习情况，并在备课时多花一些时间和心思，基于学生实际情况实施分层教学。

第二，教师要严谨组织与实施教学，有效调节课堂教学气氛，严格把控学生的学习时间。

第三，教师要在课堂结束前对学生进行评价，这就对教师的总结能力提出了一定的要求，教师要指出学生在学习中的普遍性问题，引导他们改正。

在乒乓球教学中，学生是主体，对学生层次划分的合理性直接影响教学效果。在开展具体的教学工作前，教师应合理设计教学内容，并进行动态调整，确保内容合理，能提升学生的层次和学习水平。将分层升降教学法应用到乒乓球教学中，要注意坚持系统性教学原则，循环控制整个教学流程，根据学生的学习情况确定升降幅度，为学生后续学习打好基础。具体而言，分层升降教学法在乒乓球教学中的运用和实施方式如下。

（1）客观分层

乒乓球教师应根据学生的乒乓球技术水平进行分层，并向学生说明实施分层升降教学的原因，让学生更好地接受分层升降安排，避免学生出现抵触心理或不良情绪。另外，学生也要将自己的学习目标明确下来，教师应多鼓励和辅导低层次学生，帮助他们掌握乒乓球技术，使其获得成功的体验。例如，为了将分层升降教学法的功能和应用效果充分

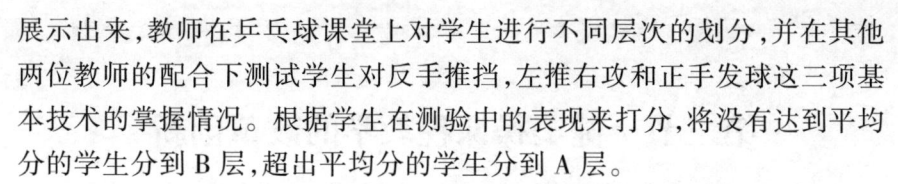

展示出来，教师在乒乓球课堂上对学生进行不同层次的划分，并在其他两位教师的配合下测试学生对反手推挡，左推右攻和正手发球这三项基本技术的掌握情况。根据学生在测验中的表现来打分，将没有达到平均分的学生分到 B 层，超出平均分的学生分到 A 层。

需要注意一点，在乒乓球教学中运用分层升降教学法，并不是拆分原教学班，而是从不同学生的实际情况出发采用不同的教学方式和考核方式来进行教学，从而激发学生的进取心与竞争意识，使学生向更高的层次努力。

（2）制定不同层次的教学目标

分层升降教学法的优势非常明显，不同层次学生的乒乓球技术水平虽然存在差异，但差异不是很大。教师可以针对不同层次的学生制定不同层次的教学目标，但要保证不同层次的学生经过努力后可以达到相应层次的目标，否则无法体现升降教学的功能。例如，A 组学生技术水平较高，在教学中，教师要通过竞赛、专项训练等方式为学生提供更多的时间和机会来使其锻炼乒乓球技能，从而使学生获得更高水平的提升。针对 B 组学生的教学应以基本技术为主，先让学生掌握乒乓球单个技术，再传授专项知识。学生熟练掌握某一技术后，可以将这种效果扩展到其他技术的学习中，从而掌握更多的技术，这就显示出了升降作用，也提升了学生的技术水平。

（3）设计教学组织形式

在分层升降教学中，教师多采用小组合作形式来组织教学，教师划分学习小组，划分依据是技术水平是否相似，水平相似的学生在同质学习小组。教师也会将不同技术水平的学生同时安排到异质学习小组，让基础好、水平高的积极分子带动学习懒散、水平低的学生，帮助他们提高学习兴趣和学习能力，提高技术水平，这也能够培养学生的团结能力。

（4）不同层次之间相互交流

在实施分层升降教学时，不要将学生永久定格在同一层次中，教师需要适当调整学生的层次，这是为了提升学生的自信心和学习积极性，突出升降效果。调整层次后，教师依然要区别对待，因材施教，加强与学生之间的互动，并鼓励不同层次学生之间的相互交流，主要是鼓励高层的学生帮助低层的学生，促进低层学生进步，从而共同进步，实现教学目标，提升教学质量。

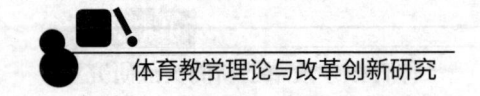

第二节 健美操课程教学的改革创新

一、健美操课程教学内容设置的改革要点

设置健美操课程教学内容,要考虑学校健美操运动的发展需要和健美操课程目标,同时要将健美操运动的健身性、时代性、实用性充分彰显出来,使学生通过学习健美操课程有效锻炼身体,塑造良好身体形态,提高心理健康水平和社会适应能力。具体来说,在健美操课程教学内容设置中要注意以下几个要点。

(一)基础内容不变

健美操基本步伐、手臂与躯干动作、基本动作组合等是健美操运动的基本组成部分,也是健美操课程最基本的教学内容,对这些基础性教学内容的学习与掌握能够为之后学习健美操成套动作奠定基础,因为健美操成套动作是以基本动作为单位组合而成的,因此学习健美操基础性动作非常有必要。在健美操课程内容设置中要保留这部分内容不变,在此基础上加入丰富的对学生体能发展有益的内容。

(二)设置力量锻炼内容

人的基本身体姿态是展现气质的重要载体,而要形成与保持优美健康的身体姿态,就要有良好的力量素质,力量是非常重要的基础条件。而且在人的体能组成中,力量素质是最基础的内容。健美操动作的力度、控制力和弹性等和其他运动项目有区别,这是健美操运动独特性的体现,这就要求在健美操教学中将力量素质的培养重视起来,使学生通过一般和专项力量训练,促进体型的改善、肌肉力量与弹性的增加,并能稳定完成健美操组合动作与成套动作,在完成过程中控制好身体姿态,使动作更优美、规范,这样就能将健、力、美融于一体的健美操动作内涵充分展现出来了。

在健美操课程教学内容中增设力量训练内容,组织学生进行徒手力量训练和轻器械力量训练,促进学生肌肉力量的增强,使学生形成挺拔的身体姿态,并能更有力度地完成健美操动作。

(三)设置形体训练内容

传统健美操教学中,健美操基础动作、成套动作是教学内容的主体,但长期进行这些单一的教学,难免会使学生感到枯燥,因此要突破传统模式,强调全面学习,拓展教学内容,增设形体训练类教学内容,这也是为了更好地锻炼学生的体能和身体形态。

形体训练既能培养学生的外在美,又能培养学生的审美情操与审美能力,使学生达到外在美与内在美的统一。形体训练教学内容也能满足学生追求自然美的心理需要,使学生通过形体训练塑造优美形体。形体训练可以徒手进行,也可以采用轻器械进行,长期坚持练习,身体形态能够向健康又优美的方向转变,也能使身体更灵活,更有力量感,也更有表现力,同时能够凸显气质。

形体训练对学生学习健美操也有帮助,主要表现为更好地控制动作,动作更有力、更协调、更优美,提高动作的准确性、规范性和艺术表现力,提高整体动作质量,提高学练效果,提高学生健康水平。

(四)融入时尚教学内容

作为一项时尚新兴体育运动项目,健美操运动发展迅速,有强烈的时代感。在基础健美操的基础上,啦啦操、拉丁健美操、街舞健美操等风格各异的时尚健美操项目逐渐衍生而成。学校健美操教学要与时代接轨,要将时尚新鲜的元素融入健美操教学系统中,增设时尚类健美操内容,将其与健美操基础内容结合起来进行教学,并不断丰富教学组织形式和教学方法,培养学生的参与兴趣,使学生通过学习这些时尚新颖、动作热情有力、节奏感鲜明且感染力极强的健美操项目,将自身朝气蓬勃、健康向上的一面充分展现出来。

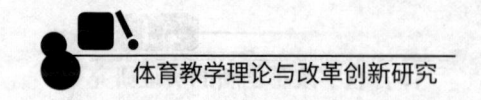

二、健美操课程教学方法的改革建议

在健美操课程教学中,要不断探索新的教学方法,以提高健美操教学效果,使学生通过学习健美操课程,在身心健康、体型体态、社交能力、审美素养等多方面都获得最大程度的改善与提高。关于健美操课程教学方法改革的探索,下面提出几条建议。

(一)加强乐感的培养

音乐是健美操运动不可缺少的重要组成部分,健美操的鲜明特点及强大的生命力与其音乐元素密不可分,音乐与动作的结合使健美操魅力十足。因此,在健美操教学中要注重培养学生的乐感,使学生学习健美操音乐,熟悉律动,提高音乐感知力,这能够促进学生动作节奏感和表现力的提升,进而增强学生健美操的运动技能,学生的健美操动作越准确、规范,技能越强,健身效果就越好,越有利于身心健康。

在健美操教学中,要将动作练习与乐感的培养充分结合起来,没有音乐的健美操动作是没有灵魂的,离开健美操动作,音乐的重要性也无法体现出来。因此,要在教学实践中将音乐素养的培养充分融入动作教学中,使学生对动作节拍有准确的把握,完成标准的健美操动作,提高技能水平和体能锻炼水平。

(二)注重文化教学

学生对健美操运动的兴趣直接影响学习效率、学习成果以及学习目标的达成情况,学生能否积极参与健美操学练,通过长期坚持练习来增强体能素质,这在一定程度上取决于其是否对健美操运动感兴趣。因此,培养学生的兴趣很关键,而健美操文化教学是培养学生对健美操课程学习兴趣的重要教学方式,学生了解健美操文化知识,对健美操运动有了基本认识与了解后,学习兴趣会逐渐产生。

在健美操课堂上,教师可以将健美操重要赛事介绍给学生,或者直接播放精彩的健美操比赛视频,使学生对健美操比赛规则、裁判方法、比赛技巧有初步的了解,并认识到团队协作的重要性。通过学习与掌握这些文化内容,学生对健美操运动的态度从好奇慢慢转变为兴趣,最后在一定动机的驱使下上升为学习热情,这对于提高学习效率、达成体质健康目标具有重要意义。

（三）运用多媒体手段

很多学生之前并未接触过健美操,只是知道有这项运动,但没有真正了解过。为了让学生清楚地认识与了解健美操,可将多媒体教学手段运用到健美操课堂中。通过播放健美操视频,重复播放,让学生认真观察,积极模仿,从而简单认识健美操动作。为学生播放健美操视频,供学生观看与欣赏,还能对学生的审美能力进行培养,使学生对健美操运动的魅力有切实的体会。播放完整的健美操视频后,可以播放健美操分解动作的动态图片或小视频,使学生对健美操步伐、手臂动作、躯干动作及面部表情、音乐节奏等逐一了解,这样便于学生在大脑中形成抽象概念,以便在正式学练中利用这部分记忆来辅助学习,逐步掌握健美操基础动作。

在学生正式进入学练阶段后,教师根据学生的学习情况有选择地播放重难点动作视频或图片,并引导学生观看细节,掌握技巧。一般要由易到难、由简单到复杂地分解动作,播放单个动作图片也是如此,以适应学生的认知能力和学习能力,逐步加深学生的记忆。但最终还要将各个分解动作组合起来,以保证学生完成健美操动作的连贯性。

三、健美操教学创新发展的建议

（一）贯彻"以人为本",满足学生的自我发展需求

在健美操教学中,"以人为本"的教学理念提供了重要的导向,在这一核心导向的引领与启发下进行健美操教学方法的创新具有非常重要的意义,这就要求健美操教师及时转变只注重考核成绩的传统教学观念,将"唯成绩论"的陈旧教学思想摒弃,树立全新的教育理念,为学生健康成长与全面发展服务,并运用新理念对教学方法的改革创新加以规范。在"以人为本"教学理念下应该从以下几个方面来进行健美操教学

方法的创新。

第一,设计具有启发性的教学方法,引导学生进行自我定位与自我评价,以培养学生的自主学习能力,促进学生自我发展价值的实现。

第二,创造激励性教学方法,对于不同学生之间的差异要正确对待,对学习水平较低的学生给予尊重与关心,采用激励教学方式带领学生进步,对学生在学习过程中的良好学习态度和努力付出予以肯定,增强其学习信心,使其学习的积极性更高。

第三,在健美操教学方法的改革与创新中,将教学方法的精准性提高到新的水平,使学生的自我发展需求得到充分满足,并在精准教学方法的实施中培养学生健康的身体素质与心理素质,同时促进学生综合素质的提升。

(二)创建轻松活泼的教学环境,调动学生的学习兴趣

传统健美操教学方法比较单一,而且带有一定的强制性,学生被灌输知识,被动接受,自主意识得不到重视,课堂教学氛围沉闷,整个课堂教学过程枯燥乏味,模式化严重,最终导致的结果是学生毫无学习兴趣与热情,教学效果与预期差距大。针对这个问题,应该在健美操教学方法的创新与运用中创建轻松的教学环境、营造活泼的教学氛围,使学生感受到学习健美操的趣味,并乐于主动学习。为了达到这一目的,需做好以下几个方面的工作。

第一,健美操教师要善于调动课堂气氛,使学生以愉悦的心情自主学习、配合教师,使其在良好的状态下对健美操的魅力产生深刻的体会,从而将其学习兴趣和热情激发与调动起来。

第二,要营造轻松欢快的课堂教学氛围,就要充分利用与凸显健美操本身具有的律动性特征这一优势,在充满律动与节奏的健美操教学中能够将所选教学方法的功效最大限度地发挥出来。

第三,在健美操教学方法的创新中提高方法的开放性,将趣味性、兴趣等元素融入新的教学方法中,使之为营造活泼欢快的课堂氛围提供便利,在欢快、活跃、充满律动的健美操教学中使学生保持长时间的学习兴趣,提高其健美操知识素养和运动技能水平,达到良好的教学效果。

（三）促进传统教学方法与多媒体教学方法的结合

多媒体教学是现代教学理念下健美操教学方法的重要发展方向之一，在现代健美操教学中应更新思想观念，重视多媒体教学方法的运用，将多媒体教学技术手段充分运用到健美操课堂教学中。在健美操教学中，多媒体技术大都是以辅助教学手段的角色出现的，利用这类辅助性手段可以有效改革传统教学方法，设计出更多新颖的教学方法，从而不断丰富教学方法体系，提高教学的立体性、直观性和趣味性，为教师选用教学方法提供更广泛的空间与更充足的选项。

我们提倡对多媒体教学方法的设计与使用，并不意味着要全盘否定与摒弃传统教学方法。而且多媒体教学也有它的缺陷与弊端，因为在健美操教学中师生的互动非常重要，教师要与学生多沟通交流，但是多媒体教学软件虽然为师生线上沟通交流提供了便利，打破了时空局限，然而限制了师生的近距离互动，使师生的互动变得有了距离感，这样在一定程度上不利于健美操教师真正了解学生的学习需求和学习情况。所以，多媒体教学大多数情况下是传统教学方法的辅助性手段。

传统教学方法具有强大的生命力，之所以能够沿传至今，有自身的价值、优势与可取性，其在推动健美操教学发展、提高教学质量方面确实发挥了不可估量的作用，因此我们必须正确对待传统健美操教学方法，正确处理传统教学方法与多媒体教学法的关系，分析二者各自的利弊，加强整合，发挥各自优势，规避方法本身的缺陷给教学带来的负面影响，促进二者相辅相成，共同发挥提高教学效果的功能价值。

（四）健全教学评价机制

为了进一步提升健美操教学质量，对健美操教学评价机制加以完善很有必要。在健美操教学评价机制的创新中，要突破传统健美操教学评价中以结果评价为主的单一方式，将过程评价重视起来。除了继续发挥教师作为评价主体的重要作用，还要充分尊重学生的主体作用，鼓励学生进行自我评价，引导学生之间相互评价。此外，应将学生个体考核与健美操队团体考核结合起来，同时纳入最终的考核成绩。

只有不断创新健美操教学考核与评价方式,完善考评体系,才能充分发挥教学评价的作用,提升健美操教学效果和质量。

第三节 游泳课程教学的改革创新

一、当前游泳课程教学的弊端分析

(一)教学理念存在偏差

当前,我国体育课程教学存在过分强调安全教育、忽视运动技能规范教学的弊端。游泳是体育课程的教学内容之一,特殊的运动环境使游泳运动本身就具有一定的风险,在游泳教学中师生格外注意安全,这是很有必要的,但有时师生为了安全起见而忽视了游泳技术动作教学的规范性和准确性,表现为教师在泳池边指导,忽略了动作细节;学生浅尝辄止,动作不够规范等,这其实是游泳教学理念存在偏差的结果。游泳教学理念的偏差对游泳教学质量造成了严重影响。

(二)教学设施有待健全

游泳场馆、设备等基础设施不齐全是制约我国学校游泳课正常开展的主要因素之一。学校因为办学经费有限,所以在游泳场馆建设方面投入较少。建设游泳场馆需要一笔可观的经费,这对体育经费不足的院校来说无疑是巨大的难题。有的高校因地制宜,利用室外泳池进行游泳教学,但如果遇到恶劣天气,就无法正常上课了。此外,学校的游泳场馆还存在设备不齐全、功能单一、水质不达标、管理不到位、利用率不高等问题,这些普遍性的问题导致游泳教学效果较差,甚至都无法在规定课时正常开展游泳教学工作。

（三）缺乏专业游泳教练员

学校游泳教学的顺利开展离不开专业游泳教练员的组织和指导,专业游泳教练能够有效指导学生学习游泳技能和技巧,并能在指导的同时更好地提供保护和帮助,保障学生的安全和学习效率。但是,当前我国很多学校都没有足够的专业游泳教练员提供专业游泳指导,教练员缺失的问题普遍存在,游泳教练员与上课学生的比例没有达到有关政策规定的高校体育师生配比的要求,严重限制了游泳课的实施。

（四）教学方式单一

学校游泳教学实践中,很多教师按照教学大纲进行教学,目的是完成教学任务,达成教学目标,因此教师通常将游泳动作教学作为重点,并且在授课过程中主要采用讲解性和示范性的教学方式,单一的教学方式影响了学生学习的积极性,无法有效培养学生的学习兴趣。

二、游泳课程教学改革与创新的策略研究

（一）更新教学理念

学校要对游泳教学给予一定的重视,及时转变教学思想,更新教学理念,确立健康第一、以人为本、终身体育等教学思想,从学生的身心特征、学习需求出发设置游泳课程,在科学教学理念的指导下开展有效的游泳课程教学工作,并加大对游泳运动的宣传力度,提升学生对游泳的认知水平,使之前从未接触过游泳运动的学生对游泳产生兴趣,主动参与其中,利用上游泳课的机会掌握更多的游泳知识和技巧。

（二）改善教学设施条件

改善游泳教学设施条件是提高游泳教学效果的重要举措。为了完善学校游泳场馆设施条件,为游泳教学提供良好的物质环境和硬件支撑,学校应拓宽体育经费来源,适当加大游泳教学经费的投入力度,并

将部分经费用于专业场馆建设和维护,同时将场馆内的游泳器材、设备配备齐全,保证游泳场馆设施的正常使用。

完成专业游泳场馆的建设之后,可以实行游泳馆的市场化和商业化运作机制,有偿对外开放场馆,增加收入来源,将这部分经费用于对游泳场馆的维护和管理。

(三)改革教学方法

随着学生在游泳课程教学中需求的不断增加和体育课程的深入改革,传统教授方法的弊端越来越明显,在新的教育背景下对游泳教学方法进行改革势在必行。对游泳教学方法的改革应主要从以下几方面进行。

第一,改变传统教学方法的单一化,设计趣味性教学方式,寓教于乐,提高学生学习的积极性。

第二,丰富教学内容,除了教学生基本游泳技能外,还要教一些实用游泳技能、游泳安全防护技能,提高学生自救能力和救护他人的能力,并促进学生实践能力的提升,为将来就业打好基础。

第三,组织实施分层教学,依据学生的性别、兴趣爱好、游泳基础、体质水平等将他们划分为不同层次,对不同层次的教学对象进行针对性的分层教学,从而不断激发各层次学生的学习热情,满足各层次学生的学习需求,提升游泳教学效果。

(四)实施模块化教学

模块化教学是一种新兴教学方式,它的核心在于培养学生的能力。在素质教育背景下,学校积极落实素质教育政策,实行兼经济性、针对性、灵活性于一体的模块化教学模式,并受到广大学生的认可。采用模块化教学方式,有利于培养学生的实践操作能力、创新创业能力,使学生拥有良好的专业素质和技能水平,满足社会发展的需求。

模块化教学方式与游泳运动教学特点具有一定的适应性,将其引进游泳教学中具有充分的可行性。在游泳课程教学中采取模块化教学方法,需要将游泳教学内容中具有相同或相似功能的理论知识或技术动作组合成若干功能模块,然后按照重组的功能模块展开教学,并将理论教学和技术练习结合起来,完成理论与实践教学任务。

在游泳运动教学中采用模块化教学方式,首先要对游泳教学现状和学生需求进行调查研究,然后结合游泳课程教学内容结构体系和技能标准来展开对主题鲜明、目标明确的相关模块的遴选与组合,设置模块化教学方案,按方案进行模块化教学,实时进行课堂评价,并将不同的模块融会贯通,提升游泳教学效果。

总之,将模块化教学方式运用到游泳课程教学中具有重要作用,游泳模块化教学的操作程序如图10-1所示。

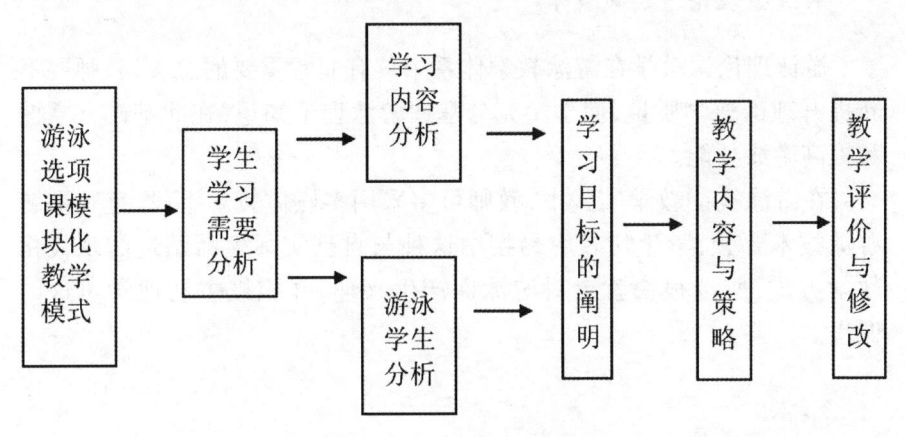

图10-1 游泳模块化教学[①]

(五)构建课内外一体化教学模式

课内外一体化教学模式就是将游泳课堂教学与课后练习结合起来,巩固课堂教学效果,培养学生对游泳的兴趣及提升游泳水平。在游泳教学中构建与运用该模式,需从以下几个方面进行。

1.确立教学思路

学校开设游泳课程,应该以"健康第一"为主要指导思想,将教学目标确立为培养学生健康体质,从而解决青少年学生体质偏弱的健康问题,提高学生的健康水平,同时使学生享受游泳运动的乐趣。

---

① 王云飞.新时期我国高职游泳选项课模块化教学的创新研究[J].体育科技,2015,36(2):136-138.

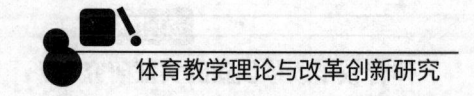

2. 构建教学目标

在游泳课上开展课内外一体化教学，需科学构建教学目标，实现教学目标课内外一体化式的良好衔接。具体来说，需要确定的课内教学目标包括课内教学的运动技能目标、健康目标、社会目标等。确定课外教学目标时，要注意与课内各项教学目标相衔接，同样包括运动技能目标、健康目标和社会目标等内容。

3. 加强理论与实践教学

游泳理论课教学在游泳教学体系中具有非常重要的意义，教师要不断提升理论教学质量，使学生充分掌握游泳理论知识，在此基础上掌握和提高游泳技能。

在游泳技能教学实践中，教师可多采用多媒体教学手段，直观讲解游泳技术要领，学生比较容易接纳这种与自己实际生活贴近的现代化教学方式，所以很快就会对游泳课产生兴趣，并积极主动地学习这门课程。

第四节 民族传统体育课程教学的改革创新

一、民族传统体育课程教学存在的问题分析

（一）教学观念落后

因为传统体育教育观念根深蒂固，影响深刻，所以竞技体育的教学模式是被大部分学校体育管理者及体育教师认同的。在很多管理者及体育教师看来，从竞技体育教学中可借鉴的方法与手段非常多，而且不需要花过多的时间动脑筋，风险也不大。民族传统体育，尤其是少数民族传统体育内容只是民间一些带有娱乐性质的游戏，这些项目虽然群众基础广泛，有很强的娱乐性，但将其引入学校体育课堂中未必就能起到与竞技体育内容相同的作用，未必就能在培养学生身体素质与促进学生

健康发展方面取得明显的成果。这表明,我国有部分体育教师还没有深入了解民族体育的功能价值,观念上的偏差制约了民族传统体育课程教学的开展。另外,一些学校的校领导对民族传统体育课程的开展没有强烈的主观内在驱动力,导致民族传统体育课程教学的发展在决策层面上受到了制约。

(二)教学内容设置不平衡

当前,我国学校民族传统体育课程在教学内容设置方面存在严重的不平衡问题,普遍将武术作为民族传统体育课的主干内容,而一些具有突出娱乐性、趣味性且与生活相贴近的民间项目则没有引进体育课堂。此外,有些武术项目因为内容陈旧,而且技术性太强,导致学生上课的积极性不高。

(三)片面强调教师的主导性

讲解、示范等教学方法是我国民族传统体育教学中经常采用的方法,运用这些方法有利于促进教学质量的提高,有利于对民族传统体育人才进行培养,同时也有利于学校民族传统体育文化的发展。但是,这些方法都强调以教师为主,这与当前体育教学新理念——重视学生的"学"是不符的,因此有必要加强民族传统体育教学方法的改革,引进自主学习法、合作学习法。

二、民族传统体育课程教学改革与创新的建议

(一)以文化自觉引领改革

西方体育文化的主流和典型代表是奥林匹克竞技体育文化,西方主流体育文化在世界体育文化中居于主导地位,对中华民族传统体育文化造成了一定的冲击。校园体育文化也是以西方竞技体育文化为主,民族传统体育文化被忽视,因此民族传统体育教学也没有受到很高的重视,学校民族传统体育课程有被边缘化的倾向。要从根本上解决这个问题,

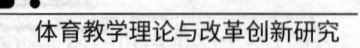

实现民族传统文化的文化自觉是第一任务。

在民族传统体育教学中要确立文化导向性原则,以民族传统体育独特的文化价值培养人、教育人,增强学生的民族自豪感,以文化自觉引领教学改革,在教学中树立文化自信,推陈出新,对民族传统文化批判地继承,取其精华,同现代元素、外国文化元素适当结合,使我国民族传统体育打破藩篱,实现更广泛的传播与推广。[①]

(二)拓展教学内容

开设民族传统体育课程的学校以高校为主,我国高校尤其是体育院校的民族传统体育专业开设的课程主要涉及武术套路、武术散打、健身气功、中国式摔跤等项目,个别体育院校有自己的特色课程。这些内容虽然对培养民族传统体育人才起到了重要的作用,但相对于丰富多彩的民族传统体育项目来说,这些教学内容还是显得比较单一,在一定程度上使大学生的视野受到限制。对此,高校应从自身办学条件、地域特征、学生兴趣爱好等实际情况出发,适当增设相关项目,拓展大学生的视野,使大学生掌握更多的民族传统体育知识和技能,以便更好地传承民族传统体育文化。

拓展高校民族传统体育专业的教学内容非常重要且必要。民族传统体育项目非常多,民族传统体育专业目前开展的项目只是冰山一角,而且在现已开展的项目中,只有武术课程体系较为完整,而民族民间体育、传统体育养生等专业方向的教学内容极为单一,不够丰富。所以,高校要立足民族传统体育专业的发展方向而对课程内容进行拓展、更新与完善,从民族传统体育的项目宝库中提取较为成熟的、大学生喜闻乐见的优秀项目补充到民族传统体育专业课程体系中,以更好地实现民族传统体育专业的教学目标和人才培养目标。

---

① 吴昊."互联网+"背景下高校民族传统体育教学改革研究[J].教育理论与实践,2021,41(24):58-60.

(三)构建与运用"线上+线下"混合教学模式

民族传统体育课程教学中经常采用的课堂教学方式是线下教学,依托互联网技术而进行直播教学或录播教学的方式是线上教学。线上教学打破了时空的限制,随着互联网技术的发展而越来越普及,已经成为现代教育中非常重要的教学方式之一。线上教学和线下教学的结合可以达到互补的功效,从而促进民族传统体育教学效果的提升。

线上教学中运用较多的主要是微课教学,将微课教学引入民族传统体育教学中具有重要意义。专业教师设计好微课视频后在网络学习平台发布视频,学生通过翻转课堂的方式自主学习,逐渐了解民族传统体育,理解并掌握相关知识,建立正确的运动表象。学生在课前反复观看教学视频后,总结自己学到了什么,还存在哪些疑惑,从而在课堂教学中有针对性地与同学或教师沟通、交流,重点解决自己的学习难题。课后学生依然需要反复观看微课教学视频,以实现知识的内化,巩固学习成果,延长记忆,并养成良好的课后复习习惯。

(四)开发丰富的民族传统体育课程资源

学校开发与利用民族传统体育课程资源,不要只局限于课堂资源,还要对课外民族传统体育资源进行开发,鼓励学生积极参与课外民族传统体育活动,具体可以成立以民族传统体育为主题的社团、俱乐部等,在开展课外体育活动的过程中,教师及其他负责人员需加强管理,确保安全。

学生参与民族传统体育活动不应仅局限于校园中,家庭、学校周边的社区、大自然中同样拥有丰富的民族传统体育课程资源,因此要加大对这些资源的挖掘与开发力度,充分实现校内外民族传统体育课程资源的一体化。

(五)培育优秀的师资队伍

民族传统体育教学的发展离不开优秀的专业师资队伍,这是非常重要的保障性因素。授课教师的专业素养直接决定民族传统体育课程教

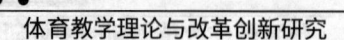

学的质量。如果授课教师并没有深入掌握中华民族传统体育文化知识，对民族传统体育的了解不够系统、全面，则很难做好教学工作，也难以培养出优秀的民族传统体育人才。对此，要特别重视对优秀民族传统体育师资队伍的专门培养和培训，努力培养一支专业性强、综合素质高的专门化、职业化教师队伍，使其在校园民族传统体育文化建设中充分发挥自身专业优势和影响力，不断健全与完善民族传统体育教学体系。

在优秀教师队伍培养方面，可以将现代化信息手段充分利用起来，结合时代背景和社会需求去培养新时代的优秀教师人才，使专业民族传统体育教师既有深厚的文化底蕴，又有丰富的专业知识和高超的专业技能，同时要具备一定的双语教学能力，以促进民族传统体育文化的国际化传播。创新能力也是专业教师必不可少的素质，只有创新意识强、创新素养高的教师才能不断创造新的教学方法来丰富课堂教学，提高民族传统体育课程的教学质量。

附 录

《体育与健康》教学改革指导纲要(试行)

教育部办公厅
2021 年 6 月 23 日

为贯彻落实习近平总书记在全国教育大会上的讲话精神,落实中共中央办公厅、国务院办公厅《关于全面加强和改进新时代学校体育工作的意见》和体育总局、教育部《关于深化体教融合促进青少年健康发展的意见》,进一步深化体育教学改革,指导全国中小学体育教师科学、规范、高质量地上好体育课,更好地帮助学生在体育锻炼中"享受乐趣、增强体质、健全人格、锤炼意志",促进青少年学生身心健康全面发展,特制定本纲要。

一、总体要求

(一)指导思想

以习近平新时代中国特色社会主义思想为指导,全面贯彻党的教育方针,落实立德树人根本任务,树立"健康第一"教育理念,深化体育教学改革,强化"教会、勤练、常赛",构建科学、有效的体育与健康课程教学新模式,帮助学生掌握 1 至 2 项运动技能,促进中小学生运动能力、健康行为、体育品德等核心素养的形成,为实现"健康中国""体育强国"

作出体育学科的贡献。

（二）改革内容

通过深化体育教学改革,转变教学观念,全面把握"教会、勤练、常赛"的内涵与要求,使其成为常态化、规范化、系统化的教学组织模式。打造高质量体育课堂,使学生在"知识、能力、行为、健康"诸方面得到全面提升。明确学生各学段特点与发展需求,使体育教学内容更加富有逻辑性、系统性和衔接性。根据各学段教学目标,合理选择多元化教学模式和多样化组织方式,因地制宜、因材施教,增强体育教学方式改革的有效性、可行性。采用科学、操作性强的发展性评价指标体系,让体育学业质量评价更加具体、客观,建立"以评价促发展"的新生态。优化组织管理,建立健全保障机制,形成教育行政部门、学校领导、教师与家长齐抓共管"以体育人"的新格局。探索建立学生体育学习过程管理长效机制,树立体育教学管理务实创新的新形象,全面促进体育教学改革。

（三）改革目标

——享受乐趣。在体育教学活动中注重增加游戏与比赛等竞争要素,让学生在体育锻炼中享受竞争与表现的乐趣,实现从激发兴趣到形成志趣、享受乐趣的层层深入。通过组织游戏、增加竞赛、丰富内容、鼓励自主等方式,提高学生锻炼的积极性、主动性、自觉性和持久性,帮助学生有效锻炼、掌握技能、提高能力、体验成功,使其真正能够乐在其中。

——增强体质。重视在体育教学中强化锻炼、增强学生体质,要加强"勤练",在基本运动技能的锻炼中不断发展学生的速度、力量、耐力、柔韧、灵敏、协调、平衡等身体素质。要根据不同年龄、性别、教材、课型、场地、气候等科学安排运动强度,合理设计练习密度,针对学生素质发展敏感期合理组织学、练、赛,科学推进基本运动技能"课课练"活动。要通过高质量组织课堂教学,课内外相关联开展大课间、课外体育活动、校外体育锻炼等,有效增强学生体质。

——健全人格。通过在体育教学过程中渗透社会主义核心价值观教育,培养学生的爱国情怀、社会责任感和良好的个人品质。全面把握体育的"育体、育智、育心"综合育人的价值,通过全员参与的体育竞赛活动,培养学生的集体荣誉感,塑造活泼开朗、与人为善、团结协助、遵守规则等良好品格,促进学生身心健康与人格健全。

——锤炼意志。通过体育课、体育训练和体育竞赛活动培养学生不畏困难、不怕吃苦、不惧失败的意志品质。精心设计有一定强度、一定难度的运动技能学习,培养学生吃苦耐劳、坚持不懈等优良品质,要通过组织教学比赛和竞技比赛,不断培养学生顽强拼搏、积极进取、勇敢坚毅等坚强意志。

二、主要任务

(一)更新教学观念

改变单一学习知识或某项技术的现状,从综合育人、培养体育核心素养的高度和体育课程一体化的思路,强化"教会、勤练、常赛"过程与结果,有效促进体育教学改革目标的达成。注重学科融合与课程思政,在中华优秀体育文化传承的同时,鼓励在体育教学中开展情境式跨学科主题教育教学活动,促进综合育人目标的实现。将"以教定学"观念转向"以学定教",充分把握学情,注重个体差异,合理把握教师的主导作用和学生主体作用的有效发挥,促进每一个学生的健康发展。

(二)优化教学内容

积极消除体育课程教学长期存在的繁(项目繁多)、浅(蜻蜓点水)、偏(缺乏系统)、断(学段脱节)现象,组织开展逻辑清晰、系统连贯的结构化内容体系的教学。重点教会学生健康知识、基本运动技能和专项运动技能。其中,健康知识与基本运动技能作为体育课必修必学内容要在中小学广泛开展,专项运动技能作为必修选学内容,中小学校结合实际有选择地开展。

健康知识主要是中小学各学段应知应会的健康行为与生活方式、生长发育与青春期保健、心理健康、传染病预防与公共卫生事件应对、安全应急与避险五个领域的内容,每个学段的健康教育教学工作,要基于本学段各年级应掌握的健康知识内容创新组织健康教育活动，为良好健康行为的形成和有效促进健康打下坚实的基础。

基本运动技能主要是中小学生在行走、奔跑、跳跃、投掷、滚翻、攀爬、钻越、支撑、悬垂、旋转等方面的动作发展内容，各学段基于学生动作发展和体能发展规律，各类动作在不同学段按照难度和锻炼方式进阶，形成各学段相对固定的基本运动技能锻炼内容，通过锻炼使学生在不同学段都具有相应的基本运动能力水平，有效呈现螺旋上升的基本运动技能教学特点，为日常生活和专项运动技能的学习奠定扎实的基础和提供重要的保障。

专项运动技能包括足球、篮球、排球、田径、游泳、体操、武术、冰雪运动等专项运动的单个和组合技能，各学校可以根据本校实际、师资力量、学生需求等，有选择地在教学中开展。各专项运动技能的教学，依据专项运动固有的难度和自身的特征，按结构化的方式将每个专项运动划分为多个模块和单元开展教学，学生对各模块和单元逐一进行递进式学习。专项运动的各模块和各单元之间要有进阶性，完成一个模块和单元的学习并经考核合格后，进入下一个模块和单元的学习，以此类推，呈现出更加富有逻辑性、衔接性的专项运动技能学习。

健康教育每学期4课时，按照各学段规定应学习的健康知识，参考健康教育教学指导，有效组织教学工作。体育课的时间中小学一节40（或45）分钟，每节课应该包括10分钟左右的基本运动技能、20分钟左右结构化运动技能学练及组织对抗性比赛和放松拉伸等。

（三）创新教学过程

打破传统的体育课堂教学组织形式的局限性，积极探索与适当增加"体育选项走班制"教学组织形式。义务教育阶段，在原有按"行政班级授课制"完成必修必学内容学习的基础上，小学高年级可增加学生的自主选择性，选择自己喜爱的运动项目进行学习，有条件的学校可采用"体育选项走班制"组织教学。初中在"体育选项走班制"的基础上，可适当增加"体育俱乐部制"，丰富完善组织形式，提高学生的参与兴趣，加强必修选学内容的学习。高中以"体育选项走班制"为主，通过"体育俱乐部制"组织形式，满足学生的运动兴趣和专项化发展需求，形成一校多品、一生一长的体育教学改革实效。

全面把握"教会、勤练、常赛"一体化系统性教学思路与方式,实施更有效的教学,全面提高教学质量。其中,"教会",要遵循体育教育规律,结合学生发展特点与水平,合理把握、循序渐进、因材施教、分层教学,教会学生健康知识、基本运动技能与专项运动技能,教会的程度依据学段目标不同而确定,最终达到学生能够在日常生活或比赛场景中灵活自如地运用;"勤练",把握运动技能形成规律,结合不同项目、不同班额、不同场地器材条件等合理把握练习密度和运动强度,提高学生的运动效果。结合不同学段学生特征,组织练习的方式应体现小学基础期趣味化、初中发展期多样化、高中提高期专项化等特点。课内外与校内外练习都要注重时间充足、形式新颖、准确有效、安全保障,注重在锻炼中享受乐趣、增强体质;"常赛"面向全体学生,根据体育教学内容合理组织每堂课上的教学比赛,结合体育课堂教学组建班队,要周周打比赛,周六周日可组织全校体育比赛,以赛促练,掀起体育锻炼的浪潮,使学生享受竞赛乐趣,更加牢固地掌握专项运动技能,培养学生的体育与健康素养。在此基础上组建校队,参与区县、地市、省等多级联赛,同时,通过比赛发现具有运动天赋的学生,注重培养其发展体育特长,为竞技体育输送人才。

(四)完善教学评价

丰富评价内容,倡导开展多元性评价,注重对学生语言表达(是否能说出)、动作表现(是否能做对)、能力体现(是否能会用)等的多方面检验,完善评价方式,提升评价效果。

打破以往只对运动技术、体质健康等某一方面的评价,要更加注重"知识、能力、行为、健康"综合评价指标体系的建立。为增加评价方式的便捷性、评价结果的精准性,鼓励引入人工智能等评价方式。

改进知识评价。主要是对体育知识、健康知识等的评价,建立知识测评题库,通过试卷纸笔测试、线上网络测试、随堂口头测试、组织开展活动测试等相结合的方式实施。小学侧重情境式测试,初中和高中可多采用主题式测试。

突出能力评价。主要包含基本运动能力评价和专项运动能力评价。基本运动能力评价按照各学段必修必学的基本运动技能确定评价内容;专项运动能力评价可依据专项运动技能学习结构化内容确定评价内容,特别要注重对学生运用知识的能力以及比赛能力的评价。

完善行为评价。注重对学生健康行为和良好品德的评价,鼓励利用大数据平台实施体育家庭作业制度,重点评价学生体育锻炼行为与习惯的养成,实现对日常锻炼情况的过程性评价;通过组织各项体育比赛,充分把握学生的品德,尤其要强化团结协助、勇于拼搏等优良品格的评价。

强化健康评价。对标《国家学生体质健康标准》,通过精准监测各学段学生对应的体质健康指标,评价中小学生的体质健康水平,及时向家长反馈,便于做好家校联合,共同促进学生的健康成长。

三、组织保障

（一）组织管理

为深化体育教学改革,省级教育行政部门要做好本省中小学体育教学改革落实方案,完善体育教学工作的顶层规划,明确工作任务、人员配备、责任分工、条件保障、经费投入、推进实施等,督促中小学开展高质量体育教学工作。地市、区县教育主管部门和学校等层层建立学校体育组织领导机构,教育主管部门一把手、学校校长等牵头,主管学校体育的领导具体落实,形成扎实推进体育教学改革的组织领导管理机制。教育行政部门组织领导和专家,及时对体育教学工作实施督促和检查,便于及时总结经验,整改教学问题。鼓励各级教育主管部门组织开展基于推进体育教学改革的优秀课例展示与研讨,加强组织培训工作等,助推体育教师的教育教学能力提升,促进其专业发展,不断提高体育教学水平和过程管理水平,提升体育教学质量。

（二）课时保障

为保障体育教学质量,促进学生全面发展,将开齐开足上好体育课落到实处,在基本保障小学1—2年级每周4节体育课,小学3年级以上至初中每周3节体育课,高中每周2节体育课的基础上,鼓励中小学各学段根据学校实际适当增加每周体育课时,义务教育阶段可每天1节体育课,高中阶段保障每周3节体育课以上。

（三）师资保障

强化师资队伍建设，配齐配足各级教研员，发挥重要的体育教学改革指导作用。按需引进体育师资，尤其是高校优秀体育毕业生和优秀退役运动员等要充实到体育教师和教练队伍中，积极吸纳社会力量，通过购买服务，引入社会体育机构有资质的专业教练，补充专项体育教学与训练所需的师资，保障学校体育教学与训练工作持续有序开展。注重对体育教师的师德培养，关心体育教师的身心健康，保障体育教学工作有质有量。体育教师教学工作强度和工作量要合理安排，有条件的学校，在教师人数充足的情况下，可适当缩小体育课教学班额，中小学体育教师每周基本教学工作量保障12课时，并将组织大课间、带队训练、指导比赛、体质监测等活动计入教师工作量。强化体育教师专业素养提升，系统规划对体育教师分层分类培训，每位教师每年要参与不低于1次的培训活动，通过强化培训，逐步提高全体体育教师的专业化水平和教育教学能力。通过培训准确把握改革方向，深刻理解和实施"教会、勤练、常赛"的具体要求，更加合理有效地组织体育课堂教学。关注农村体育教师的发展，通过送教下乡、城乡结对、连片教研等活动切实帮助农村体育教师成长。注重兼职体育教师的专业素养提升，通过加强基础性与专项化相结合的培训，不断提升兼职教师对体育课堂的驾驭能力，从而提高教学质量。加强教研平台的建设，强化体育教研活动，推动体育教师教科研能力的全面提升，更好地推进新时代体育教学改革。

（四）场地器材

优先发展学校所开设的"一校多品"运动项目的场地器材，满足选项教学需求。在基本保障正常体育教学工作需要的基础上，鼓励有条件的学校修建体育场馆或风雨场地，确保风雨雪霾天气能够正常开展体育教学工作和课外体育锻炼。配备符合学生年龄特点、发展水平和质量标准的体育器材。确保场地器材有效安全地使用和促进健康，坚决杜绝一切危害师生健康的场地器材在体育教学中使用。积极开发社会体育资源，鼓励社会体育场馆免费或低消费向学校开放，适当解决学校体育场地不足的问题，确保体育教学质量稳步提升。

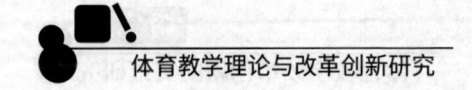

四、督导评价

（一）加强对教育行政部门的督导评估

将对地方教育行政部门执行体育教学改革的情况进行督导评估，包括落实体育教学改革指导性文件的下发，落实体育教学改革具体方案的研制、督导和检查机制的建立，落实对学校体育工作的支持力度和体育教学改革成效。

（二）强化学校落实学校体育教学改革的主体责任

将学校体育教学改革组织领导机构的建立，配齐配强体育教师方面的突破性进展，体育经费的保障情况，场地器材的建设与改善情况，体育教师的培训情况，体育教师教学工作量的落实情况等纳入学校落实体育教学改革主体责任的主要内容。

（三）注重教师实施体育教学改革的过程与结果

将体育教师对"教会、勤练、常赛"的理解和把握，灵活驾驭体育课堂的能力改善情况，体育教师的专业素养与师德风范的提升水平，体育教师实际参与培训情况，尤其是培训后教育教学能力提高程度，体育教师基于新形势、新理念对系统性"全面育人"的把握情况等纳入体育教学改革的过程与结果的主要内容。

（四）强调学生达成体育教学改革的目标与效果

将体育教学改革在促进学生"享受乐趣、增强体质、健全人格、锤炼意志"的目标达成情况、核心素养培育情况，尤其是学生体育兴趣产生的程度、体质健康水平改善的幅度、健全人格培养的宽度和锤炼意志达到的深度纳入学生达成体育教学改革的目标与效果的主要内容。

五、工作要求

（一）确定试点

各地要及时确定实施体育教学改革试点的范围，并组织进行教师培训和完善保障条件。实行教改的具体方案和实施范围报教育部体育卫生与艺术教育司。

（二）教改培训

教育部体育卫生与艺术教育司将根据各地试点方案和范围，在暑假期间组织教学改革师资培训和组织实施培训，并提供相关技术资源。

参考文献

[1] 杨艳生. 体育教学改革与创新实践研究 [M]. 长春：吉林人民出版社有限责任公司, 2021.

[2] 刘景堂. 体育教学改革研究 [M]. 北京：中国纺织出版社, 2019.

[3] 李洪芳, 张迎宾. 体育教学改革与发展动态研究 [M]. 北京：北京工业大学出版社, 2020.

[4] 李慧. 体育教学改革与科学化训练研究 [M]. 沈阳：辽宁大学出版社, 2021.

[5] 郝乌春, 牛亮星, 关浩. 新时代背景下体育教学改革与发展研究 [M]. 北京：中国商业出版社, 2021.

[6] 姬红丽. 新时期体育教学与改革探索 [M]. 北京：北京工业大学出版社有限责任公司, 2019.

[7] 于欢. 中学体育教学改革与创新研究 [M]. 北京：航空工业出版社, 2019.

[8] 马顺江. 互联网+教育背景下体育教学创新思路研究 [M]. 沈阳：辽宁大学出版社, 2021.

[9] 高慧林, 何雪. 体育教学创新与实践研究 [M]. 北京：北京工业大学出版社, 2020.

[10] 周春娟. 体育教学的影响因素分析与改革探索 [M]. 青岛：中国海洋大学出版社, 2018.

[11] 李金玲. 现代体育教学改革与信息化管理 [M]. 北京：新华出版社, 2020.

[12] 冯春梅. 信息化视角的体育教学 [M]. 北京：北京工业大学出版社, 2018.

[13] 张劲松, 张树巍. 高校体育管理理论与实践 [M]. 沈阳：东北大

学出版社,2016.

[14] 张成波.学校体育教学实践与管理[M].北京:台海出版社,2014.

[15] 丛伟.体育教学要素的管理研究[M].北京:中国时代经济出版社,2014.

[16] 许智勇.对体育教学内容体系构建与优化的研究[J].体育科技,2015,36(4):162-163.

[17] 毛振明,于素梅.体育教学内容选编技巧与案例[M].北京:北京师范大学出版社,2009.

[18] 金春林.普通体育教学评价体系的构建研究[J].运动,2015(20):76-77.

[19] 陈玉群.体育教学改革与发展历程的动态研究[M].北京:光明日报出版社,2016.

[20] 刘红.高校体育风险管理研究[M].北京:北京体育大学出版社,2012.

[21] 吴玉华,刘岚,李金珠.高师体育院系教师教学质量评价改革构想[J].赣南师范学院学报,2009,30(6):132-135.

[22] 王利峰.高中体育教师评价改革的对策研究[J].戏剧之家,2015(19):220.

[23] 马亚男.安徽省高校卓越体育教师培养现状与对策研究[D].淮北:淮北师范大学,2015.

[24] 崔文晶.卓越中学体育教师"三位一体"培养方案设计研究[D].太原:山西师范大学,2016.

[25] 舒宗礼.中学卓越体育教师成长研究[D].北京:北京体育大学,2016.

[26] 贺红.中学体育教师创新能力现状及影响因素研究[D].南京:南京师范大学,2011.

[27] 于泓野.普通高校乒乓球教学方法改革研究[J].科技展望,2016,26(32):166-167.

[28] 张红玲.乒乓球教学与训练[M].北京:中国书籍出版社,2019.

[29] 徐大鹏.乒乓球[M].南京:江苏科学技术出版社,2018.

[30] 王云飞.新时期我国高职游泳选项课模块化教学的创新研究[J].体育科技,2015,36(2):136-138.

[31] 吴昊."互联网+"背景下高校民族传统体育教学改革研究[J].教育理论与实践,2021,41(24):58-60.

[32] 杨炜."课内外一体化"教学模式在高校游泳课的应用探析[J].体育世界,2016(5):97-98.

[33] 赵晓玲.健美操教程[M].重庆:重庆大学出版社,2017.

[34] 邓福昌.高职院校健美操教学环境的优化与发展[J].黑龙江生态工程职业学院学报,2015,28(1):117-118.

[35] 徐吉,邱玉华,闫锦源.高校健美操教学可持续发展研究[M].北京:经济日报出版社,2018.

[36] 吴胜涛.国外体育教学模式对我国体育课程发展的启示[J].教学与管理,2015,616(3):22-24.

[37] 程显姝.国外体育教学模式对我国体育课程发展的启示[J].才智,2015(18):150.

[38] 于素梅,许弘.《〈体育与健康〉教学改革指导纲要(试行)》解读[J].首都体育学院学报,2021,33(4):371-377.

[39] 彭庆文,于天然.《〈体育与健康〉教学改革指导纲要(试行)》的时代意义、内容特征和践行路径——兼论新时代学校体育的走向[J].体育学研究,2021,35(4):83-91.

[40] 高春红.卓越绩效模式理论与实践之探讨[D].南京:南京理工大学,2006.

[41] 胡永红.有效体育教学的理论与实证研究[M].北京:北京体育大学出版社,2010.

[42] 刘清黎.学校体育学[M].北京:人民教育出版社,2007.

[43] 陈炜,黄芸.体育教学与模式创新[M].北京:光明日报出版社,2016.

[44] 张振华.体育教学理论与方法[M].北京:北京师范大学出版社,2016.

2